喜安幸夫

台湾の歴史

古代から李登輝体制まで

原書房

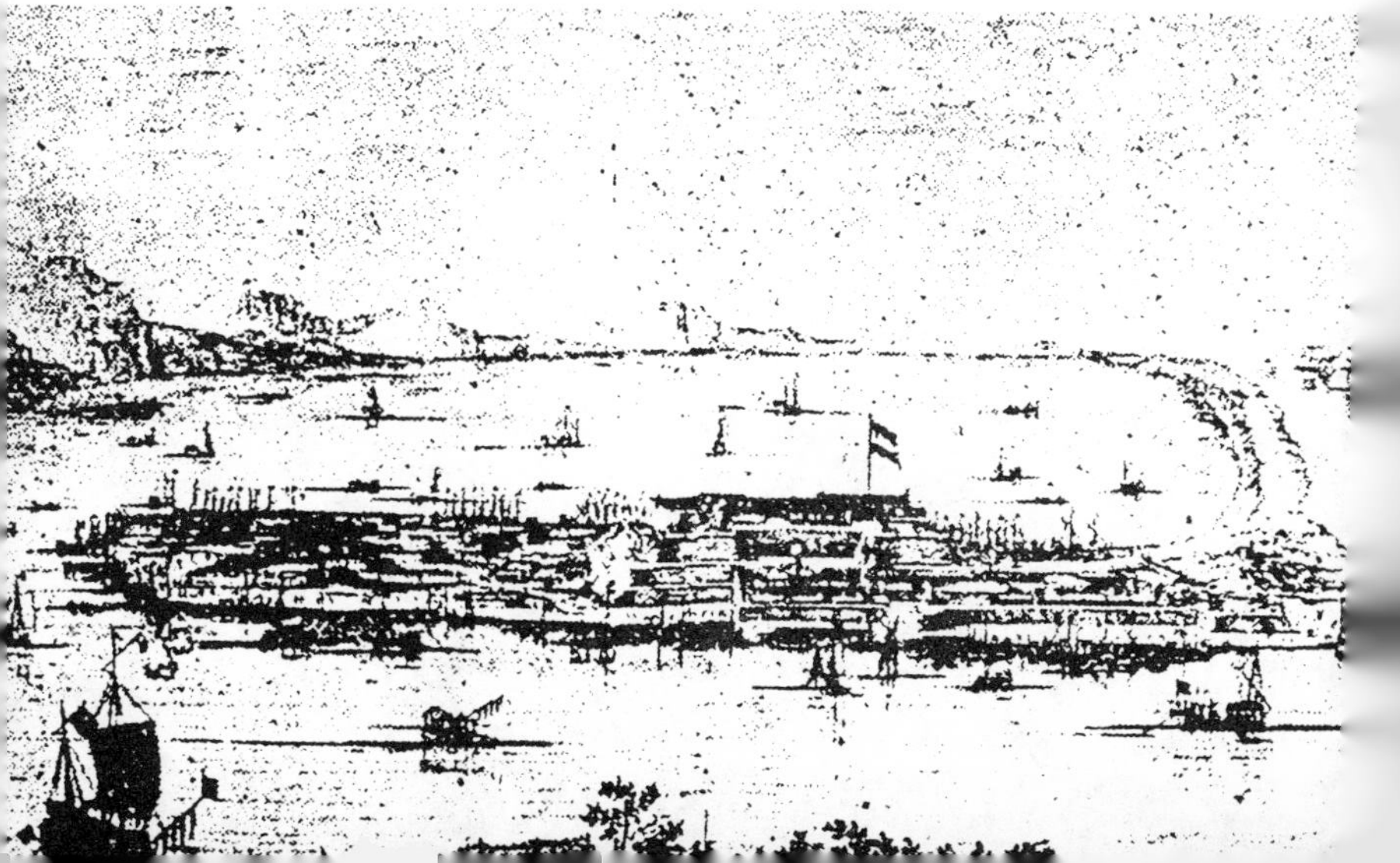

台湾の歴史・目　次

序　章　歴史への登場――1
歴史の始まりと文献への登場…1
大陸王朝からの攻略ならず…2
移住民の始まり…4
第1章　海賊と朱印船とオランダ人の島――6
記録に残る渡航者第一号…6
秀吉の親書と「高砂」のいわれ…8
オランダ人の南部入植…10
ゼーランジャ城とプロピデンジャ城…13
巧妙な植民地統治…15
「台員」、「大湾」から「台湾」へ…16
進む開発と中継貿易…17
スペイン人も食指動かす…18
日本人の心意気と終焉…19
長崎の明国人任侠集団…22
海峡が庭の漢人海賊たち…23
官軍になった海賊と反乱者第一号…25
第2章　鄭氏政権の光と影――27
実父の投降と息子の忠節…27
大陸から台湾へ…28

オランダ人の終焉…30
短かった鄭成功の治世…32
大きかった陳永華の業績…33
鄭氏政権の内紛と終焉…34

第3章　清朝の消極政策と〝民〟の力——37

行政機構に発展性なし…37
ザル法であった「三禁の制」…38
先駆者たちの群れ…39
「三年官、二年満」と「三年小反、五年大反」…40
移住民同士の争い「分類械闘」…43
無為の理蕃政策…45
一府・二鹿・三艋舺…46

第4章　近代の荒波と進む開発——49

アヘン戦争の影…49
国際舞台の中へ…51
アメリカ領事と南部の大頭目…52
日本の再登場と牡丹社事件…53
改革者・沈葆楨…55
発展する台北盆地…57
清仏戦争の激戦地…58
動きだした新たな改革…60

再度響いた建設の鎚音…62
しのび寄る日本の足音…64
台北の混乱と台湾民主国…66

第5章　日本統治騒乱の時代――69

日本軍の北部上陸と台北入城…69
南部への多難な道…71
台南攻略と全島平定…74
「征台の役」終了と北白川宮の死…76
平定後の北部騒乱事件…77
桂太郎総督と南部騒乱…78
討伐側にも出た事件処分者…80
乃木希典総督の時代…82
国籍選択権がかえって災い…83
清廉潔白が招いた辞任劇…85

第6章　確立した統治の基礎――86

児玉・後藤の名コンビ…86
後藤長官の冗員整理…87
「土匪」対策の新手段…88
招降のなかの悲劇…89
変化する社会…90
変化する生活…92

整った経済の基礎…95
発展のなかの社会矛盾…97
日露戦争と児玉・後藤体制の終焉…98

第7章　発展への道とさまざまな抵抗――101

苦難の南北縦貫鉄道建設…101
発展する産業と貿易…102
さらに伸びる鉄道と拓かれる土地…105
定着した「忌むべき病根」…107
虚偽の扇動による北埔事件…108
圧迫と迷信から発した林杞埔事件…109
中国革命の波にも旧来の性情…111
広範囲にわたった西来庵事件…113
誕生し解散した同化会の成果…117
教育の拡充と台湾の転機…119
新民会と台湾議会設置運動…121
文化協会の誕生と台湾民族主義の萌芽…123
数多く発生した農民運動…124
文化協会分裂と政党の発生…126
台湾地方自治連盟とすべての終焉…129
包囲と開発の理蕃事業…130
双方悲劇の霧社事件…134
それからの理蕃事業…141

第8章　戦中と戦後の混乱――143
大東亜戦争と台湾の地位…143
終戦と台湾の帰属…145
中華民国政府の台湾接収…146
日本財産の接収と日本人の引き揚げ…149
本省人にふりかかった災難…150
人為的な超インフレ…151
悲劇の二・二八事件…153
さらに悲劇となった終焉…154
台湾独立運動の芽生え…156
陳儀の終焉と南京政府の動き…157

第9章　中華民国・台湾の明と暗――159
中華民国政府の台湾移転…159
動員戡乱時期臨時条款…160
混乱のなかの農地改革…162
二重構造の行政機構…164
二重組織の党と政…166
蒋介石から蒋経国への継承背景…167
暗躍する特務と白色テロ…170
抵抗と不可解な事件のかずかず…172
定まった戦後台湾の命運と国策…174

第10章　厳しい国際環境と経済の成功――177
厳しさ増す国際環境…177
「自立自強」へのスタート…179
外資導入と日本の円借款…180
加工輸出区とつづく四カ年計画…181
四カ年計画の終了と十大建設…183
北京に傾斜する日本…186
国連脱退と日本との断交…187
米国との断交と「台湾関係法」…189

第11章　新たなるうねりの時代――192
蒋経国総統の誕生…192
高まる大衆の声―中壢事件…194
反体制側の大衆運動―高雄事件…195
なおつづく白色テロ…197
十二項目建設計画の推進…199
台湾版シリコンバレーとつづく経済建設…201
李登輝と林洋港…203
無党派層の結集…205
野党・民主進歩党の結成…206
タブーへの挑戦…208
戒厳令の解除と動き出した改革…209

第12章　始まった李登輝の時代――212
本省人総統の誕生とその波紋…212
五・二〇事件と民進党の動き…213
李登輝の手腕と現実路線のスタート…215
政党政治確立に向けて…216
国民党分裂の危機に直面…218
「老賊」たちの宴と反主流派の敗退…220
威力を発揮した学生パワー…221
巧妙な軍人宰相の起用…222
今後の方針示した「国是会議」…224
国家建設六カ年計画と伸びる経済…225

第13章　「静かなる革命」の進行――228
テクニックを駆使した大陸政策…228
民主化推進の「動員戡乱時期」終結宣言…230
国民党の変化と台湾の政治実体…231
総統と行政院長の対立…231
国民党の現実路線と民進党の台独条項…233
台独に不安示した国民大会全面改選…234
世界からの賓客来訪と韓国との断交…236
民進党躍進の立法院全面改選…238
郝柏村更迭し連戦内閣発足…239

国連参加活動の始動…241
初めての両岸接触「辜汪会談」…242
国民党の一部が新党結成…243
変化する李登輝の国民党…244
本格化した実務外交…246

第14章　大きな変化の時代——249

両岸遠ざけた千島湖事件…249
「台湾人に生まれた悲哀」…251
変化みせない日本政府の対応…253
問題ある日本の軟弱姿勢…254
変化した米国の台湾政策…258
『一九九五閏八月』と金門・馬祖撤収論…259
台湾省長、台北・高雄市長選挙…261
「大台湾経営、新中原樹立」…264
アジア太平洋オペレーション・センターと中国大陸…265
中国大陸からの働きかけ・江八項目…267
台湾の応答・李六項目…268
米国内で盛り上がる李登輝歓迎の声…269
インパクト強かった李登輝の訪米…271
北京からの「文攻武嚇」…273
「新台湾人」の理念…275

第15章　確立した民主体制――277

出揃った総統候補…277
APEC大阪会議に李江会談ならず…279
国民党辛勝の第三期立法委員選挙…280
高まる総統選挙の熱気…282
北京の焦りとその愚策…284
世界が味方した李登輝の勝利…287
これからの台湾の課題…289
持ち越された行政院長の身分問題…291
ふたつの独立党結成…293
行政改革の大課題「廃省」論議…294
はてしなく遠い両岸問題…296
複雑にからむ海峡両岸経済…298
ハイテクアイランドの外交攻勢…300
ポスト鄧の両岸関係に変化なし…302
長期展望の国際組織参加活動…304
世界に向けた台湾の主張…306
「国是会議」から「国家発展会議」へ…309
「国家発展会議」で得られたコンセンサス…311
コンセンサスの実現に向けて発進…317

あとがき…320

台湾史年表……323
索　引

台湾

0
40km
富貴角
石門
野柳
淡水
林口
北投
基隆
鼻頭角
士林
桃園
福隆
三貂角
中壢
新店
坪林
新竹
烏来
礁溪
亀山島
宜蘭
羅東
蘇澳
苗栗
大安港
三義
雪山
梨山
豐原
大禹嶺
太魯閣
鹿港
彰化
台中
霧社
南投
埔里
花蓮
日月潭
馬公
澎湖島
斗六
光復
北港
嘉義
玉山
瑞穂
北回帰線
新営
唖口
台湾海峡
台南
関廟
関山
新港
太平洋
旗山
台東
屏東
高雄
知本
緑島
鳳山
林園
東港
佳冬
大竹
小琉球
枋寮
大武
枋山
牡丹
車城
石門
蘭嶼
恒春
墾丁
猫鼻頭
鵝鑾鼻
バシー海峡

序　章　歴史への登場

歴史の始まりと文献への登場

その島に移住民が入り、開拓が始まり、周辺諸地域との人や物資の往来も増え、そして「フォルモサ」、「高砂」さらに「台湾」等々と呼ばれはじめたのはいつごろからか。だが、そう呼ばれる以前からそこには先住民が住み、独自の文化と歴史を形成していた。それは石器時代にまでさかのぼる。

東部海岸の花蓮と台東のほぼ中間の長浜郷にさまざまな洞窟がならぶ名勝地・八仙洞《はっせんどう》があり、一九六六年にその近くで打製の痕跡がある旧石器が発見され、炭素の同位元素濃度による測定の結果、大部分が五、六千年前のもので、一部は一万五千年を超えると判明した。学界ではこれを「長浜文化」と名づけた。また新石器時代のものとしては、今日の台中、台南、高雄など西南地域一帯から、磨製石器とともに縄文式土器も発見されており、これを「大坌坑《だいふんこう》（集落）文化」と呼んでいる。しかしこれら石器文化は自然消滅したと思われ、その後に登場する今日にいう先住民、いわゆる高砂族との関連は認められていない。

一九八〇年に南部で、完全な人骨を含む多くの石棺や壺、耳環、石斧、石鋤などが発見され、調査の結果これが先住民の一種族であるピナン族の遺跡と断定された。およそ四千年前のものと推定され、高砂先住民の遺跡としては、現在のところこれが一番古い。この石棺はフィリピンのバターン半島のものと似ており、石斧や石鋤はインドネシアのものと似ている。またその他の種族の言語や風俗からも、これら先住民はマレー系やポリネシア系に属しているとする見方が有力である。

では、文献でその島の存在が確認されるのはいつごろからだろうか。「漢の倭の奴の国王」の金印で日本にも広く知られている『後漢書』のなかに、今日の台湾らしき島が「夷洲《いしゅう》」という地名で登場し、「人民、時には会稽《かいけい》（現在の浙江省寧波《ニンポー》）に至る」とある。これを台湾とするなら、後漢は西暦二五年から二二〇年だから、文献への登場はかなり古いといえる。さらに後漢のつぎの三国時代（二二一〜二六四年）に編纂されたとする『臨海水土志』は、その「夷洲」を「人はみな髪を剃り耳に穴をうがち、女人はうがたず。居室を作り荆《いばら》を植え、藩障《はんしょう》（屛）となす。土地は肥沃《ひよく》にしてすでに五穀を生じ、また魚肉も多し」と伝える。これを台湾先住民の生活ぶりとするなら、その島は大陸から見ればかなり魅力的な地であったようだ。

大陸王朝からの攻略ならず

ならば大陸を平定したあと、そこに食指を動かす王朝があらわれても不思議はない。『臨海水土志』よりほぼ二百五十年をへた大業六年（六一〇年）、隋の煬帝《ようだい》が兵一万人を派遣した、と『隋書・琉求国』にしるされている。なぜか島は「夷洲」から「琉求」へと名を変えている。同書によれば、義安（現在の広東省潮州）に集結した隋の艦隊は、今日の澎湖島《ほうことう》を経由して一路「琉求」をめざした。この澎湖島がのちに台湾にとって重要な意味を持つことになる。隋の目的は、外国である「琉求」国に朝貢をうながすことであった。しかし島の先住民には、対外意識はむろんのこと「クニ」の意識さえまだない。それぞれの集落が、一つひとつ独立して暮らしているのだ。

澎湖島より一昼夜、艦隊は現在の鹿港《ろっこう》から台中にかけての中部西海岸の一角に艦影をならべた。このとき艦隊は南方人を多数通訳として連れていたのだが、そのなかに「琉求」先住民と言葉の通じる者がいた。このことは、台湾先住民の南方渡来説を証拠づけるものの一つとなる。さっそく通訳をとおして武力を背景とし朝貢についての交渉に入ったが、先住民側にはなんのことかサッパリ分からない。そこで戦闘開始となり、隋軍は現在の台中の北側で豊原市郊外の波羅檀洞《ポラタントン》(現在の葫蘆墩《フロトン》か)という集落まで攻めこんだが、ここにいたってようやくこの地を攻略するには、いくつあるか分からない集落の一つひとつをすべて落とさねばならないことに気づき、隋軍は侵攻後約一カ月で撤退した。隋王朝は、これより八年後に滅ぶ。

大陸王朝によるつぎの侵攻は、元の時代である。このころ大陸の文献は、島名を「琉求」から「瑠求《るきゅう》」へと表記の一部を変えている。『元史世宗本紀』には、フビライが至元二十九年(一二九二年)三月に軍団を派遣したとある。日本攻略に向けた十万余の軍勢が二度も殲滅され、つぎに目をつけたマジャパヒト国(現インドネシア・ジャワ島)からも屈服の返書がこず、イライラしていたときである。南洋をひともみする前に、まだ朝貢にきていない「瑠求国」にひと泡ふかせておこうと思ったのか、このときの軍団は、日本遠征や一年後のジャワ侵攻の十分の一にも満たない六千人であった。その結果だが、史書には「瑠求に到達すること能《あた》わず、還《かえ》る」とある。船団はどこをどうまちがったのか「瑠求国」に行きつかないまま、本国に引き揚げてしまっ

「捕鹿」の図。清代のものだが、『隋書』から想像する生活と大差ないようだ。

たのだった。島は、まだ遥かな外国であったようだ。

しぶとい元は、もう一度その島への軍団を編成した。初回の「到達すること能わず」より五年後の大徳元年（一二九七年）のこと、すでに元帝国の支配権がジャワ島からバリ島、チモール島へと伸びている最中である。このときの侵攻軍は、前回とは違って同島のいずれかに上陸したようだ。しかしその戦果は捕虜百三十人余を得たのみで、全軍本国に引き揚げてしまった。「瑠求国」の抵抗が激しかったからとは思えない。おそらく、かつての隋軍とおなじ理由によるものであったろう。

移住民の始まり

王朝の大船団が往来するほどであったから、当然そのあいだを縫うように民間の往来や移住民もあった。元の至正年間（一三四一～六七年）に海路インドからアラビアの方にまで足跡をしるした汪大淵《おうだいえん》なる冒険家が、その船を澎湖島と台湾にも寄せ、『島夷誌略』を著している。そのなかで汪大淵は澎湖島について、「草あり、木なく、地味は痩せて稲に適さず、泉人、草を結んで住居となす」としるしている。「泉人」とは福建泉州人のことで、すでに大陸からの移住民が住みついていたようだ。生活は困難であったようだが、その人口は千人から二千人のあいだと推定されている。

一方、台湾本島に関しては「土地は肥沃にして作物に適し、気候は温暖なり」とある。ずいぶん恵まれた環境だが、住民については「世俗は澎湖と異なり、男子婦人とも髪はちぢれ、模様入りの布を衣服となす」とある。つまり先住民のようすであり、漢人移住民はまだいないか、いたとしても稀《まれ》であったようだ。もちろんこの時代、「台湾」という地名はまだ存在していない。やがてこのあとの明の時代になると、大陸からドッと漢人移住民が台湾本島にも押し寄せるのだが、それはやはり澎湖島を中継地とし、また福建泉州人が主流となる。

ちなみに、記録に残っている漢人の澎湖島移住民第一号は、唐の元和十五年（八二〇年）に一族を率いて移住した施肩吾《しけんご》なる文人で、彼の賦《ふ》した「題澎湖嶼」という七絶が『全唐詩』に収められている。この時代からすでに「澎湖」の名称があったようで、その歴史は「台湾」よりもずっと古い。なお、その七絶には澎湖島を「悪臭の海浜すべて闇の土地」（意訳）とあり、やはり環境は厳しかったようだ。『全唐詩』に載るほどの文人が、なぜこのような島に移住したかは不明である。また、宋の宝慶元年（一二二五年）に著された『諸蕃志』には「泉州に海島あり、曰《いわ》く澎湖。晋江県に隷属す」とある。つまり澎湖島は、福建の泉州晋江県の管轄下にあるといっているのだ。これが台湾とは至近距離にある澎湖島が大陸側の版図に入れられたとする第一号だが、しかし軍や役所の出先機関などがそこに設置されたわけではない。台湾は、まだ芒洋とした島だったのである。

第1章　海賊と朱印船とオランダ人の島

記録に残る渡航者第一号

歳月はながれ、中国大陸では元が滅んで明の時代となっていた。その太平の期間は長く、泰平がつづけば人口が増える。それが海峡に面した福建、広東の一帯でとくにいちじるしく、十六世紀のころにはすでにその土地の食糧生産能力を越え、人々の生活を圧迫するようになっていた。ために餓狼の群れとなって町々や村々をさまよう民は随所にあふれ、海では戎克船《ジャンク》を駆って武器を片手の交易に乗り出す者もでた。それらのなかにはしだいにプロ化し、陸に流賊となり沿岸に海賊となる一団もある。とくに海にあっては、当時の交易船はどの国のものでも自衛のために武器を搭載し、取引において相手の出方いかんによってはたちまち海賊に変じていた。時はあたかも、武装船団を率いたコロンブスやバスコ・ダ・ガマ、マゼランらが海洋に乗り出していた大航海時代である。

明の万暦二十一年(一五九三年)、福建巡撫《じゅんぶ》(総督)の許孚遠《きょふえん》による公文書のなかに、「東南海浜の地、海商を以て生を為すことすでに久しく、閩《ミン》(福建、広東一帯)においてははなはだし。田は耕すに足らず、船に依らずして衣食を助くる道なく、その民、平然と波濤に乗り出し、生死を軽んず」との一節がある。海賊の背景を彷彿とさせる。その「東南海浜」の対岸は台湾であり、それらがすでに頻繁と海峡を往来していたことは想像に難くない。

なおこの時期、日本の倭寇が活動した時代でもあったが、真倭《しんわ》は少なく、ほとんどがこれら漢人海賊による偽倭《ぎわ》であった。「北虜南倭」という言葉がある。大陸北方には蒙古人や満州族が侵入し、東南沿海部には倭寇が出没し、明朝の土台を揺るがせたというのだが、日本の船団こそいい濡《ぬ》れ衣《ぎぬ》であったろう。

それら漢人海賊のなかに、林道乾《りんどうけん》なる人物がいた。船団を率い福建、広東沿岸を荒らしていた大海賊で、それによる被害は甚大であった。たまりかねた皇帝世宗は、都督（軍司令官）の兪大猷《ゆたいゆう》にその討伐を命じた。兪大猷はただちに艦隊を編成し、沿岸においてしばしば林道乾の海賊船団を撃退し、さらに追撃し、林の船団はついに澎湖島に逃れた。このころ、澎湖島はすでに大小海賊の巣窟となっていた。嘉靖四十二年（一五六三年）、兪大猷はついに艦隊を澎湖島に入れた。林道乾はさらに追われ、つぎに逃げこんだのが台湾の鹿耳門《ろくじもん》（現在の台南市安平区、当時は曽文渓河口）である。

鹿耳門の水域は複雑であった。海から入る水路は、それぞれ堆砂によってできた七つの細長く縦一列にならぶ島（一鯤身島《いちこんしんとう》から七鯤身島まで）にさえぎられて七種類に分流し、しかも潮の干満によってその流れが異なってくる。だが林道乾の海賊船団はこの水域に精通していた。逃げる林の船団に兪大猷の艦隊は追いすがった。しかし七つの水流を乗り切ることはできなかった。兪はやむなく引き返し、澎湖島に陣を敷いて林の船団を鹿耳門に封じこめる作戦をとった。

この天然の基地で、林道乾の船団はしばしの休息を得た。これが記録に残る大陸からの台湾入植者第一号である。

だが、このころの台湾はまだ開発前で食糧が生産できず、持久戦を打つことはできなかった。林の船団は七つの島の内側でつぎの航海に向けての準備をし、警戒する兪大猷の艦隊をしり目に一鯤身島と二鯤身島の

清代乾隆年間の古地図。柵の中（中央下よりのサークル）が台南市街。右下から連なる島が一～七鯤身島。

あいだをスルリと抜け、南洋の方向めざして逃れていった。その後、彼の名が史書に登場することはない。また、逃亡するときに十八箱の財宝を、現地で自殺した妹の供養か、それともふたたび舞いもどることを夢見たのか、今日の高雄市寿山に埋めたといわれ、いまの世にもロマンをかき立てている。

秀吉の親書と「高砂」のいわれ

大陸沿岸を荒らしたという倭寇も、当然台湾海域や澎湖島周辺を遊弋《ゆうよく》したはずである。『明史外国伝・鶏籠条』に、「鶏籠《クエラン》（現在の基隆）倭の略奪に遭う。海浜の番人、倭難により後方山中に退く」との記述がある。また『万暦実録』によると、万暦四年（一五七六年）に「百余隻にのぼる倭船、風に乗りて澎湖に至る。聞きて両省（福建、広東）の游兵また至る。倭船のうち四十隻、呂宋《ルソン》に至る」とある。百余隻の倭船団とはどのようなものだったのだろうか。これらが真倭か漢人の偽倭か、あるいは倭人と漢人の連合寇だったのか、すべて定かでない。

このうち真倭は豊臣秀吉の全国統一によってしだいにおさまり、天正十六年（一五八八年）の「賊船停止令」によって急速に終焉へと向かい、やがて朱印船が主流となる。だが、偽倭はまだ横行していた。

真倭を消滅させた秀吉が朝鮮に出兵（文禄の役）したのは文禄元年（一五九二年）のことだが、このとき同時にルソン島にも入貢をうながす使者を送った。これによりマニラのスペイン大守は、しばらく日本艦隊の影におびえることになるが、このルソン島攻略を秀吉に進言したのは、長崎の豪商・原田喜右衛門である。使者となったのは喜右衛門の手代・原田孫七郎であったが、このとき秀吉は航路の中間にあたる台湾にも親書を持たせていた。

その親書のなかで秀吉はそこを「高山国」と称し、宛名を「高山国王」としている。そのころ日本船がこの島の先住民と交易をするめたよく停泊していた海岸の一つが現在の高雄のあたりで、当時その一帯には竹が繁茂していた。その竹林を現地先住民たちは「タアカオ」と呼んでいた。そこに戎克船の漢人が「打鼓《タアカオ》」の漢字をあて、その付近にあった丘を「打鼓山《タアカオスア》」と呼んだ。その「タアカオスア」を朱印船の日本人が聞き、この時代かあるいは室町の朱印船かは定かでないが、「高砂」の字をあてた。そして日本人はこの島全体を「高砂」と呼称し、その先住民を「高砂族」と呼ぶようになった。したがって秀吉のいう「高山国」は、「タカサンコク」と読ませていたのではなかろうか。

なお、この「打鼓」はやがて「打狗」に変化し、これが語源となって日本統治時代の大正九年（一九二〇年）に今日の「高雄」へと改名される。また「打鼓山」は現在の高雄郊外の寿山かと思われる。ちなみに「寿山」とは、大正十二年（一九二三年）四月に皇太子殿下（昭和天皇）が台湾に行幸され、この山にお登りになったのを記念して改名されたもので、そのまま現在にいたっている。

ともかく台湾への親書は、喜右衛門や孫七郎らの進言によるものであるが、かれらはルソンの事情には精通していても、この「高砂」に対してはまだ無知であったようだ。この時代、そこはまだ先住民の部落がそれぞれに独立して暮らしており、統一政権もなければルソンやジャガタラのような植民政権もない。つまり親書を受け取る者がいないのである。かりにいずれかの酋長が受け取ったとしても、結局はかつての随軍や元軍とおなじ結果になっていただろう。それに軍団の派遣も、「文禄・慶長の役」の最中であり、実現してはいなかったろう。ルソン島にも、結局は派兵されなかった。

この親書の一件も、秀吉が朱印船貿易における台湾の地理的重要性を認めてのことであろうが、このころ朱印船は個々に台湾を中継地としていた。堺の豪商・納屋助左衛門が秀吉の逆鱗に触れ、桜丸で日本を去ったのは慶長元年(一五九六年)、「慶長の役」がはじまる直前であったが、このとき桜丸は台湾北部の滬尾《こび》(現在の淡水)に一時寄港したといわれている。その他の朱印船の多くも、琉球列島をへて台湾の滬尾に入ったとき、これで日本を離れたとの思いにひたり、また南洋からの帰りにそこへ入港したとき、もうすぐ日本だという望郷の念に心をはやらせたのではなかろうか。

オランダ人の南部入植

台湾の地理的重要性を知っていたのは、朱印船や漢人海賊たちだけではない。スペイン人がルソン島に拠ったように、大航海時代をへたヨーロッパの海洋諸国は、すでに東アジアでの拠点を求めて互いに争う時代に入っていた。ここにオランダ人が登場する。

ポルトガル人がマカオに要塞を築いたのは一五五七年、スペイン人のマニラ建市は一五七一年。オランダ人はこれよりすこし遅れ、ジャワ島のバタビアに東インド会社を設立したのは一六〇二年であった。そして

1622年、オランダ人は突如澎湖島に上陸した。

日本の徳川幕府と交渉し、平戸に商館を開設したのが一六〇九年（慶長十四年）である。ここまでくると、その中継地となる拠点が是非とも欲しいところだ。

平戸商館開設より十三年後の一六二二年（明の天啓二年）、オランダ人は十七隻からなる大艦隊を擁して突如澎湖島の媽公澳《まこうおう》（現在の馬公）に威力上陸した。

思わぬ災禍に見舞われたのは、漢人移住民やたまたま居合わせた漁民たちである。『明史』によれば、停泊していた六百余隻の漁船が拿捕され、千五百人の男子が要塞構築にかり立てられ、このうち千三百人が病餓死し、生存者やさらに調達された男子二百七十人が奴隷としてバタビアに送られ、航海中におよそ半数が死に、目的地についたのは百三十七人であったという。オランダ側の資料によればもっと凄まじく、バタビアに送られたのは五百七十一人で船中死者は四百七十三人、到着後死者六十五人、結局生存者は三十三人であった。要塞構築現場での労働条件もさることながら、航海中も言語に絶する虐待を受けたのであろう。

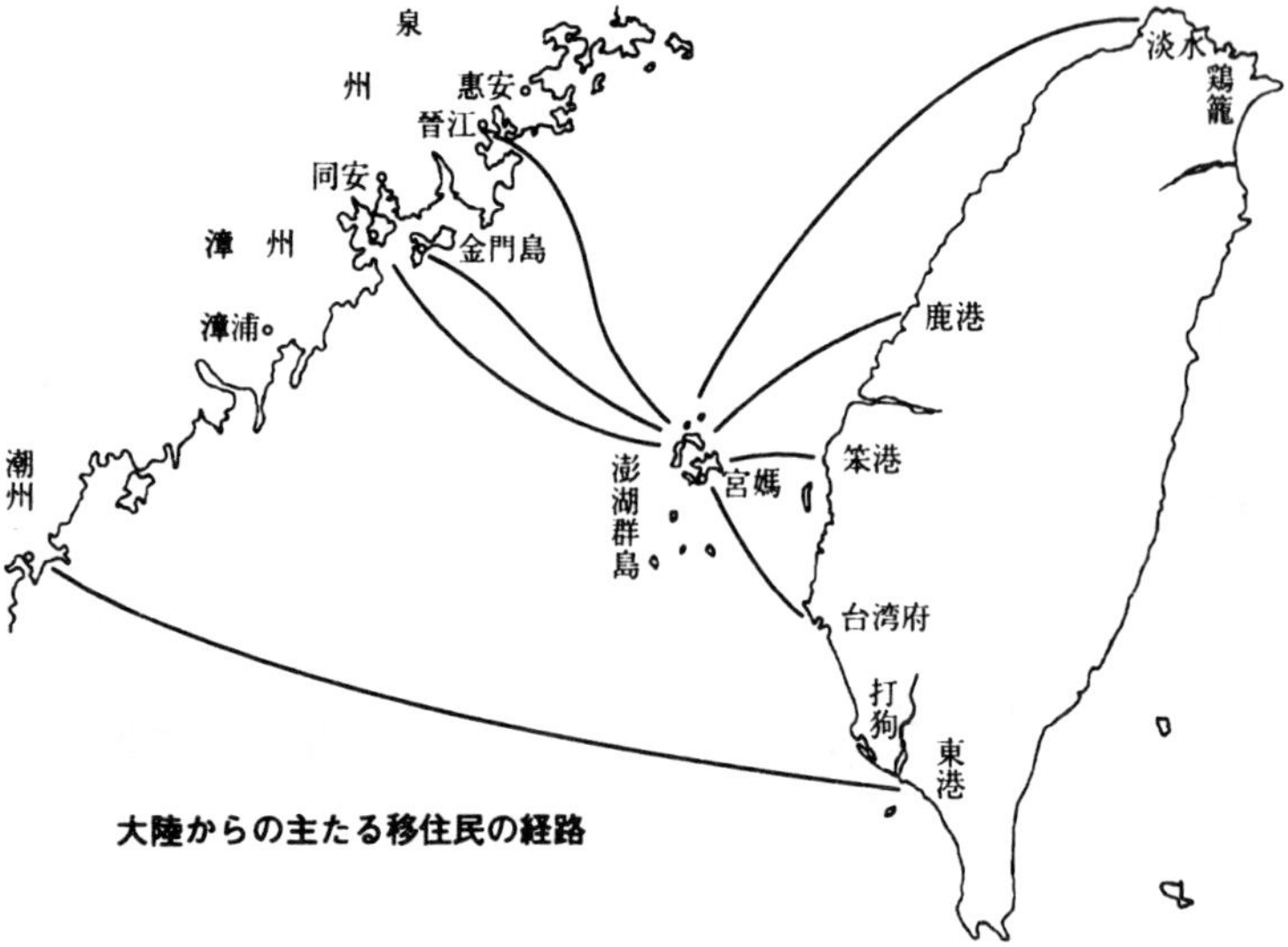

大陸からの主たる移住民の経路

明朝政府はこの事態を傍観していたわけではない。が、宮廷政治の複雑な手続きがあり、対策は遅れた。用兵と対外交渉の全権を福建巡撫の南居易《なんきょい》に与え、バタビアの東インド会社と交渉に入ったのはその翌年であった。オランダは澎湖島を半永久的に占拠するつもりで、撤退要求に応じない。そこで南居易は福建で兵を募《つの》り船を買い、開戦の準備に入る。それにまた一年を費やし、天啓四年（一六二四年）一月にようやく澎湖島に兵を入れた。このときの明軍は船四十隻、兵員一万人、これに対するオランダ軍は船十三隻、戦闘要員八百五十人、あとは白人水夫とジャワ人ばかりであった。彼我《ひが》の勢力差は歴然としているが、それでも交戦八カ月におよび、ようやくオランダ軍は降伏した。

しかしこのとき、南居易は中国にとって重大な誤りを犯した。オランダ軍を駆逐したのではなく、つぎのような協定を結んだのである。

一、オランダ人は澎湖島から撤退する。

二、明朝政府はオランダ人が大陸沿岸で交易することを認める。

三、明朝政府はオランダ人がタイワンを占拠することに異議を唱えない。つまり澎湖島は困るが台湾ならよいというのである。これは南居易の誤りというよりも、台湾を域外としてとらえていた大陸政権の認識によるものであろう。一方オランダ人にしてみれば、調査の結果、台湾は澎湖島よりはるかに大きく、かつ肥沃で気候もよく、すでに漢人の戎克船と日本の朱印船が中継地としていて、先住民のほか南部には大陸からの入植者もすでに入ってある程度開墾していることを知る。澎湖島を放棄して台湾を得ることは、やせた羊を手放して太った牛を得るようなものであった。

一六二四年（天啓四年）十月二十五日、先遣隊となった軍艦二隻が澎湖島から至近距離にある鹿耳門に入った。オランダ人による、中世台湾支配の幕開きである。

ゼーランジャ城とプロビデンジャ城

この軍艦二隻は、鹿耳門から海岸部を覆うように転々とつらなる七つの島の最先端である一鯤身島を基地と定め、後続した本隊もぞくぞくとそこに上陸した。日本では徳川家光が三代将軍に就任したばかり、まだ朱印船貿易がおこなわれていたころである。一鯤身島に上陸したオランダ人は、さっそく要塞の構築にとりかかった。

その要塞は起工より六年後の一六三〇年に完成し、堡塁は三段に積まれ、城内には井戸もあって、軍事と貿易の中枢となるのにふさわしい堅城であった。その名をゼーランジャ城といい、残存するその一部が安平古堡として、現在台南観光名所の一つとなっている。さらに一六五〇年には本島海岸部にも周囲約一キロ、高さ九メートル、幅二メートルの城壁を築き、その城内には二千八百人の兵が駐屯でき、そこに軍事と行政

南部台湾を支配したゼーランジャ城

の中心を移し、城壁の周辺には街並みが形成された。現在の台南市の原型である。これをプロビデンジャ城といい、そこの地名が先住民語で「セッカム」といい、漢人移住民はそこに「赤嵌《セッカン》」の漢字をあてていた。このため漢人たちはその城塞を赤嵌楼と呼んだ。その一部が現在台南市のほぼ中央に残り、台南観光のメッカになっている。

なお、「赤嵌」と七つの島とのあいだを流れる水道を「台江」といい、このことから朱印船の日本人は「赤嵌」にできた市街地を「台江」と呼称していた。ちなみに日本ではすでに幕末の一八二二年夏、台湾南部を大暴風雨が襲い、このときの流砂によって台江水道が埋まって七つの島が陸続きとなり、現在の台南市一帯の地形ができあがった。だが、「台南」という呼称はまだない。

巧妙な植民地統治

オランダ人が突如、一鯤身島に上陸して城を築きはじめたとき、愕然としたのは、すでに数千人に達していた漢人移住民たちであった。かれらは貧苦と流賊の跋扈する大陸を捨て、みずからの危険負担で海峡を乗り越え、台湾に移住したのである。そこで開墾を進め、日本や大陸との交易もおこない、まさに自由の新天地を形成していた。この漢人の模様を、オランダ人の『バタビア城日誌』はつぎのようにしるしている。
「われわれがタイワンに入ったとき、漢人はわれわれを喜ばなかった。それで双方の友誼を打ち樹《た》てることができなかった。漢人は蕃人を扇動して、鹿皮、鹿肉、魚類の統制に反対した。当地は毎年二十万枚の鹿皮と、多くの干し鹿肉と乾魚を産出する。大陸から毎年約百隻の戎克船が来て、漁業に従事するほかに干し鹿肉などを大陸へ持ち帰っていた」

のちにオランダ人は開墾の必要性から漢人の移住を奨励するのだが、その一方においては、やはり警戒もおこたらなかった。日本人に対してもそうであった。数こそ漢人にくらべはるかに少ないものの、朱印船で台江に入る日本人たちは、みずからの優先権を主張してやまなかったのである。こういった環境下に、オランダ人にしてはどうしても味方が欲しかった。なにしろ当初のオランダ人の数は官吏、商人およびその家族を合わせて数百人、駐屯する兵士は千人弱にすぎなかったのだ。そこでかれらが目をつけたのが、先住民であった。

最初は武力による威嚇だが、それと並行してオランダ人は、先住民が漢人移住民の進出によって圧迫されているところに着目した。しかも各種族間、蕃社間になんの連帯意識もなく、出草（首狩り）などの風習もあり、かえって常時対立状態にある。かつて隋や元に、この島が一つの国として朝貢することをあきらめさせた原因がこれであるが、さすがは植民地支配に長《た》けたオランダ人である。それを逆手にとった。

まず一番社に出草の便宜をはかって実行させ、蕃社間の対立を激化させて一方に加担し、他を屈服させるという方法をとった。先住民を制するのに先住民をもってしたのである。これは功を奏し、南部一帯の先住民はゼーランジャ城の用材伐採に協力し、食糧、薪水の提供までおこなうようになったほどである。また、セッカムにプロビデンジャ城を構築するときも、土地を提供するなど、好意的となった。

巧妙な武力制圧のあと、オランダ人がかくも先住民をうまく手なずけたのは、やはりヨーロッパ人が異民族を籠絡する常套手段として用いていたキリスト教の移入による。このころ、日本では徳川幕府がすでに禁教令を発し、改宗しなかった高山右近らをマニラに追放するなど、キリシタンへの弾圧を徐々に強めていた。漢人移住民らもまた、みずからの儒教、道教を堅持し、植民統治者の洗脳に動じることはなかった。

「台員」、「大湾」から「台湾」へ

『バタビア城日誌』からも知られるように、大陸から漢人の移住民が目立ちはじめたのは、オランダ人入植の前後から、日本の時代区分では室町のころからである。本書では便宜上「台湾」の語句をすでに使ってきたが、それの語源があらわれたのもこの時期のことである。

今日の台南一帯に居住していた先住民をシラヤ族といったが、そのシラヤ族の言語で、外来者のことをタイアン（Taian）、あるいはターヤン（Tayan）といった。これが漢人移住民たちの耳と口を通してタイウァン（Taiuan）となまった。ところが漢人移住民たちは、それが自分たちをさす言葉だと気づかず、この一帯の地名と勘違いした。そして漢人たちはそのままそこに「台員」や「大湾」の漢字をあてた。後述するが、やがてそれがおなじような発音の「台湾」に変化することになる。これが正式な地名となったのは、清朝が康熙二十二年（一六八三）にこの島を統治する機関として現在の台南に衙門《がもん》（役所）を置き、そこに通称を踏襲して「台湾府」と名づけてからである。

進む開発と中継貿易

オランダ人はこの植民地経営に際し、本国の王田制を導入した。土地はすべて国王のもので、農民は国王から土地を借り、かわりに税を支払うというシステムである。それが台湾では、土地は東インド会社のもので、耕作者は会社に税を納めるということになる。その税率は苛酷であったうえ、移住民一人ひとりにまで人頭税を、狩猟や漁には鑑札料をとり、さらに山にあってはワナの一つひとつにも税をかけ、海にあっては漁獲量の一割を徴収した。このため鑑札料を払えない移住民は、まだ捕ってもいない鹿皮を抵当にオランダ人から金を借りるほどであった。しかし、オランダ人の入植によって台湾南部の組織的開発が進んだのも事実である。

住民から税をとる以上、その数は多いほどよい。このとき大陸から多くの貧民を、運搬料をとって台湾に運んだのが漢人海賊たちである。オランダ人たちは農漁業に従事する漢人移住民が多数ほしかったうえ、ゼーランジャ城やプロビデンジャ城のほか、倉庫や教会、学校建築のため、多くの石工や大工、左官なども必要とした。これらが増えるにしたがい、オランダ人や移住民を相手に食糧品や日用雑貨を売る小商人までもが海峡を渡り、城の周囲には坊《まち》が形成されるにいたった。

また、台湾に牛が入ったのはこの時代のことで、宣教師がインドから百二十一頭の牛を輸入したのが始まりである。これが亜熱帯の気候によって大いに繁殖し、鍬一挺の開拓農業に新局面を開いた。また、トマトやマンゴーなどの品種改良も進んだ。漁業においても南部海域で最も多くとれた烏魚《ぼら》が塩漬けの加工品として大陸に輸出されるようになり、その卵はさらに加工された。これが、今日なお南部台湾の名産として知られるカラスミである。

貿易においては、漢人移住民や先住民の手による砂糖、鹿肉、鹿皮などが日本や中国大陸に輸出され、大陸産の生糸、絹織物、陶器などが台湾南部を中継地に日本やペルシャなどに運ばれた。さらにバタビアに集荷された南洋の香料、胡椒《こしょう》、錫、鉛、麻布、木綿、アヘンなどを中国大陸へ運ぶのも、この台湾南部が中継地となった。この新たなルートは、当然オランダ人が独占するところとなった。まさに台湾は、オランダ人にとって宝の島となったのである。

スペイン人も食指動かす

台湾の肥沃さと地理的重要性をオランダ人が実証したわけだが、その初期において、スペイン人もまた台湾に食指を動かした。マニラに拠点を置いていたスペイン人が台湾に駒を進めたのは、オランダ人が南部に入植した二年後、一六二六年のことである。その艦隊はオランダ人との遭遇をさけて太平洋側を北上し、まず北部の一角に第一歩をしるしてそこをサン・チャゴと命名した。現在の三貂角《さんちょうかく》である。さらに艦隊は海岸沿いに進み、鶏籠《クエラン》（基隆）に入り、サン・チャゴ・トリネダットと名づけ、その湾口にサン・サルバドル城を築き、防備を固めた。その五年後の一六二九年、さらにスペイン人は北部海岸沿いに駒を進め、滬尾《こび》（淡水）に入って一帯をカンドルと命名し、そこに流れる淡水河の河口にサン・ドミンゴ城を築いた。

スペイン人の植民地経営もオランダ人同様、漢人移住民の渡航を奨励し、開拓と同時に大陸沿岸との交易に意をそそいだ。このため、一六二五年の記録では鶏籠港内に二十二隻もの戎克船が舳先をならべ、移住民のなかには現在の台北郊外の北投方面にまで入り、硫黄の採掘に従事する者も出た。そしてスペイン人の勢力は、オランダ人の日本や大陸沿岸への航路を脅かすにいたった。

オランダ人にとって、それは容認できないことであった。一六四二年五月、オランダ人の艦隊はジャワ島バタビアの東インド会社本社からの援軍を得てゼーランジャ城をたち、海峡を北上した。スペイン人はオランダ人の退去勧告を無視し、両者に戦端は開かれ、サン・ドミンゴ城とサン・サルバドル城を中心とした砲撃戦は三カ月におよび、とくに最終戦となったサン・サルバドル攻城戦では四日四晩砲声が絶えなかったといわれている。この戦いにサン・サルバドル城はついに白旗をかかげ、同年九月四日スペイン人は両城を放棄しマニラに撤退した。北部の一角をサン・チャゴと命名してより、わずか十六年後のことである。

日本人の心意気と終焉

一方、日本人はどうしていたか。オランダ人が南部に入植したころはまだ朱印船が活躍しており、とくに中国大陸や台湾産品の日本搬入には朱印船が中心となっていた。そこへオランダ人が割りこみ、しかも台江（台南）に入港する朱印船に積み荷額の一〇％にも近い税を課しはじめる。これまで自由に出入りしていた台江にいきなり入植し、しかも主人然とふるまうオランダ人の姿に、朱印船の日本商人たちは我慢のならないものを感じていた。戎克船の漢人はゼーランジャ城の威力に屈し、これと協調する姿勢をとったが、日本の朱印船は台江入港のたびに税を「出せ」「出さぬ」ともめ、ときには積み荷を没収されることさえあった。この確執は当然日本本国にも伝わり、平戸のオランダ商館への風当たりは強くなる。商館はバタビアに善処を求めるが、もとより交易独占がオランダの政策であり、改善されることはなかった。幕府も対外関係には消極的であり、国家的背景を期待できない朱印船は、独力でこれに対抗する以外になかった。

ここに事件が発生する。寛永三年（一六二六年）春、スペイン人のサン・チャゴ命名とおなじ年、長崎代官でみずからも多くの朱印船を持つ末次平蔵《すえつぐへいぞう》は、明国から大量の生糸を搬入すべく、配下の船頭・浜田弥兵衛《はまだやへい》に出航を命じた。中継地は台江である。代金はすでに漢人商人に渡しており、あとは現物を大陸沿岸で受け取るだけであった。

台江に船一隻を入れた浜田弥兵衛は、さっそくオランダ長官のソンクに戎克船の借用を申し入れた。すでに朱印船では台湾海峡を渡れなくなっている。漢人海賊に襲われるからである。オランダ人と漢人海賊とは暗黙の了解があり、朱印船は対大陸沿岸貿易において、台江を中継地として余計な戎克船借用料をオランダ人に支払わなければならなくなっていたのだ。

ソンクは浜田弥兵衛の申し出を拒絶した。税を出そうとしない日本船を海峡から締めだし、かつ日本向けの大陸産生糸を独占するためである。船はむなしく台江に帆をおろしたまま、その年の冬をすごさねばならなかった。弥兵衛の怒りは心頭に達している。出航を強行し、漢人海賊を蹴散らしながら海峡をおし渡ろうにも、砲の準備もなければ警乗隊員すら乗せていなかったのだ。翌寛永四年夏、吹きはじめた南風に乗って朱印船は台江を離れた。帰国である。船艙は空であった。が、生糸をあきらめたわけではない。長崎に帰った弥兵衛は、末次平蔵に事情を説明するとともに、多数の浪人を雇い入れ、鉄砲を調達し、平蔵は大砲を用意した。寛永五年、北風がそろそろ終わろうかという四月、それらの準備はととのい、弥兵衛はふたたび長崎を発った。こんどは船二隻に警乗隊員四百五十人、大砲も装備している。これだけの準備があれば、独自に海峡をおし渡ることができる。

この間に台湾のオランダ長官はソンクからノイツに代わっていた。ノイツは神経過敏な人物で、二隻の朱印船が入港するなり軍艦三隻で港をふさぎ、ゼーランジャ城の砲を湾内に向け、二隻の朱印船をたちまち武装解除してしまった。ノイツはそれを「戦争をしかけてきた日本人に対する防禦措置」としているが、朱印船二隻ではゼーランジャ城の大砲と戦いにもならないことは、弥兵衛が一番よく知っている。乗組員ともども城内に軟禁された弥兵衛の怒りは倍加した。そのまま二カ月がすぎた。

六月二十九日、「生糸はあきらめる。帰国したい」と、弥兵衛は配下数名をしたがえノイツに面会を求めた。ノイツと一言二言の言葉をかわした転瞬、弥兵衛の身が躍り、つぎの刹那《せつな》には短刀がノイツの喉にあてられていた。数名の配下が手早く室内のオランダ将校の武装を解除し、同時に城内の官舎では丸腰の警乗隊員らがいっせいにオランダ兵を襲い、それぞれに武器を奪取していた。武装を整えノイツを人質にとり、ここに形成は逆転した。

この優勢下に、弥兵衛はかずかずの条件をオランダ人に突きつけ、七月十一日、堂々と台江をあとにし、長崎に向かった。船にはノイツを釈放したかわりに息子のラウレンスをはじめ四人のオランダ人幹部を、航海の安全のために人質として乗せ、それ以外にも大陸から搬入する予定になっていた生糸二万斤（約一・二トン）をオランダ人に立て替えさせ、さらに前長官ソンクの没収した積み荷も返還させていた。それらは二隻の朱印船には積みきれず、戎克船一隻をノイツから借り受けている。そのうしろには、長崎で人質を受けとるオランダ船一隻がしたがっている。都合四隻の、なんとも奇妙な船団であった。

この事件に、国家的庇護のないまま海外に進出していた日本人たちが、大いに士気を高めたであろうことは想像に難くない。事件はまだつづく。

船団が長崎に入港すると、末次平蔵はラウレンス以下五人の人質を大村の収容所に入れ、随行した船を抑留して平戸商館の活動に制限を加え、その自由を奪った。幕府はその措置を追認する。つまり日蘭断交である。これにはオランダのバタビア総督が狼狽した。日本との交易を失っては膨大な損失であるばかりか、中継基地としての台湾の魅力も半減する。しかも南洋各地の日本人町には朱印船がつねに出入りしており、これらのすべてを敵にまわしたのでは危険この上ない。バタビア総督は幕府と種々交渉のすえ、寛永九年(一六三二年)ゼーランジャ城のノイツを犯罪人として日本にひきわたし、ここに日蘭貿易は再開された。大村のオランダ人は釈放されたかわりに、ノイツはその後「島原の乱」が発生するまでの五年間、長崎で幽閉生活を送ることになる。

幕府が鎖国令を発したのはその翌々年、寛永十六年(一六三九年)、日本人の海外進出はあっけないほどの幕切れをもって終わりを告げ、台湾からも日本人の姿は消えた。スペイン人の北部撤退はこのあとのことであり、これにより台湾はしばらくオランダ人と漢人海賊協調の時代がつづく。

長崎の明国人任侠集団

倭寇(真倭)はすでに秀吉の「賊船停止令」によって姿を消している。したがって海賊といえば、漢人のみとなっていた。長崎に顔思斉《がんしさい》という明国人の仕立て屋がいた。日本に流れてきたのはオランダ人の台湾南部入植と同年の寛永元年(一六二四年)、郷里の福建漳州《しょうしゅう》で権門の下僕を殺害し、追捕を受けて海に漕ぎ出したという。三十六歳のときだったらしい。長崎でも仕立て屋稼業より任侠道に生きる機会が多く、たちまち長崎在住明国人任侠集団の頭領となった。しかし、世はすでに三代将軍家光の時代である。海に山野に流賊の跋扈《ばっこ》する明国にくらべ、ゆるぎない幕藩体制を打ち立てた日本社会に息苦しさを感じはじめたのであろうか、その集団は幕吏の追捕を受けるところとなり、ふたたび海に漕ぎ出した。顔思斉が日本に流れついてよりわずか半年後の寛政元年八月、このとき船団は十三隻といわれているが、その船型も人数も定かでない。

このメンバーのなかに、鄭芝龍《ていしりゅう》がいた。福建泉州の出身で、この人物も不羈奔放《ふきほんぽう》で十八歳のとき（一六二三年）乗っていた交易船が平戸に入港し、同地の住人田川氏の十七歳の娘をみそめ、結婚してそのまま平戸に住みついてしまった。この田川氏とは、おなじく福建泉州出身の翁翌皇《おうよっこう》という商人で、平戸に来たおり田川七郎左衛門の娘と結婚して平戸永住を決意し、翁姓をすてて妻方の田川姓を名のるようになった人物だという説もある。となると、鄭芝龍がみそめた娘も同郷人との混血娘ということになり、平戸上陸後すぐに二人が結びついたのもうなずける。それはともかく、鄭芝龍が顔思斉にしたがって日本を離れる一カ月ほど前の七月十四日、この二人のあいだには福松という男の子が生まれていた。芝龍はこの妻子を平戸に残したまま出奔したのだが、この福松こそ長じて国姓爺、台湾の開山王となる鄭成功《ていせいこう》である。

鄭芝龍（1604～1640年代後半）

海峡が庭の漢人海賊たち

船団は本国の明国に戻るわけにはいかない。そこで舳先を向けたのが、台湾であった。その西海岸を南下し、中部をすこし下ったところに格好の入江があるのを見つけた。すでに若干の漢人移住者があり、地名を笨港《ベンカン》といった。その地の先住民の土語で「ポンカン」といったのに漢字をあてはめたものだが、あえて「愚鈍」という意味の「笨」の字をあてたのは、その一帯が遠浅で底の浅い戎克船ですら海岸線につけられず、荷の積み降ろしに手間ひまがかかったためといわれている。今日の雲林県北港市である。顔思斉の一行はこの笨港を拠点に開発を進め、その足跡は諸羅山《しょら》(現在の嘉義市)にまでおよび、付近の先住民を平定する一方、その開発区には二十余カ所の砦を設け、さながら一つの王国を築きあげた。かれらは顔思斉や鄭芝龍の郷里である泉州や漳州から、多くの無宿渡世の民を受け入れ、その数は三千人を下らなかったといわれている。またそれは、漢人による組織的入植の嚆矢《こうし》でもあった。

タイワンが「台員」や「大湾」であったことはすでに述べたが、これが清朝の行政範囲に組みこまれた康熙二十三年(一六八四年)、諸羅県(現在の嘉義一帯)の知県(知事)となった季麒光《ききこう》が著した『蓉州文稿』に、「万暦年間(一五七三～一六二〇年)、海寇(海賊)顔思斉この地に入り、初めて台湾と称す」とある。なんと「台湾」の呼称を使いはじめたのは、海賊の顔思斉であったのだ。

このとき、台湾開発には二つの潮流が形成された。顔・鄭の中部入植はオランダ人の南部入植より二カ月早く、両者はたくみに対立をさけた。そればかりか、顔思斉の船団は大陸から台湾南部への移住民の運搬を請け負い、利益さえ得ていた。いわば海峡は、漢人海賊たちの天下となっていたのである。

しかし、顔思斉の活躍は短期であった。入植よりおよそ一年後の天啓五年(一六二五年)九月、顔思斉は諸羅地方で狩りの途中、激しい下痢に見舞われ死亡した。病名はチフスと推定されており、跡目を継いだのは鄭芝龍であった。鄭芝龍の代にこの漢人グループはさらに強大となり、大陸沿岸では明の正規軍と勢力が拮《きっ》抗《こう》するまでになった。飢饉がつづく大陸から鄭芝龍の船団が台湾に運んだ移民希望者は一万人とも数万人ともいわれており、オランダ人入植当初には数千人といわれていた漢人移住民の数は、その末期の三十数年後には十万人にふくれ上がっていたと推定されている。

官軍になった海賊と反乱者第一号

一方、明朝では鄭芝龍の海賊集団が福建沿岸に跋扈するのに手を焼いていた。このとき、福建水師の席が空いていた。水師とは海軍司令であり、福建でこの任に就けば鄭芝龍を相手にしなければならず、なり手がいなかったのである。中国には古来「招撫《しょうぶ》の策」という思想がある。中央の意にしたがわない地方有力者や反乱者、巨大な賊徒に官位を与え、中央行政機構のなかに取りこんでしまうというものだ。清朝はそれを鄭芝龍に適用した。「この空席の任に就く気はないか」と、台湾の笨港に申し入れたのである。鄭芝龍にすれば、船団はそのままで先頭に〝官〟旗をかかげるだけだ。彼は応じた。与えられた官位は「海防遊撃」というもので、事実上の福建水師であった。

このとき明朝が鄭芝龍に与えた辞令がふるっている。

――海盗鄭一官を討伐したる功により、義士鄭芝龍を福建海防游撃に任ず。

一官とは芝龍の別名であり、なるほど書類上のつじつまは合っている。

かくして官軍となった鄭芝龍は崇禎元年（一六二八年）春、笨港を引き払って泉州のすぐ南に位置する安平鎮に拠点を移した。平戸から妻の田川氏と息子の福松を安平鎮に呼び寄せたはこの年の秋、福松まだ六歳のときであった。浜田弥兵衛の事件はこの直後のことである。

鄭芝龍の配下のなかには、拠点を台湾から大陸に移したことをおもしろく思わない者もいた。郭懐一《かくかいいち》と何《か》斌《ひん》である。かれらは台湾に残り、この両名はやがてまったく別個の運命をたどることになる。

台湾南部では漢人移住民たちが、前述のとおりオランダ支配の重税にあえいでいた。新天地と思っていた土地で、かれらの生活が富むことはなかった。当然不満がつのる。しかし、抵抗するにも組織がない。鄭芝龍が明朝の招撫に応じてより二十四年後、明の永暦六年(一六五二年)夏のころ、これを組織した人物がいた。郭懐一である。彼はオランダ軍の巡察隊を襲って武器を奪い、いっきょにゼーランジャ城を襲撃しようという計画を立てた。しかし彼の実弟が裏切って蜂起計画は直前に漏れ、やむなく郭懐一の人数は満足な武器もないままゼーランジャ城に押し寄せ、あえなく敗れ去った。それでも戦いは十日間におよんだ。郭懐一はこの戦闘で戦死したが、彼の号令で動いた人数は数千人といわれ、戦闘とその後の追討で殺された漢人移住民の数は、男女合わせて四千人とも八千人ともいわれている。この事件によって、台湾での漢人移住民らのオランダ人に対する憎しみは倍加した。

第2章　鄭氏政権の光と影

実父の投降と息子の忠節

官軍の福建海防游撃となった鄭芝龍は、官位と権力と富を手中にし、得意の絶頂にあった。しかも平戸から呼び寄せた福松は、長ずるにつれ文武両道に才を示し、芝龍の目を細めさせていた。しかしそのとき、すでに明朝の屋台骨はぐらついていた。北方に起こった満州族が明の崇禎十七年（一六四四年）には北京に入って清朝を樹立し、年号も順治と改めていた。福松二十歳のときである。

揚子江中流域の金陵（現在の南京）に逃れた明の遺臣たちは、北京陥落のときに縊死《いし》した崇禎帝にかわって弘光帝を立てたが、翌順治二年（一六四五年）にはその金陵も落ち、弘光帝は囚《とら》われ、遺臣たちはさらに南下して福建で台湾の対岸にあたる福州に拠り、隆武帝を立てて明朝の名を維持した。福州は台湾移民を多く生んだ泉州や漳州に近く、鄭芝龍の縄張り内である。隆武帝の擁立には、当然鄭芝龍の力が大きくはたらいていた。

この即位式のあと、隆武帝は功績高い芝龍の長子・福松を召し、明の名門である朱姓を与えた。ここに明廷近衛隊長・朱成功が誕生した。彼が〝国姓爺《こくせいや》〟と呼ばれるゆえんであり、近松門左衛門の戯曲「国姓爺合戦」の命名もこれに由来する。だが一般には、鄭家の長子として〝鄭成功〟と呼ばれた。

このころ清軍は、ジリジリと福建包囲網をせばめていた。だが鄭芝龍の抵抗は強く、とくに海上戦では清軍を圧倒していた。そこにまた招撫の策が登場する。清朝は鄭芝龍に手をのばした。機をみるに敏な鄭芝龍はそれを天命とし、順治三年（一六四六年）、息子・成功の反対を押し切って応じた。しかし芝龍の思惑は外れた。ふたたび兵馬の権を与えられることなく、北京に護送されたのである。その後、鄭芝龍の名は歴史から消えるのだが、一説には息子・成功の招撫に失敗した科により、北京で処刑されたといわれている。

一方、母の田川氏は夫・芝龍の行為を恥じ、芝龍の出身地である泉州で縊死した。その死は鄭成功の転戦中、翌順治四年（一六四七年）安平鎮であったとする説もある。隆武帝も芝龍の背反に絶望し、食を断って死をえらんだ。清軍と対峙する陣中で母と帝《みかど》の死を知った鄭成功は、土地の孔子廟に〝滅清復明〟を誓ったと伝えられる。

大陸から台湾へ

鄭成功の指揮する滅清復明軍は福建、江西、浙江の各地で清軍と一進一退をくり返した。しかし勢いに乗る清軍に鄭軍の劣勢はおおいがたく、鄭軍は厦門とその沿岸の金門島に拠点を据え、そこから失地回復に乗り出した。この一連の戦いでとくに有名なのが、いったん占拠された漳州を奪還した漳州攻防戦であるが、これの戦われた順治九年（明の永暦六年、一六五二年）は、台湾ではまさに郭懐一がオランダ人に反乱を起こした年である。

漳州を奪還した鄭軍は福建一帯を海上封鎖するとともに、乾坤一擲《けんこんいってき》の挙に出た。三千隻の船で揚子江をさかのぼっての金陵（南京）奪還である。だが城内突入直前に清の援軍が駆けつけ、作戦は失敗した。しかし清軍は陸上では勝ったものの、海上では鄭軍の海上封鎖を抜くことはできなかった。

この事態に困ったのは台湾南部に拠るオランダ人であった。台湾占拠のメリットは大陸との沿岸貿易ができるところにある。鄭軍の海上封鎖によってそれができなくなってから、すでに久しい。鄭軍が金陵で敗退した翌順治十七年(一六六〇年)、台湾南部のオランダ長官コイエットはこれを話し合いで解決しようとゼーランジャ城から厦門へ使者を派遣した。そのとき使者に立ったのが、元鄭芝龍の部下の何斌である。何斌はもと同僚の郭懐一が義憤をつのらせていたとき、そこに呼応せず、蜂起のときも動かずただ静観していた。それがオランダ人の信を得るところとなり、また大陸や高砂族の多種語にも通じていたことから、オランダ人はそれを通詞として重用するようになった。そしてコイエットは、この何斌を鄭成功との交渉相手に選んだのであった。

オランダ方の使者として厦門に着いた何斌の言は、鄭成功の意表をつくものであった。台湾の肥沃なることを説明し、そこを奪えと進言するのである。そしてひそかに持ちきたった台江水域の海図をその場に広げた。

厦門と金門では北京の圧迫を直接的に受け、しかも狭小である。さっそく鄭成功は陳永華《ちんえいか》らの重臣を集め、諮問した。陳永華は行・財政に長じた逸材である。重臣ら賛否両論のなか、鄭軍の総意は台湾へ一時退去と決し、厦門、金門はその準備にかかった。

だがコイエットはたかをくくり、バタビアに援軍を要請しようとはしなかった。台湾海峡に覇を唱える鄭軍とはいえ、複雑な台江水道に艦隊を入れるのは容易でなく、入ったとしても両岸にそびえるプロビデンジャ城とゼーランジャ城の砲列の餌食となるばかりである。

何斌の提言から十カ月後の順治十八年(一六六一年)三月二十三日、金門島に終結した鄭氏艦隊は勇躍台湾に向け帆を上げた。艦船およそ四百隻、将兵約二万五千人、日本では国を閉じてよりすでに二十余年、寛文元年のことである。進路は、これまでの台湾渡航者の多くがそうであったように、やはり澎湖島からであった。

オランダ人の終焉

　澎湖六十四島嶼のうち最大のものが澎湖本島で、その北隣りの白沙島と西隣りの漁翁島とで一つの湾を形成している。それが天然の良港となり、移住民が形成した坊《まち》・媽公澳はそのなかにある。風が吹いたとき、湾外は怒濤澎湃としているが、湾内は波の静かなこと湖の如しということで、澎湖と名づけられた。その湾内で全艦船がいっせいに艫綱《ともづな》をとき、セッカム（台南）に向け進発したのはすでに三月三十一日深夜のことである。

　四月一日未明、鄭軍の将兵は鹿耳門から台湾本島の島影を認めていた。その水域には七つの島がつらなり、複雑な水流を形成していることはすでに述べた。なかでも鹿耳門とは、七つの島の最先端である一鯤身島の北側水域をさし、台湾本島の沿岸に面して浅瀬が多く、船団はおろか漁船一隻でも水流に不慣れなら乗り切ることは困難である。だからオランダ人はこの海岸に何の防備もほどこさず、二城の砲もこの方向には向けられていなかった。鄭軍がそこに艦隊を集結できたのは、まさに何斌のもたらした海図のたまものである。鄭軍将兵は無抵抗のセッカム海岸にぞくぞくと上陸しはじめた。このとき多くの漢人移住民がその一帯に集まり、小船や牛車を出してその上陸を助けたという。

　上陸と同時に鄭軍はプロビデンジャ城の周辺市街地を占拠し、ゼーランジャ城との連絡線を断った。攻城戦の開始である。一鯤身島のゼーランジャ城に拠るコイエットは、兵三百しか擁しないプロビデンジャ城に何度も援軍を送ろうとしたが、すでに水道の制海権は鄭軍に握られており、すべて失敗であった。それでもプロビデンジャ城はおよそ一カ月もちこたえ、五月二日に陥落した。鄭軍の攻撃はゼーランジャ城に集中した。城兵はおよそ二千人、そこへ鄭軍は城壁砲の間隙をぬって濠を飛び越え高いレンガ壁に迫り、長梯子をかけてよじ登る。城兵がそれを上から突き落とす。城壁を中心に白兵戦はつづき、鄭軍は堅い防備を抜くことはできなかった。そこで鄭軍は作戦を変え、ゼーランジャ城を遠まきするように塹壕を掘り柵を設け、長壁を築いた。持久戦の構えである。

台江内岸を中心とする台湾南部一帯を護るはずであったゼーランジャ城は、逆に台湾南部一帯から切り離され、台江水道の一島に孤立している。糧道は断たれ、飲料水も徐々に不足してくる。八月、バタビアから約七百人の兵が戦艦十隻で馳せ参じたが、すでに時期を逸していた。鄭氏水軍の厚い海上包囲網を破ることはできず、戦艦五隻と兵百二十八人を失って敗退した。

城内は兵糧も水も尽き、弾薬にも底が見えはじめた。持久戦における鄭軍の優勢には、兵力の差もさることながら、漢人移住民たちの協力があったことも見逃せない。兵糧の調達をはじめ、オランダ人に呼応しようとしたシラヤ族の各蕃社を事前に制圧し、後方攪乱をまぬがれたのも、地理に明るい移住民の協力があったればこそのことである。十二月上旬、ゼーランジャ城はついに白旗をかかげた。鄭成功はコイエットに最後の名誉を与え、順治十八年（一六六一年）十二月十三日、オランダ人一行は城門を開き国旗をかかげ国歌を奏しながら四隻の帰国船に乗りこみ、統治三十八年にして台湾を離れていった。同時にそれは、鄭成功にとって台湾を統治開発する始まりであった。

なお、コイエットはその後バタビアでの裁判で死刑の宣告を受け、のち終身禁固となり、多額の金を積ん

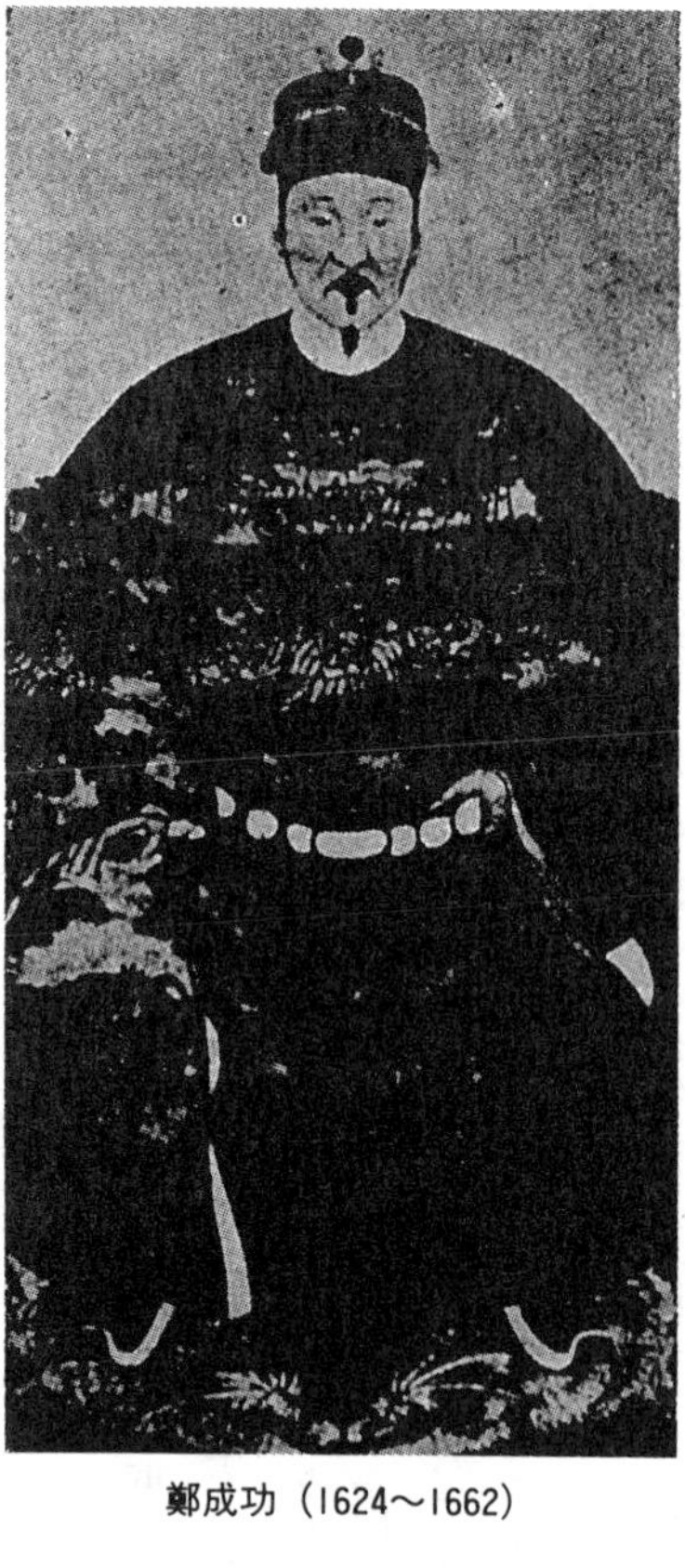
鄭成功（1624～1662）

で十二年後に釈放され、オランダ本国に帰った。

短かった鄭成功の治世

台湾からオランダ人を駆逐した鄭成功がまずおこなったことは、プロビデンジャ城を承天府と改名して行政の中心とし、南部を天興県（現在の嘉義地方）と万年県（現在の鳳山一帯）の二県に分け、そして一鯤身島のゼーランジャ城を安平鎮と改名したことである。安平鎮とは、父・鄭芝龍が明朝の福建海防游撃として武威を誇っていたときに本拠を置いていたところである。台湾の基地にこの大陸の地名を用いたことは、大陸復帰と明朝再興の意志のあらわれである。そこへ副官の陳永華は「十年生長し、十年教養し、十年成聚し、三十年にして大陸と相甲乙すべし」との長期計画を立てた。

だが、オランダ末期には台湾の人口はおよそ十万人に達しており、そこへ鄭軍二万五千人が加わり、そのあとからまた約五千人の家族が渡台し、一挙に人口が増えている。さらに清朝統治をきらった集団移住民が二陣三陣と渡台してくる。当然、食糧の増産が急務となった。そこで承天府は屯田制を採用した。開墾地の私有を認めるというものであり、オランダ人の王田制と対極をなすものであった。これによって鄭氏政権下による台湾開発は、大いに進展することになる。

しかし、鄭成功は台湾入府の翌康熙元年（一六六二年）春ごろ、内蔵部の激痛をうったえ、寝こむようになった。そして病状は日々悪化し、その年五月八日に没した。享年三十九歳、台湾での鄭氏政権開始よりまだ半年もへていなかった。

大きかった陳永華の業績

鄭成功の死後も清朝に対抗する鄭氏政権はつづき、陳永華は当初の長期計画を押し進めた。屯田制により、鄭氏政権下での開拓はオランダ時代をはるかに上回り、二県の置かれた嘉義、鳳山地方を中心に、開墾民の鍬は中部の彰化から山岳部の斗六《とりく》へ、北部では新竹地方、さらに淡水河の沿岸一帯、また最南端の恒春《こうしゅん》地方にまで入っていった。このため、これを生前に発動した鄭成功は後の世に「開山王」あるいは「開台聖王」と呼ばれ、台湾各地に廟が建立されることになるが、実際には陳永華が推進したものである。

陳永華（福建同安人、？～1680）

陳永華の行政は、開墾ばかりではなかった。田を耕すだけでは食糧問題を解決できても、富国強兵の財貨を生み出すことはできない。そこで彼が進めたのは、貿易立国の道であった。この号令によって鄭氏の商船隊は日本、琉球、ルソン、シャム、マラッカ、ジョホールへと積極的に出かけ、かつ外国船が台湾に渡来するのを歓迎した。このため、オランダと対立していたイギリスなどは、承天府の近くに商館を設けたほどである。このとき鄭氏政権がイギリス船に認めた条件は、砂糖、塩、鹿皮、干肉など台湾産品の自由購入と台湾住民の自由雇用、それに島内での自由行動、台湾への物資搬入の税率は三分、輸出は無税といった破格のものであった。貿易といえば相手方からの朝貢貿易の概念しかなかった明朝の遺臣たちにとって、これは耐え難いものであった。それをあえて推進した陳永華は、やはり鄭氏政権随一の傑物というほかはない。

イギリス船は台湾に大量の火薬、武器、紡績品などを持ちこんだ。また、清朝は福建沿岸に遷界令を敷き、住民の鄭氏政権との交易を禁じたが、鄭氏の水軍は沿岸各港に威力入港し、公然と交易をおこなっていた。日本との交易も盛んにおこなわれた。この鄭氏時代、長崎に入港した台湾からの商船は年間五十隻をかぞえ、対日輸出の主産品は砂糖、鹿皮で、輸入は刀剣、銅などであった。日本は概して鄭氏政権に好意的であった。鄭芝龍の時代から鄭軍は徳川幕府に救援を求め、その使者が長崎や江戸を何度もおとずれ、これを「日本乞《きっ》師《し》」といった。これに対し徳川御三家は浪人対策もあって大陸派兵を真剣に考えたが、冒険を好まぬ老中グループの反対によって実現はしなかった。だが、鄭氏商船の長崎交易は黙認した。民間においては忠義を前面に打ち出した鄭軍の人気は高く、近松門左衛門の『国姓爺合戦』が人形浄瑠璃で演じられ評判をとったのも、当時の日本の世相を物語っていよう。

鄭氏政権の内紛と終焉

しかし、鄭氏政権は内部から崩壊の道を歩んでいた。鄭成功の死後、長子の鄭経《ていけい》と成功の弟・鄭襲《ていしゅう》とのあいだに跡目相続の内紛が生じたが、陳永華が「世子による相続が筋」として鄭経を推し、これは一応収まった。が、その陳永華が明の永暦三十四年（清の康熙十九年、一六八〇年）に死去するなり、かつての内紛が再発し、ゴタつくなかに鄭経も死去し、つぎは鄭経の異なる妾腹の子二人の争いとなり、それぞれについた承天府の文武官らがたがいに「下賤の出だ」、「もらい子だ」などと次元のひくい中傷合戦を演じ、「滅清復明」どころか政権の維持さえ危うい状態に陥った。また鄭経にしろ妾腹の子二人にしろ、すべては側近まかせで自分は淫乱にふけっているというような、鄭成功の名を汚すような人物ばかりであった。

台湾側承天府（台南）の内紛を、大陸側からじっと見つめていた者のなかに、施琅《しろう》なる人物がいた。かつて施琅は厦門で陳永華とならぶ鄭成功の側近の一人であった。だが何斌が台湾進攻の策を持ちこんだとき、これに猛然と反対して鄭成功の逆鱗にふれ、死罪を命じられるにいたった。施琅は逃亡し清朝に保護を求めた。激怒した鄭成功は施琅の親族をことごとく処刑してしまった。ここに施琅は憤激して報復を誓い、清朝はそれを巧みに優遇していたのである。

施琅は清朝に、いまが鄭氏政権覆滅の機会であることを進言し、容れられて福建水師提督に任じられ、遷界令を徹底するとともに軍船と兵員を整えはじめた。ここにいたって小康をたもっていた海峡はいっきょに緊張が高まり、承天府は狼狽のなかにも防備を固めようとするが、兵員の士気が衰えているうえに天候不良が重なった。肥沃な台湾に五穀は実らず、税ばかりが高くなり、その社会は極端な食糧不足に見舞われ、物価はうなぎのぼりに上昇した。鄭成功の入台時には、こぞって歓迎し協力した住民の心はすでに鄭氏政権から離れ、憎悪するまでになった。

康熙二十二年（一六八三年）六月十四日、施琅は厦門をかなり南に下った銅山港から大小艦船二百余隻に兵二万人をのせ進発した。まずは澎湖島からである。その海域での海戦は六月十六日と二十二日の二回、無数の火箭が澎湖島海域の天空を覆い、燃える艦船は水面に映え、海を朱に染めた。この二度の戦いで鄭軍は艦船の大半と兵二万余を失った。澎湖島守備隊と鄭氏水軍の壊滅である。

承天府は恐慌状態に陥った。澎湖島に陣を敷いた施琅は、承天府の自然崩壊を待った。承天府では清軍に内応する者が続出し、徹底抗戦を叫ぶ者も声ばかりで策はなく、ルソンあたりに後退しようにもすでに船はない。承天府はついに投降の使者を澎湖島に送り、同年八月十三日、施琅の率いる清軍は七つの島とその内岸に無血上陸した。鄭氏政権三十一年にしての崩壊である。その後清朝は、鄭軍の兵士で帰還をのぞむ者には船を用意し、鄭家ゆかりの者には爵位を与え、高級武官は投降漢人専用の軍籍に入れた。

第3章　清朝の消極政策と〝民〟の力

行政機構に発展性なし

鄭氏政権を押し潰したものの、清朝にとっては台湾海峡の安全を確保しただけで満足であり、そこを領有する意思はなかった。このため澎湖島だけを確保しておれば海峡の制海権は掌握でき福建沿岸は安泰と考え、台湾島内の移住民をことごとく大陸の原籍に送還させ、あとはまったく放棄することを内定していた。東アジアにおける台湾の地理的重要性を考えた場合、まったくの無知としかいいようのない発想である。といっても、北辺（満州）の地より南下し大陸の中原に覇を唱えられただけでも満足な清朝にとって、海を隔てた台湾の重要性にまでは思いいたらなかったのも一応はうなずけようか。それに、大陸各地の戦乱はまだ絶えていなかったこともあろう。

この清朝の政策に驚いたのは、北京に意気揚々と凱旋した施琅であった。南部のみならず中部、北部までも視察していた施琅は、清廷にその地の肥沃さを説明するとともに、「澎湖島の守備にとって台湾は不可欠、台湾こそ枢要の地」と台湾放棄を諫止《かんし》した。このため清廷は台湾放棄を撤回し、康煕二十三年（一六八四年）五月二十七日、行政機関を鄭氏政権の承天府跡地に開設することを発表した。これが台湾府であり、このときより「台湾」の名が確定することになる。だが、行政機関といっても台湾府所在地一帯（台南）と澎湖島を台湾県、旧万年県を鳳山県、旧天興県を諸羅県とした一府三県制で、いわば鄭氏時代の機構をそのまま踏襲したにすぎない。しかも、台湾府は独自の行政権も兵馬の権もない、福建省に隷属した一出先機関にすぎなかった。

ザル法であった「三禁の制」

その台湾府の統治方針も、移住民を不穏分子と見なし、これをいかにして取り締まるかが中心となっていた。だから清廷は台湾府を開設するなり「台湾編査流寓例」を公布し、既存移住民を「流寓者」として監視するとともに、独身の無職者は見つけしだい大陸の原籍地に強制送還しはじめた。さらに新たな移住民に対しては、①台湾への渡航希望者は原籍地で照単（身分証明書）の発給を受け、関係当局の審査をへてこれを許し、潜渡（密航）する者は厳罰に処す、②台湾に渡航する者は家眷（家族）を携伴してはならず、また現地からこれを招致してはならない、③粤地（広東）は海盗の淵叢《えんそう》（巣窟）であり、この地の住民の渡台は厳禁する、といった「三禁の制」を設け、厳しく制限した。①は事実上の渡台禁止であり、②は移住民の台湾定着を防ぐとともに、渡台した者が不穏な動きをしないように家族を人質にとっておくためのものである。③は粤地の海賊集団が鄭軍に加担し、清軍と激しく戦った経緯があるためだった。

しかし、大陸には台湾移住者を多く生む原因があった。海峡沿岸の福建、広東での人口急増であり、耕作地の不足であった。その一帯は無宿流浪の民を無数に輩出して治安は悪化し、戦乱さながらの世がつづいていた。そこへ、海峡のかなたに台湾があり、土地も広く土壌は肥え、気候は温暖でかつ人口が少ないとのうわさが伝わる。

しかも福建沿岸にはリアス式海岸が多く、朝吏の目を盗んで船出するのは容易である。見つかったところで、賄賂をつめばなんとかなる。となると、時間をかけて複雑な書類を整え、渡航者用の役所がある厦門から乗船するなどはかえって愚行となる。加えて海峡に面した台湾西海岸は遠浅が多く、台湾府のある南部さえ避ければ、中部、北部のいずれからも容易に上陸できた。また、台湾府の行政は台湾県（台南）周辺が中心で、鳳山県や諸羅県は書類上の統治にすぎず、権門に左右されない無法地帯となっていた。それがまた、移住民には自由の新天地となっていたのである。

先駆者たちの群れ

大陸沿岸の民にとって、
台湾はまさに新天地であった。

とはいっても、「三禁の制」がある以上、多くの渡航者は密航者とならざるをえない。そこに密航を請け負う業者があらわれる。それを隠語で客頭《ケエタオ》といった。客頭たちは十五人前後から二十五人前後乗りの戎克《ジャンク》船を駆使し、密航者が男なら船員に仕立て、女や子供・老人なら船底にとじこめ、たくみに朝吏の目をかいくぐった。客頭の商売は繁盛し、当然そこには悪徳商人も出る。

『台湾県志』に、それの一端をうかがわせる記述がある。

「一部内地の窮民で台湾に生を営む者、十万を越す。その父母妻子ら乏資を仰ぎて船頭に賄《おく》り、禁を犯して夜出航す。途次に船賃の件で船頭と口論すれば海に突き落とされ、これを灌水《クワヌツイ》という。岸に泳ぎついて原籍に戻りても、そこにはもう一物もない。発覚を恐れて他の島を台湾と偽《いつわ》り、上陸させる。これを放生《パイシイ》という。岸よりなお遠いところに降ろし、全身を泥砂にまみれさせバタつかせる。これを種芋《チュンオ》という。満潮に遭い溺《おぼ》れそうになる者もいる。これを飼魚《チイヒイ》という」

人を積みすぎ、中途で難破する船も多かったはずである。それでも台湾への渡航者はあとを断たなかった。「台湾銭淹脚目《タイワンジイイムカバ》」(台湾にはクルブシまで埋まるほどのカネが落ちている)といったうわさが、福建や広東一帯に流布されていたのである。大げさではあるが、大陸の流民や貧民にとって、台湾がいかに魅力的に映っていたかが分かる。

このように、オランダ時代と鄭氏政権時代の一時期をのぞき、台湾を開発していったのは、〝官〟の力ではなく、あくまで〝民〟の力によるものだった。乾隆二十五年(一七六〇年)にいたって監督官庁の福建省はようやく「三禁の制」の無意味さを知り、これを廃止し自由渡航可としているが、これは〝官〟による現状追認にすぎない。たとえば、今日台北観光の目玉になっている万華の龍山寺が移住民によって建立されたのは乾隆三年(一七三八年)、「三禁の制」解除の二十二年も前のことであり、このことからも〝民〟の活力が〝官〟の規制をいかに上回っていたかが分かろう。

「三年官、二年満」と「三年小反、五年大反」

清朝の台湾への政策が消極的なものであったから、そこへ派遣される官吏も実にいい加減なものだった。諸羅県(嘉義)や鳳山県(鳳山、高雄)の高級官吏たちは任地におもむかず、台湾府(台南)でとぐろをまいている。軍隊も文官同様、三年任期で福建から派遣され、その多くは淫売窟やアヘン窟に入り浸っている。その軍隊は、台湾現地で補充されることはなかった。移住民は清朝から警戒すべき対象とされていたからである。

　その移住民たちは「衙門八字開《ゲムンボエリクイ》、無銭不免来《ボジイウベンライ》」とささやいていた。衙門（役所）の扉は八の字に開かれているが、無銭（金のない者）は来ても仕方がない、というのである。官吏たちにとって、僻地の台湾派遣は貧乏クジであった。だから官吏たちは住民から賄賂を取るだけ取ってカネを貯めこみ、一日も早く福建に帰ろうとしていた。それを官吏たちは「三年官、二年満」といっていた。任期三年のところを、うまくやって二年で帰ろうというのである。

　これでは行政がうまくゆくはずはない。当然、移住民のなかには武器をとって貪官汚吏《どんかんおり》たちに刃向かおうとする者も出る。このうち比較的大きなものだけを列挙する。

呉球の乱　施琅の入台より十五年後の康熙三十五年（一六九六年）七月二日、諸羅で大捕物があり、呉球以下六人の人物が捕らえられた。もちろんその場で殺された者は多い。呉球は「滅清復明」を旗印に数十人の同志を指揮し、諸羅県庁を襲って台湾府に攻めのぼろうとしていた。ひとたび起てば台湾府までの途次に道々の住民が蜂起軍に加わり、「滅清復明」軍はたちまちに膨れ上がるはずであった。ところが蜂起直前に計画が漏れ、大捕物となったしだいである。蜂起しておれば、一時にせよそれが勝者となる素地は十分にあった。

劉却の乱　呉球より五年後の康熙四十年（一七〇一年）十二月、劉却なる人物に率いられた一隊が「滅清復明」の旗をかかげ、諸羅県と台湾府の中間に位置する茄苳営《かとうえい》（現在の台南新営）を襲い、諸羅県と台湾府の連絡線を絶った。劉却はそこで一息入れ、兵を募ってから台湾府に攻めこむ作戦を立てたが、蜂起より五日目、準備の整わないうちに台湾府の軍と遭遇し、殲滅された。作戦のまずさである。逃亡した劉却はそれより約一年後に中部の笨港（現在の北港）で捕らえられ、呉球同様、台湾府で処刑された。

朱一貴の乱　劉却よりおよそ二十年後の康熙六十年（一七二一年）、鳳山県の知県（県知事）が税未進や無許可で田を耕した住民約二百人を捕らえ、死刑に処した。これに憤激した同地の朱一貴なる人物が「滅清復明」を呼号し、みずからを「大元帥朱」と名乗り、同年四月十九日、阿公店《あこうてん》（現在の高雄県岡山）の清軍兵営を襲った。その蜂起軍はたちまちに膨れ上がり、それより七日後には台湾府に入城した。清の官吏らはわれ先にと澎湖島に逃げ去った。ここに台湾は清朝の羈絆《きはん》を一時脱したのであるが、その後朱一貴が国王然とふるまったことから部下の反感を受け、内紛が生じた。清朝はこの機をのがさず、平定軍を台湾に送ってこれを討伐した。朱一貴は捕らえられ、北京に護送されて死刑に処せられた。

天地会の乱　清朝治下の中国において、天地会という地下組織があった。清朝末期の「太平天国の乱」にはこれが背後から糸を引き、孫文の「辛亥革命」にも寄与したといわれている。発端は康熙十三年（一六七四年）七月二十五日、清軍が福建九連山の少林寺に焼き打ちをかけ、このとき少林寺の僧百八人のうち五人が難をのがれ、この五僧が「滅清復明」を誓って同志を募り、組織したのが天地会といわれている。その一統が台湾にもあった。

乾隆五十一年（一七八六年）七月、台湾府は緒羅県と中部一帯で天地会会盟員の割り出しと捕縛に乗り出した。会盟員は捕らえられるなりその場で惨殺された。これに激昂した会盟員らは林爽文なる人物を盟主に立て、同年十一月二十七日、中部の彰化という集落で蜂起の第一声をあげ、その軍は南北に向けて進発した。彰化を中心にその勢力範囲は、十二月には北は竹塹（現在の新竹）、南は緒羅（嘉義）にまでおよんだ。それら一連の戦いのなかに、林爽文軍は台湾府の知府（長官）を捕らえ、処刑していた。これほど明確な反清行動はない。このままの状態が翌年の十月までつづいた。清朝は移住民間の内紛を巧みに利用し、その十月に大軍を派遣し、激闘およそ三カ月にして天地会政権を殲滅した。この討伐戦のなかに林爽文は捕らえられ、やはり北京護送のうえ処刑された。

もちろん、これら反乱事件のあいだには、かず知れない小規模な反抗事件があった。この状態を「三年小反、五年大反」といった。三年ごとに小規模な反抗事件が発生し、五年ごとに大反が発生するというのである。

移住民同士の争い「分類械闘」

これらの反乱事件に共通している特徴は、いずれも全島呼応せず地方的な乱として果てた点である。また、朱一貴の乱や天地会の乱など比較的大規模なものは、内紛によって崩壊を早めている。この原因こそ、当時の台湾の特徴であった。

漢人にとっての台湾とは、移住民の拓いた新天地である。となれば、どの移住民も争って肥沃な土地に住みつこうとする。そこに移住民同士の争いとともに、互助組織もできあがっていた。移住民らのおもな故郷である漳州系と泉州系とに分かれ、それぞれに土地争い、水争いを演じる。そこへまた、遅れて台湾移住の隊列に参入した客家《はっか》系が加わる。その争いは時には流血をともない、組み合わせも漳州・泉州連合対客家系、また漳州系と泉州系が争うときには、客家系がそのいずれかに加勢するといった具合に、そのつど様相を異にしていた。また、漳泉連合がある一定地域から客家系を追い出したあと、その土地をめぐって漳泉が争う場合もあった。

朱一貴のときの内紛は、朱一貴が漳州系であって、その増長に泉州系が反感を持ったのが原因であった。天地会の乱にしても、林爽文が漳州系であり、それの勢力増大を嫌った泉州系が清軍に内応したのが崩壊の引き金となっている。小規模な場合、リーダーが漳州系であったなら泉州系の住民は呼応せず、泉州系の人物が呼びかけ人であったなら、漳州系は知らぬ顔をしていた。これが多くの乱が地方の小乱で果てた原因である。

移住民らはある地域に入植すると、まず廟を建立してそこをイザというときの籠城の場としていた。たとえば北部の台北盆地の場合をみれば、今日の士林・芝山岩の開漳聖王廟の周囲は石垣で固められ、新店・大平頂の開漳聖王廟の壁には銃眼がうがたれており、内湖・碧山の開漳聖王廟は要害の地をえらんで山頂に建立され、砦のかたちを成している。

例が漳州系のものばかりとなってしまったが、これには理由がある。以上の三地域はいずれも今日の台北市の近郊である。台北盆地の中心部を開拓したのは漳州、泉州を中心とする福建連合であったが、その周辺に客家系を中心とする広東連合が入植し、両者に対立が生じた。そこで全台北盆地の耕作権をかけて福建連合対広東連合が合戦し、敗れた広東連合は南へのがれ、台北盆地から客家人の姿は消えた。そのあと勝った側の漳州系と泉州系が争い、泉州系が勝って盆地の中央部を押さえ、敗れた漳州系はかつて広東連合が拓いた盆地周辺にのがれ、防備を固めたからである。ちなみにこの戦いは、道光二十一年（一八四一年）から同二十四年にかけてのことである。

このように移住民同士が出身地別に徒党を組んで争うことを、「分類械闘《ぶんるいかいとう》」といった。出身地ごとに類を分かち、械（武器）をとって闘う、といった意味である。また、各移住民らは自派の勢力を拡大するため、同郷人の入植は大いに歓迎し、呼び寄せもした。当然それは、いっそうの「械闘」を生んだ。前述の台北盆地の戦いは、ほんの一例にすぎない。こういった事情から、移住民のあいだには「台湾」という全島的な一体感はまったく育たなかった。また、反乱や騒擾事件で「滅清復明」を旗印にしたものは「天地会の乱」あたりが最後で、それ以降のものはすべて移住民同士の利権争いである分類械闘となる。また清朝は、これを鎮めるのにも出身地別の「分類」を巧みに利用した。

無為の理蕃政策

漢人移住民が増加し、開拓地が拡大することは、当然ながら先住民（高砂族）の後退を意味した。場合によっては、蕃社（先住民の集落）が漢人移住民の集落になることもあった。台湾府（台南）も、もとはシラヤ族の蕃社であったのだ。分類械闘の一例としてあげた台北盆地の戦いも、漢人が先住民を盆地から追い出したうえでの漢人同士の争いであった。先住民が蕃社を組む場所は、やはり移住民にとっても住むのに適していたのであろう。

当然そこには先住民対移住民の争いが展開され、とくに南部各地の移住民部落は集落全体を逆茂木《さかもぎ》や竹矢来《たけやらい》で囲んでいた。この防御措置はむろん分類械闘への備えでもあったが、同時に先住民との闘争に備えてのものでもあったのだ。つまり、アメリカ西部開拓史にみる白人とインデアンの戦いに近いものが、台湾でも展開されていたのである。

清朝の台湾府は朱一貴の乱の翌康熙六十一年（一七二二年）から、たびたび移住民の蕃地への入山禁止令を発令するのだが、移住民による私墾、盗墾はあとを絶たなかった。それも当然で、台湾府の行政権がおよぶのは平地のみで、すこし奥に入れば、もうそこは法のおよばぬ漢人移住民と先住民たちの自由闘争の場だったのである。入山禁止令が守られていたなら、開拓地はさほど増えないはずだが、台湾府の記録に「乾隆五年から九年（一七四〇年～四四年）のわずか五年間に、新開地だけでも二千八百五十甲（一甲は約一ヘクタール）に達した」とある。この数値からも、台湾府の禁令が移住民たちにとっていかに馬耳東風であったかが分かる。しかも、記録に残るのは台湾府が確認した分のみである。

台湾府には「理蕃同知」という蕃地行政専門機関があったが、その役所の仕事は移住民の進出をただ追認するだけであった。朱一貴の乱のあと、台湾府は彰化県と淡水庁を新設しているが、これも台湾府の行政とは関係なく移住民が入りこみ、すでに漢人社会がそれらの地に形成されていたからである。結局、乾隆四十九年（一七八四年）には「盗墾者はその罪を許す」と布告し、税を徴収するようになった。台湾府が蕃地入山禁止令の無意味さを知り、それを解いたのはなんと同治十三年（一八七四年、明治七年）のことである。

一府・二鹿・三艋舺

このように台湾は移住民の手によって開発されていったのであるが、むろんその起点となったのは澎湖島を中継地とした今日の台南である。清朝時代にはそれが中部、北部にものび、「一府《いっぷ》・二鹿《にろく》・三艋舺《さんばんか》」という言葉が生まれた。いずれも台湾開発の拠点となって栄えた地であるが、「府」とは台湾府の置かれた今日の台南、「鹿」とは中部の鹿仔港《ろくしこう》で今日の鹿港《ろっこう》、「艋舺」とは今日の台北市万華のことで、つまり台湾でにぎやかなところは「一に台湾府、二に鹿仔港、三に艋舺」というのである。

このうち鹿仔港に関しては、康熙年間（一六六二年～一七二二年）末にはすでに貿易港としても漁港としても機能しており、乾隆十二年（一七四七年）編纂の『台湾府誌』は「鹿仔港街」を「水陸交通の中心にして米穀ここに集まる」と表現しており、その繁栄ぶりがうかがえる。さらに道光十二年（一八三二年）の『彰化県誌』には、鹿仔港が今日の鹿港と名を変え、「鹿港大街は二里余（約一キロ）の長さにして、泉州人や厦門人の商人が多く住み、舟や荷車が往来して百貨が満ち、街の名も多し」としるされている。だが鹿港を形成する台湾最大の河川・濁水渓と鹿港渓がたびたび氾濫し、一八九〇年代には港としての機能は停止し、さらに日本時代に入ってからは南北縦貫鉄道（明治四十年完成）からもはずれ、地方の小都市となった。

艋舺とは北部の淡水渓をさかのぼり、その川に新店渓が合流する地点の一帯をさすが、漢人移住民が入る前そこに蕃社を点在させていた先住民のケタガラン族の言語で〃丸木舟〃あるいは〃丸木舟の集散地〃をバンカ(Bank)といい、漢人がそこに「艋舺」の字をあて、ここが台北盆地開発の拠点となった。むろんこの時代「台北」という地名はまだない。ここへの入植が本格化したのは康熙年間後半からであり、その後前述したような分類械闘をへながら開発が進む。咸豊三年（一八五三年）の『台北道里』には「艋舺の民家や商家はおよそ四、五千戸、商船雲集す」とある。なお『台北道里』の「台北」とは、単に台湾北部の意味であって、地名ではなかった。

淡水河には戎克（ジャンク）船が雲集した。

さらに盆地開発は淡水渓沿岸で今日の台北駅の裏側である大稲埕《だいとうてい》一帯にまでのび、咸豊十年（一八六〇年）ころにはそこに選茶場や倉庫、商館が立ちならび、そのにぎわいは艋舺を超すにいたっていた。なお、大稲埕の地名は、共同で広い埕（庭）を設けそこに刈り取った稲を干し、それを通称「大稲埕」といったことに由来する。

このほかにも台湾開発史で忘れてならない地名に笨港《べんこう》がある。本書でもすでに海賊・顔思斉の項で登場しているが、「一府・二鹿・三艋舺」といわれる前には、「一府・二笨・三艋舺」と称された一時期があった。そこは三畳渓（現在の北港渓）の河口で、オランダ人の作成した地図にも〃Poonkan〃と記載されている。康熙二十九年（一六九〇年）の『台湾府誌』には、笨港を「舟や車が激しく往来し、百貨がにぎやかに並び、俗に小台湾と称す」とある。しかし、一帯は既述のように遠浅で堆砂が激しく、それが地名の由来ともなったのだが、やがて内陸化し、貿易港としての地位をしだいに喪失し、日本の明治時代にはまったく海岸をもたない地方小都市となる。北港と名を変えたのは、同治年間（一八六二年〜七四年）に市街の南半分が川の侵食と堆砂によってさびれ、北半分のみが栄えたことによる。

この笨港が台湾開発史において重要なのは、台湾における最初の媽祖《まそ》廟として康熙三十三年（一六九四年）に天妃宮が建立されたことによる。天妃宮はその後何度も改築されて今日の北港朝天宮となり、毎年旧暦の三月二十三日（媽祖生誕祭）には、台湾に三百八十余の媽祖廟があるにもかかわらず、全島から北港に進香団（媽祖巡礼団）が押し寄せ、北港街は狂わんばかりににぎわう。いわば今日の北港は、その歴史ゆえに台湾全島の媽祖信仰のメッカとなっているのである。

第4章　近代の荒波と進む開発

アヘン戦争の影

開発の波が南部から北部へと進み、その中心がしだいに台北盆地へと移りはじめていたころは、欧米列強の勢力がアジアを一歩一歩と侵食しはじめていた時代でもあった。その主力であるイギリスの艦隊や商船隊が南部の鹿耳門あたりから西部海岸沿いに北上して淡水にいたり、北部の鶏籠（基隆）方面にまで遊弋《ゆうよく》しはじめたのは道光年間初期（一八二〇年代前半）、日本では徳川幕府が近海に出没する米、英、露の船に「異国船打払令」を出していたころのことである。

清国ではそこにアヘン戦争（一八四〇年～四二年）が発生する。中国茶の対英輸出が激増し、イギリスがこれにアヘンをもって応じはじめたころ、台湾兵備道（台湾守備隊総司令）の姚瑩《ようえい》は、近海を遊弋するイギリス船を見やりながら「すでに海道は知られている。他日の騒擾無きを保てようか」と嘆いたという。林則徐が広東でイギリス船のアヘンを没収投棄したことを口実に戦争が開始されるなり、台湾を管轄する閩浙《びんせつ》（福建）総督は姚瑩に「閩洋（台湾海峡）は緊要の区域であり、台湾は該夷（イギリス人）の垂涎《すいえん》の地である」と訓令し、沿岸の厳重防備を命じた。姚瑩はそれによく応《こた》えた。

道光二十一年（一八四一年）九月二十七日、英艦一隻が北部の鶏籠（基隆）港に近づき、砲台の兵舎一棟を吹き飛ばした。鶏籠砲台はただちに応戦し、驚いて反転しようとした英艦は操舵をあやまり座礁した。そこへ台湾守備隊の大小船艇が殺到する。この戦闘で守備隊は同艦の乗員二百七十人のうちイギリス兵十人、インド兵二十三人を殺し、インド兵百三十三人を捕虜にし、砲十数門を捕獲した。連戦連敗のアヘン戦争における台湾での勝利である。道光帝はよろこび、姚瑩は勲章を賜った。

第二回戦は同年十月十九日で、ふたたび鶏籠沖にあらわれた英艦一隻と守備隊は砲撃戦を展開し、ボートで上陸しようとした英軍を水際で撃退した。敗報ばかりが届くなかに台湾府からのかさなる勝報に道光帝のよろこびは大きく、将軍位に匹敵する雲騎尉の位を姚瑩に与え、その世襲を許したほどである。

さらに翌道光二十二年三月五日には、中部の彰化沖に接近した英艦一隻に守備隊は多数の偽装漁船を近づけて座礁させ、そこを襲って敵兵数十人を殺し、イギリス兵十九人、インド兵三十人、乗船していた漢人五人を捕虜にし、砲十門を奪った。

いずれも姚瑩の防備強化のたまものであるが、彼はこのあと八月十三日、戦意高揚と称し戦時国際法に違反して、九人の士官と病死者三十九人をのぞく捕虜全員を処刑してしまった。英清間に停戦が成立し南京条約が締結されたのは、その十六日後の道光二十二年（一九四二年）八月二十九日のことである。香港の割譲、広州・厦門・福州・寧波・上海の開港、賠償金の支払い、それに捕虜の相互交換がそこに定められていた。ところが台湾では捕虜を処刑してしまっている。一時英雄となった姚瑩はその罪を問われ、北京に護送されて官職および道光帝がさきに授けた栄誉をすべて剥奪され、清廷より放逐された。

国際舞台の中へ

ともかくアヘン戦争は、オランダ人の撤退より百八十年ぶりに台湾を国際舞台に押し出す起爆剤となった。南京条約によって大陸沿岸に拠点を得たイギリスは、台湾をその中継地に使えないかと考えはじめ、厦門領事館の通訳官パークスの進言により、鶏籠（基隆）や淡水にしばしば測量船を入れるようになった。

アジア進出に遅れをとったアメリカも、同様であった。ペリー艦隊が日本を揺るがしたのはアヘン戦争より十二年後。このときペリーは浦賀に艦隊をはりつけて徳川幕府を恫喝する一方、一艦を台湾の鶏籠港にも入れ、北部山岳地帯の石炭埋蔵を調査していた。そしてペリーは本国に帰るなり、台湾を占領すべしと政府に進言する。

アメリカの動きを知ったイギリスはあせった。そこへ発生したのが、広州湾で官憲の威力臨検から英艦と清国側が砲撃戦を演じるというアロー号事件（一八五六年十月）である。このとき広東領事となっていたパークスは事件を好機として本国に出兵を要請、議会もそれを承認し、翌五八年五月、同調したフランスとともに出兵して天津に入城し、六月に清国と天津条約を結んだ。その条約には開港場の増加というのがあり、そこにイギリスの目的である台湾の安平港と淡水港が含まれていた。なお、一鯤身島の安平と本島側の台湾府（台南）は、一八二三年の大暴風雨で台江水道が埋まり地つづきになっている。だから安平の開港とは、首府である台湾府の開港を意味した。

イギリスはまず一八六二年（同治元年）、台湾府ではなく北部の淡水に領事館を開設し、各国もこれに倣《なら》った。このことは、台湾経済の中心がすでに北部に移っていたことを意味する。また、イギリスの圧力によって打狗（高雄）が安平港の支港として、さらに鶏籠が淡水港の支港として開港された。なお〝鶏籠《クエラン》〟はこの時期に

〝基隆《キールン》〟へと変化した。こうして台湾には一挙に四カ所もの国際港が誕生するにいたったわけだが、このころの台湾からの輸出品は砂糖、米、樟脳、茶が中心で、輸入品の大部分はなんと「洋薬」と呼ばれていたアヘンであった。

この一八六二年といえば、日本では文久二年、横浜で生麦事件が発生し、長州の高杉晋作らがイギリス公使館を焼き打ちするなど、攘夷の風が吹き荒れていたころである。

アメリカ領事と南部の大頭目

このように台湾は一気に国際舞台に押し出されたのであるが、そこに台湾の特色をあらわした事件が発生する。一八六七年（同治六年）三月十二日、日本ではすでに攘夷思想から脱し維新に向けて動き出していたころ、アメリカ商船のローバー号が台湾南部の太平洋沖にある紅頭嶼（現在の蘭嶼島）の近くで座礁し、船長以下十三人の乗り移ったボートがバシー海峡方面に流され、台湾最南部の現在の恒春《こうしゅん》付近の海岸に漂着した。アメリカも天津条約の調印国で台湾との貿易権を得ており、清国はその船を保護しなければならない義務を負っている。

十三人のアメリカ人は漂着するなり、出てきた先住民のパイワン族にたちまち出草（首狩り）の餌食にされてしまった。これを知った厦門駐在のアメリカ領事リゼンドルはただちに北京と台湾府に抗議するとともに調査を要求した。ところがパイワン族は台湾府に属さない種族であり、一向にらちはあかなかった。つまりそこは、清朝のいう〝化外《かがい》の地〟（皇化に浴さぬ地）、つまり行政権のおよばない地域だったのだ。

ここにペリーの報告書が生きてくる。リゼンドルはすでに清朝も台湾府も相手とせず、みずから恒春付近に乗りこみ、南部十八番社を率いる大頭目トーキトクと直談判に入った。トーキトクもそれに応じ、事件より二年半後、日本ではすでに明治二年となっていた一八六九年十月九日、漂流船に炭水などを供給するという海難救助に関する条約を結んだ。れっきとしたアメリカ合衆国政府と台湾南部十八番社との国際条約である。

これによってアメリカは大軍を派遣することなく同水域での安全航行権を得、パイワン族はアメリカの報復をまぬがれた。双方現実に即した措置であったといえるが、同時にそれは、清朝による台湾統治の実体の一面を示す象徴的な出来事であった。

日本の再登場と牡丹社事件

日本船の影が台湾から消えたのは、寛永十六年（一六三九年）の鎖国からであるが、それから約二百三十年、日本は明治維新を終え、まったく新たな国へと変貌していた。その明治四年（一八七一年）十一月、那覇から宮古島に向かう食糧運搬船があった。それが途中風浪にながされ、台湾南部の海域で座礁した。乗組員六十九人のうち三人はそこで溺死し、他はかろうじて南部太平洋岸の八瑤湾にたどりつき、近くの牡丹社の蕃人に救助を求めた。しかし、結果は逆であった。牡丹社の蕃人はこれに出草をかけ、五十四人が馘首《かくしゅ》され、十二人がその場を逃れた。世にいう牡丹社事件の発生である。

虎口を脱した十二人は近在に入植していた漢人にかくまわれ、台湾府の保護によって事件より一カ月後、大陸の福州をへて宮古島に送り返された。

事件が日本に伝わるなり、事態の解決が廟堂で論議されるところとなり、西郷隆盛、山形有朋、副島種臣《そえじまたねおみ》、板垣退助らは出兵征蕃を唱え、井上馨、渋沢栄一らはまず清国政府との折衝を主張した。また、この背景には琉球帰属問題が横たわっていた。明治四年七月の廃藩置県で琉球は鹿児島県に編入されることになったが、これに対して清国が琉球に宗主権を主張して異議を唱えたわけだが、奇しくもこのときに牡丹社事件が発生したのである。

廟堂激論の末、とりあえず折衝ということに決まった。明治六年四月下旬、外務卿の副島種臣を全権とする一行が北京に向かった。清国側全権は吏部尚書の毛昶熙《もうちょうき》である。この両者の折衝中、毛昶熙は「台湾の生蕃は化外の民であり、それの所業の責任をわが国が負うことはできぬ」と発言した。六月二十二日の談判においてである。これが日本側の台湾出兵の引き金となった。

その準備中、外遊をしていた岩倉具視一行が帰国し、征韓論のこじれから西郷、板垣らが下野してしまい、出兵は一時頓挫した。このため、征台軍長官に大隈重信、現地派遣軍司令官たる蕃地事務都督に西郷従道《つぐみち》が就任し、五艦十三船、兵員三千六百人の陣容がととのったのは、翌明治七年四月のことであった。事前に西郷従道は、おりから訪日中であったリゼンドルから詳しく意見を聴取していた。

同年五月下旬、日本軍は続々と現地に到着したが、戦闘そのものに大きなものはなかった。六月三日に日本軍は牡丹社を攻撃して頭目以下十二人を殪《たお》し、そこを占領して琉球船員五十四人のうち五十三柱の髑髏《どくろ》を回収した。それから西郷従道はリゼンドルの進言どおりトーキトクを交渉相手に選び、さらに彼の甥のジャガリシグリ・ブンケツの奔走もあって、同年八月には南部一円の五十七蕃社と和議を結んだ。

この事態に驚いた清国政府は、船政大臣の沈葆楨《ちんほてい》を台湾現地に派遣するとともに、日本政府と再交渉に入った。このとき全権となって北京におもむいたのが大久保利通で、北京と台湾現地との連絡に奔走したのが、鹿児島分営長陸軍少佐の樺山資紀《かばやますけのり》であった。北京での再交渉は八月から始まり、駐北京イギリス公使ウェードの調停により、清国は日本軍の撤兵を条件に「日本の出兵の正当性」を認め「七十八万円の償金」を出すことに同意した。十月二十五日のことである。これによって牡丹社事件は決着したが、同時にこの合意は、琉球帰属問題を自然に決着するものともなった。同明治七年十二月三日、日本軍は撤退を開始した。この六カ月間、日本軍の損害は戦死十二名、負傷十七名、病死（マラリア）五百六十一名であった。高砂族側は不明。

改革者・沈葆楨

アヘン戦争以来の台湾をめぐる一連の事件を見ては、伝統的に台湾を軽視していた清朝も、そこへの認識を新たにしなければならなかった。さらに牡丹社事件で台湾現地をつぶさに視察した沈葆楨が北京に帰り、清廷に「台湾はわが国東南沿海七省の防波堤であり、しかも土地は肥沃で産物に富み、もしこれの経営を誤れば、早晩列強の手に落ちよう」と、台湾重視への政策転換を強く進言する。沈葆楨は曾国藩《そこくはん》、左宗棠《さそうとう》、李《り》鴻章《こうしょう》らとならび〝中興名臣〟と称せられた軍人政治家であり、その妻は林則徐の娘である。彼の奏上を最も強く支持したのは李鴻章であった。その李鴻章が、やがて台湾の割地を定めた下関条約の調印者となるのだから歴史は皮肉である。

沈葆楨
（福建福州人、1820〜1879）

沈葆楨の奏上は容れられ、彼自身が船政大臣兼任のまま弁理台湾海防事務として再度台湾へおもむくことになった。光緒元年（一八七五年）三月のことである。沈葆楨は台湾開発のため、まず人の移住から着手した。その奨励策とは、移住者は船賃免除のうえ、開拓現地で一人につき田畑一甲（約一ヘクタール）と荒野一甲、十人ごとに牛一頭と農具類四種、種籾若干を支給するというものであった。かつての「三禁の制」とは正反対であり、鄭氏時代には漢人人口二十万人にすぎなかったのが、この光緒年間に三百万人へと増大する。このときの清朝の政策転換は、台湾史にとって特筆されるべきものである。

さらに行政区画は、朱一貴の乱後の一府四県三庁制がそのまま継承されていたのを、全台湾を区画に組みこんだ二府八県四庁制に改訂した。これで台湾には、行政上〝化外《かがい》の地〟はなくなった。また府が二つになったのは、従来の台湾府は中・南部のみを管轄し、北部を管轄するための台北府を新たに設置したからである。〝台北〟という名称が正式に用いられだしたのはこのときからであり、台北府の衙門（役所）は艋舺（台北市万華）に置かれ、これが〝官〟主導による今日の台北市発展の起点となる。

また沈葆楨は、海防の充実にも意をそそいで軍人政治家の本領を発揮していた。まず台湾府（台南）防備のため億載金城を構築した。〝億載〟は〝万々年〟を意味し〝金城〟は〝銅板鉄壁〟を意味し、この命名は沈葆楨の台湾に対する意思をあらわしていた。この億載金城跡は今日、台南市安平区に位置して市民の憩いの場となっている。打狗（高雄）には打狗港砲台を築いた。ここはいま高雄市街を一望のもとに見わたせる寿山公園になっている。バシー海峡にのぞみローバー号事件の舞台となった最南端では恒春城の構築に着手した。完成は四年後であるが、石で固められた城壁は高さ六メートル、幅二・四メートル、周囲約三キロという大がかりなものである。恒春の地名はこのときからで〝恒《つね》に春〟という意味からつけられた。

さらにローバー号事件や牡丹社事件は理蕃政策の不手際にあったと認識した沈葆楨は、理蕃充実のため二府八県四庁のなかに宜蘭県（太平洋側北部）と卑南庁（太平洋側南部）を設置したのと同時に、平地と山地を結ぶ道路建設にも着手した。それらの予定線は全長五百三十里（約二百五十キロ）におよんだ。

しかし、これほどの能吏は北京でも必要としていた。沈葆楨は在台わずか七カ月にして両江総督兼通商大臣に任じられ、台湾を離れた。したがって沈葆楨の業績のほとんどは、本人の離台後に完成することになるが、彼はこれより四年後に死去する。

発展する台北盆地

沈葆楨の離台後に動きだした彼の政策がもう一つある。台北府の府城、すなわち台北城の建設である。この件について沈葆楨は両江総督兼通商大臣の任にありながらも清廷に督促しつづけ、李鴻章もまたそれを支持した。だが、資金難などで台北府の知府（府知事）陳星聚《ちんせいしゅう》がそれに着工しえたのは、沈葆楨死去の直後、光緒六年（一八八〇年）初頭のことであった。規模は、艋舺と大稲埕の中間に位置する平地に、高さ五メートル、幅三・七メートルの城壁を周囲四・六キロにわたってめぐらし、城門は東西南北に各一門と、他に小門を一つ設けるといったものである。

台北城の北門を出たところ

完成は光緒八年（一八八二年）だが、陳星聚は起工と同時に艋舺や大稲埕の富商に城内への移転を督励し、これによって台北盆地には艋舺と大稲埕と城内という三市街区が形成された。むろん城内が北部の政治の中心地となり、艋舺と大稲埕は商業の中心地としての地位を維持した。なお、城壁は北側が今日の忠孝西路、東側が中山南路、南側が愛国西路、西側が中華路であり、これら長方形に組まれた城壁が取り壊されて道路が敷かれたのは、日本統治時代の初期、明治三十三年（一八九九年）の市区改正のときであり、また〝艋舺〟が同音の〝万華〟と改名され、西側の城門に面していたところからその一帯を〝西門町〟というようになったのも、このころからである。さらに城内と万華、大稲埕が合併して一つの台北市となったのは、大正九年（一九二〇年）の地方自治制度実施のときである。

清仏戦争の激戦地

台北城が完成したのとおなじ一八八二年、アジア進出でイギリスに遅れをとっていたフランスはベトナムに大軍を入れ、その翌年にハノイを占領してユエ条約を結び、ベトナムを保護国とした。ここに清国はベトナムへの宗主権を主張し、両国の緊張はいっきょに高まった。フランスはなおもトンキン湾を基地に着々と海軍力をたくわえ、その艦船は台湾沖を遊弋しはじめた。台湾を占領し、そこを足場に大陸本土に攻めこもうというのである。このことからも、台湾の地理的重要性がうかがえる。

これに対し李鴻章は、洋務派で太平天国の乱で功を上げた劉銘伝《りゅうめいでん》に洋式銃を持った千四百人の兵をつけ、台湾に派遣した。劉銘伝は南部の台湾府よりも北部の台北城に入り、そこに台湾守備隊本営を置き、現地義勇軍を募集しその兵力を三千人余とし、北部を中心に配備した。

果たしてフランス軍の狙いも北部にあった。ペリーも食指を動かしたように、有力な炭鉱があったからだ。一八八四年（光緒十年）八月五日、フランス艦隊四隻が基隆砲台を破壊し、約四百人の陸戦隊が二沙湾に上陸する。劉銘伝はこれに一千人の守備隊をあて、約百人のフランス兵を殺し撃退した。おなじころ、フランス艦隊八隻が大陸の福州を砲撃し清国の軍艦八隻を撃沈していた。清仏戦争の始まりである。おりしも八、九

基隆に上陸したフランス軍

月は台風シーズンで一時台湾は安泰であったが、それの終わりかけた十月、フランス艦隊は再度台湾北部にあらわれ、基隆に陸戦隊六百人、淡水に同八百人が艦砲の掩護を受けながら上陸した。守備隊は、淡水では百人余のフランス兵を斃し撃退したが、基隆では艦砲射撃に敗退し、フランス軍に橋頭堡の構築を許した。同時にフランス軍は多数の艦船を各港湾に張りつけ、台湾と大陸との連絡線を絶った。台湾にとってこれの衝撃は大きく、都市部では物価が上昇しはじめ、住民は動揺した。そして翌八五年三月四日、増強されたフランス軍は台北への進撃を開始し、補給の絶えた守備隊はじりじりと押されていった。さらに三月二十九日、フランス軍は澎湖島に上陸、わずか三日間の戦闘で澎湖島守備隊の抵抗は終息した。南部の防備は手薄なうえに、北部の戦いでも台湾守備隊はすでに一千人以上の兵を失い、これに対しフランス軍の戦死者は百八十人であった。台湾府（台南）の陥落も台北城の陥落もすでに時間の問題となり、劉銘伝は色を失った。

そのような四月六日、フランス軍の攻撃がピタリと熄《や》んだ。天津で李鴻章がフランス公使と折衝し、清仏間に停戦協定が成立したのである。清国はベトナムに対する宗主権を放棄し、ここにベトナムはフランスの植民地となった。対仏交渉に臨んだ李鴻章にとっては、ベトナムでの宗主権よりも台湾保全の方がより急務だったのである。フランス軍は六月二十一日に撤退を開始したが、この戦争は台湾の地理的重要性を国際間に改めて示すものとなった。フランス軍の撤退完了後、劉銘伝も大陸本国に帰還するのであるが、直接外国軍隊と干戈を交えた者として、台湾に思うところはさきの沈葆楨以上のものがあった。

動きだした新たな改革

大陸に帰還した劉銘伝は、台湾府を管轄する福建巡撫を拝命した。彼の念願は、台湾の防備充実と開発であった。そのためには、台湾行政の格上げが必要である。台湾府を台湾省に！　劉銘伝は主張し、さらに「私が台湾に赴任したい」とも奏上した。中央政界の中枢にあった李鴻章はこれを容れ、清廷がそれを決定したのは光緒十二年（一八八六年）一月十六日であった。ここに康熙二十三年（一六八四年）以来約二百年間つづいた台湾府は、清国における二十番目の〝省〟となった。初代台湾巡撫は、もちろん劉銘伝である。彼は台湾再構築五カ年計画として、行政・防衛・財政の改革と理蕃推進の四大政策をかかげた。

「一隅に策を挙げて全国の範と成し、一島をもって国家富強の基となす」

劉銘伝は台湾赴任にさいし宣言した。台湾を洋務運動の模範省にするというのである。

劉銘伝がまず手をつけたのは、四大政策実行の要《かなめ》となる行政改革である。彼は沈葆楨の二府八県四庁制をさらに細分化し、三府一州十一県三庁制に改組した。府が一つ増えたのは、南部にあった行政の中心・台湾府を中部に移し、その南部を台南府としたためだが、〝台南〟という地名が誕生したのはこのときである。また、新たに台湾府が置かれた地が今日の台中であるが、このときまだ〝台中〟という地名は生まれていない。州の設置は、理蕃政策の要として東部太平洋側に台東直隷州を置いたためで、今日の〝台東〟という地名が生まれたのもこのときである。なお、この体制がととのったのは光緒十三年(一八八七年)十月のことである。

理蕃政策においては、武威と招撫の両面作戦をとる一方、開拓民による私墾をあらためて禁止するとともに、官吏に対しては、過去往々にあった先住民への傲慢な接し方を厳禁する旨を布告し、とくに北部の蕃地にはみずから足を入れ、帰順工作にあたった。このため北部蕃地では、記録上では光緒十二年夏までに四百余蕃社、約七万人を帰順させ、中・南部においては光緒十三年夏までに四百八十余蕃社、約八万八千人を帰順させた。また沈葆楨も実施したように、蕃界と平地の往来を密にするため、この種の道路を百八十余里(約九十キロ)完成させ、各地に撫墾局を設置し、先住民に茶や樟脳の産業を奨励した。さらに台北城内に蕃学堂を設けて先住民に漢文や算術を教える機関とした。

だが、これらの理蕃政策が順調に進んだわけではない。記録上はほとんどが帰順したとされる光緒十四年(一八八八年)には、台東直隷州管轄内の卑南で発生した反乱が花蓮方面にまで波及し、台湾常備軍だけでは対応できず、本国から北洋艦隊を呼び、鎮圧に二カ月もかけている。さらに同年暮れには蘇澳《すおう》方面(宜蘭県)でも反乱があり、このときも澎湖島駐屯軍を呼び、二百人余の戦死を出しながら鎮圧に三カ月を要した。

劉銘伝
（安徽合肥人、1836〜1896）

再度響いた建設の鎚音

四大政策のうちの財政改革とは、産業振興によって税収増加を図ることであった。この政策で劉銘伝が手がけたのは、隠し田や盗墾の摘発であり、これにより光緒十二年（一八八六年）には耕地税収が十八万両であったのが、同十五年（一八八九年）にはなんと六十七万両に増えた。さらにアヘン輸入の関税を含め樟脳、茶、塩などの売買にも脱税行為が多く、これを摘発、整備した結果、新たな産業推進策もあって税収が年間九十万両から四百四十万両に増えた。

まず茶であるが、生産と販売を組織化してその保護と品質改善につとめ、輸出市場も省が積極的に開拓した。これにより同治四年（一八六五年）の台湾茶の輸出は十三万六千斤だったのが、光緒十九年（一八九三年）には千六百三十九万四千斤へと驚異的な伸びを示した。このとき茶の集散地となったのが大稲埕で、このため大稲埕には製茶工場や内外の商館、銀行が立ちならび、その繁栄は艋舺をしのぐようになった。樟脳、硫黄、石炭も行政主導によって大いに増産が図られた。

劉銘伝の施策で忘れてならないのは、鉄道の敷設である。台北城の北側、すなわち大稲埕を起点に光緒十三年（一八八七年）六月に起工され、四年余をかけて台北—基隆間の約二十キロが完成した。これよりもすこし早く上海起点の呉淞鉄道が起工されていたが、これは中途で放棄されたため、台湾の台北—基隆間が中国初の鉄道となった。このあと台北から南への路線も着工され、新竹までの約八十キロが光緒十九年（一八九三年）十一月に完成した。しかし工事はここで中止され、さらにこの約百キロは各地有力者の思惑が入り交じって勾配急峻《こうばいきゅうしゅん》、曲線過多となり、橋も木製で倒壊、流出しやすいものであった。

防衛体制の充実も四大政策の一つであるが、これは清仏戦争での敗退が教訓となっている。劉銘伝は「台湾は南洋、北洋の要《かなめ》であり、大陸を守るには台湾を守らねばならず、台湾を守るには澎湖を守らねばならない」として、海軍の充実に着手するのであるが、これは中央政府の財政難と北洋艦隊の充実を第一としていたことから果たせなかった。それでも八十万両の巨費を投じてイギリスからアームストロング砲三十一門を購入し、澎湖島、打狗（高雄）、安平、淡水、基隆に新たな砲台を建築し、各砲台には魚雷発射台を設け、基隆には専門の水雷営（魚雷部隊）を配備した。また武器弾薬類の島内製造および修理体制の完備にも乗りだした。これはフランス艦隊の台湾封鎖に手も足も出なかった苦い経験によるものである。さらに常備軍も清仏戦争時に近い三十営（一営は約五百人）とし、いずれも洋式銃を装備し、訓練も機構もすべて洋式を取り入れた。

しかし、劉銘伝も能吏であるが故に沈葆楨同様に中央へ召還されなければならなかった。中央では清仏戦争で壊滅した海軍の再建のため北洋艦隊の洋式化と拡大を推進していたのだが、そのための人材に欠き、やむなく李鴻章は劉銘伝を兵部尚書に任じ中央に呼び寄せたのである。

かれは最後の業務として光緒十七年（一八九一年）一月、中部にあった台湾府を台北城に移し、台北を名実ともに台湾の首府とした。〝台中〟の名が生まれたのはこのときである。劉銘伝はその足で台湾を離れた。この時期に清廷では西太后が実権を掌握し、北洋艦隊の費用を頤和園《いわえん》の建設に回すなど、すべての洋務運動はまったく停滞してしまい、その後の劉銘伝に腕を振るう機会はなかった。

劉永福

唐景崧

しのび寄る日本の足音

台湾巡撫の後任には、湖南巡撫の邵《しょう》有濂《ゆうれん》なる人物が決定した。これの台湾赴任は光緒十七年五月で、その人事は本国での洋務運動の衰退を台湾にも持ちこむものであった。邵有濂は赴任後、当初中部の彰化までの予定であった鉄道敷設を新竹で中断したのをはじめ、劉銘伝の洋務改革政策をすべて改廃してしまった。その理由は、「人民に休養を与える」というものであった。

そして三年、光緒二十年（一八九四年）、日本の年号では明治二十七年、その五月に朝鮮半島で「東学党の乱」が発生し、日清両国は出兵して八月にはそれが日清戦争へと発展した。このとき邵有濂は台湾の防備を固めるどころか、台湾巡撫の任を放棄して本国に帰ってしまった。あとを受けたのは邵有濂の配下であった唐景崧《とうけいしょう》である。唐景崧は科挙最高位の試験に合格した生粋の宮廷官僚であり、戦時における巡撫の任には向いていない。

清廷は、ともかく台湾の防備を固めねばと福建水師提督の楊岐珍《ようきちん》と広東南澳総兵の劉永福《りゅうえいふく》を兵とともに派遣し、唐景崧の配下につけた。この人事もまちがいであった。劉永福は貧農出身で各地を流転し、「太平天国の乱」では一方の旗がしらとなり、官軍に討伐されてベトナムに逃亡し、清仏戦争のときに再度そこで私兵をまとめて進出してきたフランス軍と戦い、善戦したことから中央の招撫を受けて正規軍に入った人物である。その軍団を、黒く〝劉〟と染めぬいた旗を使用していたことから黒旗軍といった。宮廷官僚の唐景崧はこの種の人物を嫌い、劉の率いてきた黒旗軍に南部守備を命じ、台北に近づけることはなかった。

その一方唐景崧は、にわか巡撫として大慌てで北部守備の兵を整えねばならなかった。出身地の広東で急遽高給をもって兵を募るのであったが、そのほとんどか無頼の徒で質は悪かった。それでも当初はよかった。戦場は朝鮮半島から遼東半島にかけてであり、清仏戦争とは異なり台湾が直接戦場になることはなかったからだ。

台湾の住民に、日清戦争が戦争としてのある程度の実感をともなったのは、皮肉にも李鴻章が清国全権として下関におもむき、日本の伊藤博文首相、陸奥宗光外相と講和談判を開始してからであった。第一回会議が開かれてより三日後の光緒二十一年（一八九五年、明治二十八年）三月二十三日、日本軍が澎湖島に上陸して三日間の戦闘でそこを占領したのである。日本軍はすでに北洋艦隊を殲滅し、旅順、大連から北京を衝く態勢をとっている。澎湖島を落とした日本軍のつぎの目標がどこにあるかは、誰の目にも明らかであった。

さらに澎湖島陥落より四日後の三月三十日、伊藤博文と李鴻章とのあいだに休戦協定が成立したが、その休戦の範囲に台湾は含まれていなかった。台湾は動揺した。しかしこのあと、清廷は台湾に対し講和会議の経過を隠蔽した。そして休戦協定より十八日後の四月十七日、台湾にとっては寝耳に水の下関講和条約が締結された。報はその日のうちに、唐景崧と密接な関係にあった南洋大臣・張之洞《ちょうしどう》から台北の巡撫府に知らされた。その第二条に「清国政府は日本に遼東半島、台湾、澎湖列島を割譲する」とある。そのうわさはまたたく間に台北城内から艋舺、大稲埕へとながれた。住民らは、ただただ愕然とするばかりであった。

台北の混乱と台湾民主国

明けて四月十八日、林朝棟《りんちょうとう》や邱逢甲《きゅうほうこう》といった北部在住の有力者らが唐景崧に面会を強要し、独力で日本軍と一戦交えて台湾の現状を保全することを求めた。かれらのなかには、清仏戦争のときには地元義勇軍を組織してフランス軍と戦った者もいる。そして数日後には一般住民をしたがえ銅鑼《どら》や太鼓を打ち鳴らしながら台北城内から艋舺、大稲埕と練り歩き、割譲反対を人々に呼びかけるとともに、唐景崧を監視下においてその進退の自由を奪った。かれらは巡撫の身柄を台湾現地に確保することによって官僚機構を維持し、治安の乱れを防ごうとしていたのである。すでに台湾の治安はじりじりと悪化の方向をたどっている。この間の状況を、唐景崧は「日々涙を以て顔を洗う」と清廷に打電している。

そのようなとき、台湾に朗報がもたらされた。四月二十三日、ロシア、ドイツ、フランスによる三国干渉の発生である。日本の大陸進出を警戒したロシアが独仏をさそって、日本へ遼東半島を清国に返還せよと迫る。台湾の有力者たちは、この干渉を台湾にも誘致しようとする。これによって台湾の治安悪化は、一時鎮静化に向かった。唐景崧は「歓声雷動し安堵すること常の如し」と、このときのようすを打電し、干渉誘致の策を奉請したりもした。

しかし、三国干渉は遼東半島のみに限定されていた。五月に入ったころには、それを誘致することの困難さが台湾にも伝わる。ロシアの目的は遼東半島を獲《と》ることであり、日本の目が南へ向くのを歓迎こそすれ反対する理由はない。ドイツは対外進出の目をバルカンに向けており、三国干渉の代償として膠州湾をとった以外、東アジアでそれ以上の欲を示す余裕はない。フランスの台湾保護が一時取り沙汰されたが、保護領マダガスカルに兵を進める必要が生じ、干渉で広州湾をせしめた以外に火中の栗を拾う余裕がない。しかもフランスを引き入れることは、かつてフランス軍と戦った劉永福が猛反対する。台湾の治安はふたたび悪化へと向かい、各地には兵士まで加わった盗賊の群れが跳梁しはじめた。

おなじころ、日本では海軍中将になっていた樺山資紀を大将に昇格させ、初代台湾総督に任命していた。樺山資紀はすでに牡丹社事件のおりに台湾を実地検分している。そして総督一行は五月二十四日、広島宇品港より横浜丸に搭乗し台湾に向かった。さらに、旅順にとどまっていた北白川宮能久《よしひさ》親王を師団長とする近衛師団に台湾接収の命が下り、五月二十二日に十隻の輸送船に分乗し、すでに台湾への洋上にあった。

台湾の治安は日々悪化を深めている。そのような五月十五日、台北では異変が生じていた。邱逢甲や林朝棟ら住民側代表者らが唐景崧に会議を強要し、内外に台湾巡撫として知られた〝唐景崧〟の名で〝台湾の意志〟なるものを表明していた。「台湾は朝廷の棄地なり、民頼るものを失う。ただ島国となし、遥か皇霊を戴きて南洋の屏蔽《へいへい》たらん」と、独自抗戦の意向を内外に示し、同時に諸列強に向かって台湾の防衛を要請し、その代償として島内の金鉱や炭鉱、それに港湾などを租借させる用意のあることを表明した。干渉誘致を独自におこなおうというのである。

清廷はこれによって再度日本と開戦になることを恐れ、唐景崧をはじめ台湾省の大小文武官に帰還命令を出した。これにいち早く応じて台湾を離れたのは水師提督の楊岐珍とその海軍部隊であった。その他にも多くの文武官らが待ちかねたように応じ、その隊列のなかには台湾に根をおろしていた富豪らの姿もかず多くみられた。その荷車を、残留兵士や地元住民らの一群が襲う。離台する者は、それらに法外な見逃し料を払わねばならなかった。

一方、黒旗軍を率いて台南に陣取っていた劉永福は、その強烈な攘夷思想によって早くから「台湾と存亡を共にせん」と表明していた。

しかし、国際情勢に変化はない。それでも北部の有力者らは、数カ月でも戦って持ちこたえれば、干渉してくる国もあろうと考え、窮余の一策に出た。五月二十五日、総統に唐景崧を担ぎ、副総統には邱逢甲が就任し、大将軍に劉永福を据え、「わが台民、敵に仕《つか》うるよりは死することを望まん」と、独立宣言をおこなったのである。もはや清廷とは関係なく、一個の独立国として列強と手を結ぼうというのである。藍地に黄虎を描いた国旗も定め、その国名を〝台湾民主国〟といった。軍隊としては海軍力はすでになく、旧清国正規兵（黒旗軍を含む）の約三万五千人と、各有力者に率いられた台湾現地の義勇兵約十万人である。なお、この時期の台湾総人口は光緒二十一年（一八九五年）刊行の『台湾通志』によれば、二百五十四万六千人であった。

第5章　日本統治騒乱の時代

日本軍の北部上陸と台北入城

欧米列強は、手は出さぬものの「日本はスパルタの如く戦争の勝者とはなったが、統治の失敗者となり終わるであろう」と看《み》ていた。

台湾側の動きを知った近衛師団は、正面玄関である淡水や基隆からの上陸を断念し、北西海岸の澳底湾を上陸地点と定めた。近衛師団第一旅団を乗せた輸送船三隻が戦艦松島に護られながらその沖合に終結したのは明治二十八年五月二十九日、その作戦は奏功した。ほとんど無抵抗の澳底海岸に上陸した第一旅団は陸路進撃し、六月三日早朝に基隆の背後に迫り、その昼すぎには民主国の守備隊を基隆から追い出し、六月六日には樺山資紀総督一行もそこに上陸した。

三日の基隆攻防戦のとき、唐景崧は同郷の広東人で腹心の部下でもある黄義徳《こうぎとく》に兵をつけ基隆救援に向かわしめていた。その部隊が基隆近くに到着したときすでに戦闘が始まっており、それを見た黄義徳は戦うことなく反転してさっさと台北に引き上げてしまった。これが台湾民主国正規兵の実体である。本来が広東で急募された無頼の徒たちなのだ。その民主国の広東兵相手に、日本軍は基隆に本営を置き台北への機会をうかがった。そのような日本軍のもとへ、台北より早期入城を乞う使者が駆けこんできた。

台北に無血入城する日本軍（壁画）

唐景崧にはもとより抗戦の意志はない。基隆陥落の翌四日の夕刻、数名の側近と台北城内の官邸を抜け出し、淡水港から停泊中のドイツ商船アーサー号に駆けこみ大陸へ逃亡してしまった。それを知った多くの官吏や台湾人有力者らもそのあとにつづいた。そのなかには民主国副総統の邱逢甲もいた。結局、民主国の目的とは、台湾の保全ではなく台北政財界上層部の自己保全のための現状維持策にすぎなかったのだ。

ここに台北の治安は崩壊した。おいてきぼりにされた広東兵らは、官邸に火を放ち市街地に走っては略奪、殺人、放火、暴行をはたらき、台北城内は地獄絵さながらの様相を呈した。このとき広東兵に殺された台北市民は数百人といわれている。たまりかねた城内の商人らは一堂に会して善後策を講じた。

樺山資紀―初代台湾総督

辜顕栄（台湾彰化県鹿港人、1866〜1937）

それは基隆に使者を出し、日本軍に早期入城を要請し治安を回復することであった。使者に選ばれたのは、辜顕栄《こけんえい》という流浪の商人であった。他の商人らは、万一清国軍が巻き返してきた場合のことを恐れたのである。

他の方面からも情報を得た日本軍が辜顕栄の案内で進発し、台北市街を囲む城壁の真下に到着したのは、基隆攻略より四日後の六月七日早朝であった。このとき城門は市民の手によって内側から開けられ、広東兵は逃げ去り、日本軍は台北に無血入城した。その後数日で北部一帯にまだ台湾住民に対する略奪暴行集団となって徘徊していた広東兵を掃討し、投降した三千余の広東兵を大陸に送り返し、樺山資紀総督、北白川宮師団長列席のもとに、台北城内での閲兵式のあと、台湾総督府開庁の式典を挙行した。この日が日本による台湾治政の始まりであり、明治二十八年（一八九五年）六月十七日のことである。

南部への多難な道

日本軍にとってここまでは快調であり、このときは確かに治安回復軍といえた。しかし、本格的な台湾の抵抗戦に遭うのはこれからである。日本の統治開始は大陸本国の敗戦の結果とはいえ、台湾人にとっては突如身の上にふりかかった不可思議な運命であり、日本軍が統治者として進撃してくると、各地の住民は不合理としながらもこれを抗せざる事態として受け入れる一方、抗せざる運命に抗する者の姿も同時にあった。各地各様の台湾人義勇軍である。

南進先遣部隊となった近衛師団第二連隊が、台北より南へ約八十キロの新竹城をめざし台北を発ったのは六月十九日未明。部隊はその翌日には消息を絶った。ゲリラの出没により、たちまち後方連絡線を絶たれたのである。孤軍となった第二連隊は一村を抜くにも歩兵だけでは突入できず、砲兵隊の猛攻に頼らねばならなかった。その第二連隊が新竹に入城したのは六月二十二日であったが、それから新竹奪還をめざすゲリラ部隊の二波三波にわたる攻撃を受け、守勢に回わらねばならなかった。台北と連絡がついたのも、新竹入城の五日後である。この間の事情は、台湾ゲリラ活動の旺盛さを十分に物語っていよう。

さらに南進基地としての新竹の安全を確保するためには、北部一帯の後方山地に出没するゲリラの掃討戦を展開しなければならなかった。南進作戦の一時停止である。とくに台北盆地に流れこむ淡水河上流域の三角湧（現在の三狭）と大嵙崁《だいかかん》（現在の大渓）一帯で組織された義勇軍は三千人を超し、これを掃討するのに第三連隊歩兵第一大隊、同第二大隊、砲兵第四中隊、それに工兵一個中隊、騎兵一個小隊および衛生隊を投入し、なおかつ苦戦を強いられ、一度平定した地点を後続部隊が通過するときには、ふたたび銃火を交えねばならぬことも珍しくはなかった。また大嵙崁の攻防戦では、住民側は婦女子までもが武器をとって戦い、そこにいたるまでの多くの戦いは、総督府編纂の『警察沿革史』がしるすごとく、「土匪ヲシテ再ビ家屋防御ヲ為スノ余地無カラシメヌ」ため村落焼夷作戦が展開された。

この掃討戦をなんとか終了し、第二連隊が守備する新竹に南進軍本隊が集結しはじめたのは、八月三日に

抗戦する義勇兵

なってからのことである。終結した近衛師団全軍が新竹を発ったのは八月七日であり、海上から軍艦吉野と浪速が援護砲撃を繰り返すなかを南下し、中部の拠点台中と彰化に入城したのは八月二十七日と二十八日であった。むろんこの間にも北部掃討戦にみられた義勇軍の抵抗はあり、遺棄死体には武装した女兵の姿もあった。だが彰化では、民主国の一翼を担った黒旗兵十二営約四千人が台南から北上し駐留していたが、日本軍の歩・工・砲等各部隊一体となった攻撃にたちまち総崩れとなり、義勇軍のような肉弾戦はみられず、日本軍の圧勝に終わった。この彰化の線で、日本軍の南進運動は暫時停止した。

樺山総督と北白川宮師団長は義勇軍の抵抗に驚き、作戦を変更したのである。当初は近衛師団の残部が七月三日か四日に南部上陸を果たし、もって全島平定を完遂する予定であった。ところが近衛師団全軍を南進運動に投入しても作戦は遅滞一方となり、総督府は南部上陸部隊の増援を本国に要請しなければならなかった。そこで出動命令が下ったのは、なお満州の奉天に駐留していた乃木希典中将麾下《きか》の第二師団であった。十月一日、第二師団は戦艦八隻、輸送船四十九隻の陣容で台湾に向け大連を発った。作戦は、近衛師団が彰化から嘉義をへて内陸部より台南を衝き、第二師団が台南より南へ約九十キロの枋寮《ぼうりょう》と、台南より北へ約五十キロの布袋嘴《ふたいし》(現在の布袋)に同時上陸し、三道より台南を挟撃するというものであった。

台南攻略と全島平定

第二師団が出撃準備を始めたころ、彰化の近衛師団は嘉義への作戦を開始していた。このころになると日本軍は対ゲリラ戦を体得し、師団全軍を中央左右に分散して同時進発し、絨毯《じゅうたん》攻撃の態勢をもって神出鬼没を常とした義勇軍の動きを封じながら進撃した。それでも義勇軍の抵抗はすさまじく、斗六《とりく》では日本軍千七百余に対し約三千の義勇軍が戦いを挑み、他里霧《たりむ》では彼我《ひが》ともに千五百の兵力で激突した。このような大部隊同士の戦いでは、土民軍の域を出なかった義勇軍は、近代装備と近代組織の日本軍の敵ではなかった。斗六では義勇軍の死者百五十、日本軍は五、他里霧では義勇軍死者百七十、日本軍四であった。義勇軍側の装備といえば、槍や蛮刀以外に、銃器と名のつくものを所持していたのは員数の十分の二ないし四といった程度だった。これに対し日本軍は銃弾、砲弾をふんだんに使い、他里霧の一戦だけで三万四千八百発の弾丸を消費し、義勇軍を敗走させている。義勇軍にとって悲劇的な戦いはつづき、西螺《せいるい》では「殆ンド市街ノ全部ハ烏有ニ帰シ」、土庫《どこ》では「兵火全市街ヲ焼尽セシヲ以テ」日本軍の前に敗退していった。

着々と日本軍は進撃し、嘉義に迫ったのは十月九日の午前であった。その城市は高さ六メートル、厚さ四メートルの城壁で囲まれ、劉永福の派遣した黒旗兵千余人が守備している。日本軍が砲兵隊をずらりとならべ、組織的な一斉攻撃をかけたのが午前十時半、歩兵が市街に突入したのは正午、戦いはわずか数時間で終わった。このとき黒旗兵側は死者四百余、投降五百余、日本軍側はなんと死者一、負傷十三にすぎなかった。

近衛師団が嘉義を落とし台南への態勢をとった翌十日早朝、澎湖島に集結していた第二師団は行動を開始し、枋寮に向かうもの乃木希典師団長以下一万八千四百余人、布袋嘴に行くもの伏見宮旅団長以下一万五千六百余人、午後にはそれぞれ戦艦の援護下に上陸を開始し、台南挟撃の態勢をとった。両軍は総計八隻の軍艦が艦砲射撃で援護するなか海岸線を台南に向かって進み、その南北約十キロの地点に迫ったのは、十月二十日であった。近衛師団もすでに嘉義を進発し、台南への道をとっている。この一連の戦いでも台湾人義勇軍の抵抗は熾烈をきわめた。しかし海岸部を守備していたのは大陸渡来の黒旗兵であり、これは弱体であった。たとえば打狗(高雄)では劉永福の養子劉成長が守備していたのだが、台南を守る地理的重要性にもかかわらず、日本海軍の艦砲射撃に遭うと数発反撃したのみでたちまち白旗をかかげてしまった。もちろん日本軍側の死傷者はゼロで、黒旗兵側も二人の死者を出したにすぎなかった。

さらに、日本軍による台南包囲網が完成する直前の十九日夜、列強の干渉がないまま台南陥落を悟った劉永福は砲台視察に名を借り、安平港から英船スエルス号に搭乗し、多くの黒旗兵を残したまま二十日未明には台南を離れていた。

ここに台南はかつての台北騒擾を再演するきざしがみえはじめた。同日、台北の二の舞いを憂慮した台南城内の有力者や商人らは台北同様一堂に会して協議し、城内在住の英人宣教師バークレイとファーガソンに、日本軍本営に台南市民を代表する使者として立つことを要請した。それは、台北における辜顕栄とおなじ任務であった。即刻両名は台南に最も接近していた乃木軍の本営に走った。乃木師団長は直接両名と会見し、事情説明を受けるなり即座に先遣隊を派遣して城門の開けられているのを確認し、本隊がそこに到着したの

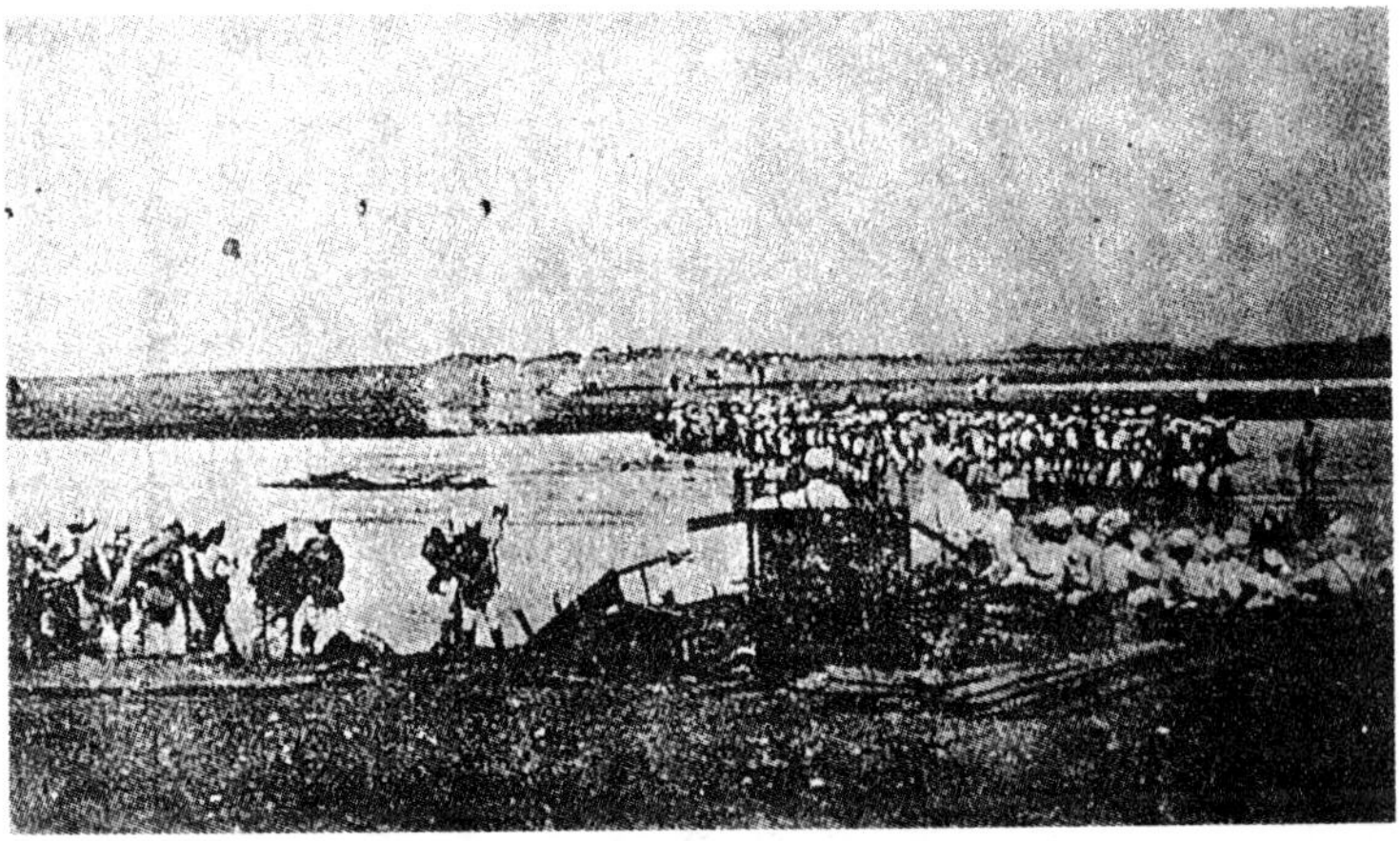

渡河し台南に向かう第二師団

は二十一日午前八時四十分、台北同様無血入城であった。
翌日には伏見宮軍も近衛師団も入城し、数日後には北部での広東兵同様、日本軍は投降してきた黒旗兵五千余人をすべて日本の汽船で大陸に送り帰した。そして明治二十八年十一月十八日、樺山総督は本国に打電した。

「今ヤ全島全ク平定ニ帰ス」

「征台の役」終了と北白川宮の死

この打電の前後から、台湾の南北に転戦した近衛師団は順次凱旋への帰途につきはじめていた。これをもって日清戦争の実質的な終了ていってもよいだろう。このおよそ半年にわたる征台の役に動員された日本軍は陸軍二個師団半約五万人、軍夫約二万六千人、馬九千四百余頭に達し、それは当時七個師団しかなかった日本陸軍の三分の一強を占めるものであった。海軍にいたっては、連合艦隊の大半が投入された。このうち戦死者は百六十四人、負傷者は百十五人、病死者四千六百四十二人、病者二万六千九百九十六人に達し、うち病死、病者のほとんどが牡丹社事件のときと同様マラリヤであった。

このマラリヤによる死者のなかに、近衛師団長の北白川宮が含まれている。当時の官報によれば、十月十八日嘉義において発病され、翌十九日には乗馬も能《あた》はぬ程に病状が悪化し轎《きょう》にて前進され、台南入城後の十月二十八日、現地で逝去された。このあと台湾では、師団長は抗日ゲリラに殺されたのだといううわさが流布された。いつどこで誰がとなると諸説紛々としており、それらは嘉義周辺を視察中の師団長を柄の長い中国刀を持った刺客が林のなかに隠れていて斬殺したとか、鎌を棒の先にくくりつけたのを持って木の上に隠れ、通りかかった宮の首を頭上から狩ったといったたぐいのものだが、いずれも抗日義勇軍の奮戦ぶりを誇張して語り伝えられたものであろう。

またこのとき、台湾には分類械闘にみられるように全島的な一体感はなく、したがって各地の義勇軍はそれぞれ別個に戦い、相互間の連携作戦はなかった。この台湾社会に一個の運命共同体としての認識が生まれるのは、皮肉にも日本統治が確立し、島内交通が整備され教育も普及し、経済も発達してからのことになる。

平定後の北部騒乱事件

各地が連携していなかったからこそ、全島平定後もまた各地にさまざまな騒乱事件が発生することになる。

平定後最初の事件は、早くもその年の暮れに発生した。早くから日本軍に制圧された北部において、当初各村、各地域でばらばらに戦っていた義勇軍に砂金採掘業者の林李成《りんりせい》、唐景崧巡撫から台湾人義勇軍指揮官としての武官待遇を受けていた陳秋菊《ちんしゅうぎく》、抗日当初から義勇軍のリーダーとなっていた胡嘉猷《こかゆう》といった面々を指導者に組織化が進み、明けて明治二十九年一月一日に日本軍将兵が新春と勝利の美酒に酔いしれるであろう隙を狙って北部一帯で一斉蜂起し、清朝復帰を呼号して台北を奪還しようという計画が進められていた。

ところが決行直前の十二月二十八日、頂双渓（現在の双渓）を巡回中の二十五人の日本軍小部隊に、数百人の義勇軍が襲いかかるという事件が発生した。義勇軍側の指揮系統の不徹底である。ここに義勇軍は起たざるを得なくなり、それでも義勇軍は三角湧、大嵙崁一帯を制圧し、十二月三十一日には台北城を包囲するにいたった。しかしこの包囲戦に加わった員数は約六百人にすぎず、翌一月一日には崩壊した。二日から日本軍の討伐行が始まり、それはかつての北部大掃討戦と同様の焼夷作戦をもって数日で終了した。このとき蜂起に加わった北部住民は数千人といわれている。

また、この騒乱は太平洋岸の宜蘭方面にまで波及し、約二千人の住民が蜂起したが、これは日本本国より混成第七旅団が一月十二日に駆けつけ鎮圧した。しかし日本軍は、三人のリーダーを捕捉することはできなかった。

この蜂起戦は無謀な側面もあったが、台湾の住民が北部一帯というかなり広い範囲において連帯感を持ち、史上初の台湾人による組織的な部隊を編成しかけたことで注目に値しよう。

桂太郎総督と南部騒乱

再度にわたる北部掃討戦のあと、しばらく大規模な騒乱事件は発生しなかった。これを機に明治二十九年三月三十一日、始政式当初は平時行政組織として出発した総督府行政機構が平定戦たけなわの昨年八月六日に非常時行政組織に変更されていたのを、改めて平時行政組織つまり民政に戻し、民政局が設けられた。これにより内地での事務取り扱いが大本営より内閣に委譲され、内閣には植民地統括の拓殖務省が開設された。日清開戦のため設置された大本営が解散したのは、実はこのときである。このあと樺山総督は辞任した。最も困難な戦乱に明け暮れた時期の総督であった。またこのころになると、早くも植民地で新たな生活を得ようとして渡台する日本人の姿がみられるようになっていた。

第二代総督には桂太郎陸軍中将が就任した。桂太郎といえば、のちに陸軍大臣から首相へと進んでいった経歴が示すとおり、比肩なき軍人政治家ではあるが、明治二十九年六月十三日に台北の総督府に着任したものの、在台期間わずか十日間で本国に帰ってしまい、あと台湾の土を踏むことはなかった。やはり植民地行政よりも中央に志があったわけだが、だからといって日本初の植民地である台湾総督の任を軽んじた点、不忠実のそしりは免れないだろう。

桂総督台北着任の当日、中部山地雲林地方の斗六の民政局支庁前に建つ日本人商店が何者かに襲撃され、翌日斗六守備隊一個中隊の一部がその捜査に山中に入った。それが威力捜査中、義勇軍の包囲攻撃を受けた。これが雲林騒乱事件の端緒となる。雲林地方は清朝時代においても官憲の力がおよばず、私的武装集団すなわち「土匪《どひ》」が古くから支配し、民心も反中央色が強かった。このときの指導者は地元の侠客簡義《かんぎ》ら十七人で、みずからを「十七大王」と称し、年号を「天運」と定めて中央からの地域独立体制維持を呼号した。これが清朝復帰を呼号した陳秋菊ら北部騒乱との相違点である。これに呼応した中部住民は一千人を超え、総督府は台中から一個連隊を急派し、山中での苦戦をつづけながら八月にいたってようやく鎮圧した。

このときも焼夷作戦が展開され、斗六支庁長は軍に「斗六管下ニ良民ナシ」と報告し、灰塵と化した民家は斗六街において三百九十六戸、近在の村落五十五カ村で三千八百九十九戸におよんだ。死者の数について『警察沿革史』は「土民殺戮の数の如きは審《つまびらか》にすべからざりき」としるしている。桂総督はこの騒乱の最中に本国へ引き揚げたことになる。

また、この騒乱は南部山中温水渓地方の「土匪」黄国鎮《こうこくちん》ら十二人の会盟からなる一群の蜂起を誘発した。

山地に出動する日本軍奇襲隊

この地も清朝時代から官憲の行政権がおよばない地域であった。かれらはみずからを「十二虎」と称し、およそ八百人の部下を率いて嘉義攻略の挙に出た。一時嘉義城下に迫ったものの、やはり八月に征討されて山中に引き揚げた。いずれも日本軍はこれら首領級を捕捉することはできなかった。そのほか中・南部においてこの時期、無数の小規模反乱事件が発生している。代表格の「十七大王」といい「十二虎」といい、まさに『水滸伝』の諸英雄が梁山泊に拠って機をうかがった故事を彷彿とさせる。中・南部は北部とちがい、まだ旧態依然とした台湾風土に変化はなかったのだ。

討伐側にも出た事件処分者

今回の雲林討伐戦において、一般住民らが公然と「十七大王」の側に立ったことに総督府は大きな衝撃を受け、ようやく討伐戦のあり方を考え直すようになった。この討伐行について、当時の高野孟矩《たけのり》台湾高等法院長は「漫然兵隊ヲ出シテ七十余庄ノ民屋ヲ焼キ、良匪判然タラサル民人三百余人ヲ殺害シ、付近ノ民人ヲ激セシメタルハ、全ク今般暴動蜂起ノ基因ト認メラル」と分析している。

また、この雲林での討伐行が清国で発行されている英国新聞に「雲林の虐殺」としてセンセーショナルに報じられ、国際的耳目を集めた。このこともあって天皇、皇后両陛下には今次騒乱の台湾人被災民に対し金三千円也を御下賜され、総督府も被災状況調査のうえ被災民救恤金二万余円を捻出し、被災家屋三千五百九十戸に平均五円の銭穀および小屋掛け料を支給した。さらに総督府は調査の結果、現地駐在の各警察官に、物品を使用する際には相応の代金を支払うこと、現地住民を叱責してはならず、とくに各地の名望家には敬意を払うこと、日本人商人の横暴・詐欺を防止し、その他日本人の非行にも留意し、現地人婦女に猥褻行為を行うのを防止すべきこと、などを指示通達しなければならなかった。

さらに調査の結果、今回は斗六の民政局支庁長が、現地の住民はすべて「土匪」であるかのようないい加減な報告をし、軍がそれに乗って過度な行為に出ていたことも明らかになった。この報告を東京で受けた桂総督は「鎮撫の方法、其の宜《よろ》しきを得ず」として斗六支庁長の責任を追及し、懲戒免職のうえ位記勲章の剥奪を命じた。

これら一連の処置は、まだ過渡期とはいえ、総督府行政が軍事組織から民政に移行していたためにおこない得たものといえよう。また、総督府がこういった調査、補償等をなし得たのは、樺山総督時代からの水野遵民政長官がそのまま留任していた点によるところも大きい。

乃木希典総督の時代

はたして桂総督は、その年の十月十四日、在職期間わずか三カ月半でその任を離れた。このあとを受けたのは、台南攻略の指揮をとった乃木希典陸軍中将であった。これは児玉源太郎陸軍次官の切なる要望によるものである。乃木希典の清廉潔白さは衆目の知るところであるが、過渡期の新領土台湾において、乃木的人材は果たして適任であったかどうか。

植民地にあっては、その本国人は特権階級となり得る。まして官吏ともなれば、本国での場合以上にさまざまな役得にありつくことができ、そして傲慢かつ腐敗しやすいものとなる。台湾統治もすでに一年、内地から渡台する一獲千金組の民間人も増え、官吏の汚職は日常茶飯事となっていた。そこへ謹厳実直な乃木新総督が就任し、明治二十九年十一月十七日の台北着任第一声、綱紀粛正を高らかにうたい上げた。狼狽する者は多く、乃木の着任当初から総督を補佐すべき総督府官吏たちの離反を生むにいたった。

また「土匪」に対しては雲林の事件に鑑《かんが》み、はじめ討伐の方針はとらず帰順をうながす措置を講じた。「土匪帰順政策」であり、いわば懐柔策である。これは当初においてこそ実効が上がるかにみえた。なかでも「十七大王」の簡義がこれに応じたのは最大の成果である。このとき説得工作に奔走したのが、かの辜顕栄であった。その他にも帰順者は一千数百人をかぞえた。しかし抗日義勇軍の多くは、これを日本軍の弱体化と喧《けん》伝《でん》し、この策は中途で放棄せざるを得なくなった。

つぎに乃木総督のとった策は「三段警備の制度」であった。台湾の地を三つの区画に分類し、その地に適した平定と警備方法を講じようというものである。治安のいまだ確立されていない山岳部を一等地として憲兵隊が警備と行政を主管し、山岳部と平野部の比較的治安のよいところを二等地として憲兵隊と警察が共同でその任につき、治安が一応確立している都市部を三等地として警察のみがその任につくというものであった。一見効率的にみえるが、抗日ゲリラは当然この区画には関係なくどこにでも出没する。ゲリラが移動するたびに、それを制圧する部隊の指揮権が憲兵隊にわたり警察にわたり、実施とともに指揮系統がたちまち混乱した。さらに憲兵隊は陸軍省の管轄で警察は拓殖務省の系列下にあり、その費用の支出や行政系統にも問題が生じた。さらに二等地の住民は陳情や苦情など、また指示命令を聞くにも、憲兵隊と警察のあいだで右往左往しなければならなかった。このように行政も平定作戦も混乱し、ふたたび各地に騒乱が発生することになる。

国籍選択権がかえって災い

乃木総督は時期的にも不運であった。下関条約第五条には、明治三十年五月八日までに台湾住民は帝国臣民となるか台湾を去って清国に引き揚げるかをみずから決定しなければならない旨がしるされていた。つまり台湾住民に対し、二年間の猶予つきで国籍選択の権利を保障していたのである。この期限が、乃木総督の在任中であった。

その期限のくる前から、総督府は商工業などに対して各種の法規制を加え、近代国家としての法治体制を確立しようとしていた。つまり産業の許認可制度の導入であるが、とくに住民の怨念をかったのは、桂総督が台湾を離れたまま発令施行した台湾鉱業規則であった。金、石炭、硫黄などの鉱業は北部台湾の基幹産業であり、台湾人は五月八日までは国籍未定で日本国籍を有しない者として許認可の対象から外されてしまったのである。これによって鉱業で生活を支えていた人々およそ七千人が職場を追われるところとなった。これに取って代わったのが、内地より渡来した日本人であることは言うまでもない。

加えて巷間には「ひとたび日本帝国の臣民となるときは、男は弁髪を断ち女は纏足《てんそく》を解き、阿片吸飲を禁じ徴兵令は執行さるべし」との流言が飛びかい、人心は動揺した。もちろん乃木総督は生活習慣の急速な変革は求めておらず、「弁髪、纏足、衣帽の如きは原住民の自由に任せ、阿片の如きは一定の制限下に漸次防遏《ぼうかつ》の効を収めん」と言明していた。しかも阿片漸減策の立法化はつぎの総督の代であり、徴兵令にいたっては第二次大戦末期の昭和十八年になってからである。しかし流言だけが先行し、そのなかには「ロシアが軍隊を派遣し、台湾回復に協力する」といったものまであった。

行政や平定策の不手際に、以上のような社会的背景が起因となって北部、中部、南部ともに反乱事件が頻発した。それらの指導者たちがまた、かつての北部再蜂起の林李成や陳秋菊、それに「十七大王」や「十二虎」のメンバーたちであった。その活動は執拗をきわめ、『警察沿革史』のしるすとおり、討伐隊が入った地域の住民は「討伐を恐れて何《いず》れかに避難して殆《ほとん》ど在家せず」といったありさまで、討伐隊が抗日義勇軍を捕捉することすらできず、ほとんどの討伐行の成果といえば「単に匪徒を生蕃界（山間部）に遁走せしめたに過ぎざりき」状況で、もちろん義勇軍は「軍隊が撤退するや再び跋扈し」騒擾の絶えることはなかった。

日本内地ではそのような事態への非難が高まり、それは「台湾の領有は果たして帝国の利益なるか」といった、台湾領有そのものに対する疑問となり、さらに「台湾をフランスあたりへ一億円で売り払ってはどうか」といった意見まで公然と聞かれはじめた。ちなみに明治三十年の総督府総予算は一千百二十四万円で、このうち半分以上の五百九十六万円が本国政府からの補助金でまかなわれるという、まったくの赤字経営だったのだ。

清廉潔白が招いた辞任劇

また、乃木総督の悲願であった綱紀粛正を執行したのは台湾高等法院長兼総督府法務部長の高野孟矩であったが、その姿勢が厳格でありすぎた。それは清酒一本の供応をも見逃さないものであり、そういった贈収賄摘発が進むにしたがい、各種の疑獄事件がつぎつぎと発覚していった。金品をもらっての手抜き工事黙認、不正による工事請負人指名、土地売買に関する価格操作、管財横流し、公金横領、公文書偽造等々、官民を問わず連座した者はのきなみに身柄を拘束され、審理はなんの情状も酌量されず、過渡期植民地といえ三権分立が厳然と守られたものとなっていた。捜査はやがて総督につぐ権力者である民政長官の水野遵の身辺にまでおよび、ために乃木総督は水野長官を罷免しなければならなかったほどである。

百出する疑獄事件に驚いた松方内閣は、乃木の綱紀粛正を支持するよりも、台湾総督府の権威を維持するという政治的配慮から、腐敗隠蔽を図りはじめた。それはまず高野院長の罷免となってあらわれた。それが内地の新聞に報道されると、たちまち反政府系の新聞が非難するところとなり、板垣退助、田口卯吉、田中正造らが論陣を張った。しかしそれは、行政権の司法権に対する不当介入問題、政府の憲法違反問題としてであって、野党や新聞の擁護するところは高野元院長のみとなり、そこに世論の同情も集中し、かえって行政側の乃木総督への風当たりは強くなった。かくして乃木総督は明治三十一年二月二十六日、大方の支持を失って総督辞任を余儀なくされたのである。一年三カ月の在任であったが、その間なんら業績を残すことはできなかった。

第6章　確立した統治の基礎

児玉・後藤の名コンビ

乃木の総督就任を懇願し奏薦したのは陸軍次官の児玉源太郎であったが、児玉はその責任をとり、みずから第四代総督へと就任した。そして児玉新総督が、総督の右腕となるべき民政長官に指名したのが、後藤新平である。児玉は陸軍兵制の近代化を推進した軍政家であり、後藤は医家出身で比類なき先見の明と実行力を持った人物である。口の悪い政界すずめのなかには、これを評して「弥次喜多の膝栗毛」という者までいた。それは揶揄《やゆ》ではなく、この二人ならこれまでと違って突飛な統治というか、実効をあげてくれるだろうとの期待であった。

それに後藤がまず応《こた》えた。明治三十一年三月、台北に赴任したときのこと、報道陣が後藤の新方策を聞こうと押しかけた。後藤は言ったものである。「諸君らは政策政策というが、政策というものはまず現地の実態を見、実情を調査してからのこと。調査に先立つ政策などあり得ようはずがない」。集まった記者たちは唖然とした。後藤長官は児玉総督にもそれをやらせた。児玉が先例にならって後藤に施政方針演説の草稿を命じると、後藤は「そんなものは詩人が詩をつくるようなものです。つまらないからやらない方がいいでしょう」。後藤の考えは、「民をして悦服せしむるものは言にあらずして行である。名にあらずして実である」というものである。

この民政長官に対する児玉総督の任務といえば、当時まだ台湾を獲《と》ったのは俺たちだとして、なにかと総督府行政に口を出そうとする軍部を押さえ、後藤に存分の腕を振るわせることであった。やがて両者のこの信頼関係が、絶大な効果をあげることとなる。

後藤長官の冗員整理

その後藤がまず着手したのは、総督府の体質改善であった。乃木希典は綱紀粛正によって手当しようとして失敗したのだが、後藤新平の場合はまず実行であった。

領台よりすでに三年目、しかし官吏のなかに一人として全島を踏査し、その地理に精通する者がいなかった。後藤の目にそれらは単なる冗員と映った。彼は優秀な人材を内地から呼び寄せる一方、これまで繁雑であった行政機構を簡素化し、余った人員の大整理を断行したのである。

このとき後藤長官は全官吏に諭告した。

「当初ニ在リテハ、多数ノ人員ヲ要セシ事情モアリシナラン。然レドモ今日ニ於テハ其ノ必要ヲ認メズ」

その辞令は一点の情実もなく下され、このとき九州の門司港では台湾からくる船ごとに数十人数百人単位の免職官吏が降り立ち、衆目を驚かせた。その総計は一千八十人におよんだ。

それを児玉総督は黙って見つめていた。日清戦争や征台の役で海に陸に連戦連勝した軍部の鼻息はまだ荒く、発言力にも相当なものがある。そこへ新任の民政長官が軍部になんのことわりもなくどんどんと改革をするのでは、軍部にとっておもしろかろうはずはない。しかし総督府の機構が民政組織である以上、民政部が軍部よりも絶対優位に立たねばならない。軍部の代表格である児玉が暗黙のうちにそれを実現させていたのである。したがって後藤が果断に冗員整理ができたということは、これまで三代の総督の期間中、厳然とは果たし得なかった民政の形態が完成したことをも意味した。

「土匪」対策の新手段

児玉総督に後藤長官という異色の体制が実現したといっても、各地での「土匪」の出没は乃木時代と変わりはなかった。しかし、その抗日軍の性格はずいぶんと変化していた。当初は住民の支持を受けながら戦っていたものの、やがて一般住民が、抗日軍を援《たす》けてもとうてい現体制を転覆し得ないと悟るにいたり、また日本軍も「雲林の虐殺」以来「良匪」の区別の必要性を認識しはじめたことから、一般住民の多くは抗日軍に与《くみ》する必要性を感じなくなり、傍観者に転じはじめていた。また、抗日軍の出没によって日本軍の討伐をまねき、地域の平和が乱されることに、抗日軍の活動に嫌悪感を示す者すら出ていた。こういったなかに、かれらは打倒日本統治という政治目的をしだいに失い、武装集団を維持するのは生活のためといった、つまり地域の勢力範囲内で私的な警察権を行使し税まで徴収するといった本来の意味での土匪へと回帰しはじめたのである。

そこへ後藤の命令一下、各地の主だった土匪のもとへ総督府の使者が発った。明治三十一年六月中旬のことである。使者たちは、過去は一切問わない、投降しようとする者には投降準備金を支給する、投降後は土木工事請負などの仕事を与えて生活を保障する等の諸条件を携えていた。「土匪招降策」である。これには多くの「土匪」が心を動かされ、自己の生存を図ろうとみずから有利な条件を提示しはじめた。かれらにとって、後藤の「土匪招降策」は、和を求める絶好の機会となったのである。むろん軍部は「授産金を以て土匪の歓心を買い、治安を求むるが如きは帝国の威信を傷つくの甚《はなは》だしきもの」として猛反対した。しかし児玉は「予《よ》ノ職務ハ台湾ヲ治ムルニ在《あり》テ、台湾ヲ征討スルニ非《あら》ズ」と軍部を断固としておさえ、さらに軍の出動は民生部の要請がある場合のみと限定した。「三段警備」の完全否定である。この策は北部を皮切りに、各地で帰順式をおこないながらしだいに中部、南部へと実施範囲を広げ、やがて台湾の社会から、かつての私設警察である土匪集団は姿を消すことになる。

招降のなかの悲劇

しかし、すべてが順調だったわけではない。たとえば北部太平洋岸の宜蘭《ぎらん》方面に割拠していた「土匪」の頭目・林火旺《りんかおう》であるが、彼が七百人余の部下をまとめて招降に応じたときには後藤もよろこび、明治三十一年七月中旬に宜蘭のすこし北の礁渓《しょうけい》でおこなわれた帰順式にはみずから臨んだ。これが契機となって他の「土匪」らも招降にぞくぞくと応じるようになった。その後、林火旺とその配下には授産金が与えられ総督府から土木工事を受注するようになったが、日本人商人の横暴に立腹してふたたび山中にこもってしまった。そのようなとき部下の一人が町で乱暴をはたらいて警察に追われ、これをかくまったのが発端となって警察と対立し、ふたたび宜蘭の山中に陣を張った。やがて警察に糧道を絶たれて山を降り、民家に立ち寄ったところ住民の通報によって逮捕され、明治三十三年三月三十一日に処刑された。

また、南部の林少猫《りんしょうびょう》は清朝時代から「土匪」の大頭目であったが、総督府の統治もほぼ整った明治三十一年十二月に一千人余の大部隊を率いて蜂起し、台南に近い潮州を占領し、さらに最南端の町恒春を包囲した。

恒春攻防戦は三日間にわたり、このとき恒春弁務署官吏の家族婦女子らはおのおの短刀を懐にして一カ所に集まり、陥落に備えて自害を決意したほどであった。だが海路日本軍の援軍が到着し、林少猫は敗退した。山中に身を隠し、なおも勢力を張っていた林少猫が招降に応じたのは翌明治三十二年五月のことであった。そのときの条件は、授産金や土木工事の発注はもとより、すでに逮捕されていた配下の釈放をはじめ、林が開拓した開墾地は無税とし、さらに林一統の勢力範囲を鳳山近郊の後壁林《ごへきりん》にさだめ、そこでの治外法権を認め総督府の官憲は立ち入らないという破格のものであった。それほどに林少猫の勢力は強かったのだが、総督府行政においてこれが長続きするはずがない。その他の「土匪」をつぎつぎと投降させたり討伐したり、危険な芽をほとんど摘み取った明治三十五年五月、総督府は最後の仕上げとして軍一個旅団を突如後壁林に入れ、砲兵隊の猛攻によってさすがの林少猫もついに斃れた。

林火旺や林少猫の事件は代表例であり、これらに類似する事象は他にもある。さらにかつての抗日軍指導者や「土匪」の頭目で、住民の通報によって逮捕された者も少なくない。一方、林火旺が帰順したあとすぐ招降に応じた陳秋菊が、帰順条件によって下付された樟脳製造の利権をもとにやがて富豪となり、台湾社会の発展に役立つ学校や道路建設には寄付を惜しまず、大正十一年八月に天寿をまっとうし葬儀には日台人多数が参列したという例もある。当然その周辺の部下たちは、かつて「緑林の徒」といわれていた渡世から、一般の住民としての生活に復帰していた。

変化する社会

これらの過程をへて清朝時代にはみられなかった台湾初の中央集権体制が確立すると、つぎは台湾が名実ともに新しい社会へと変貌すべき基盤が整備される時期へと時代は移行した。それは土地の総点検から始まった。かつて劉銘伝が台湾洋務運動の一環として土地調査に手をつけたことはあったが、結局は失敗している。したがって全島規模の詳しい地図もなければ、正確な耕地面積も不明であった。しかも、台湾では古くから地主が田畑を小作人に耕させ、しかも有力な小作人はそれをまた他に小作させたり小作権そのものを売買したりで、諸権利の帰趨は不明確で統治者はどこの誰に税を課してよいのかも分からず、清朝の官吏たちはこれをうやむやのなかに放置し、すべては慣習のなかに処理していた。当然、隠田も多かった。

後藤がこれの整備に着手したのは明治三十一年九月、まさに「土匪招降策」が遂行されている最中であった。総督府に臨時土地調査局が設置され、総勢八百余人の人員が全島に散らばり、村落や田畑はむろん小川や丘林にいたるまで三角測量器を持ちこみ、正確な地図をつぎつぎと作成し、隠田を整理していった。この結果、耕地面積はこれまで三十六万七千甲と思われていたのが六十三万四千甲と判明している。さらに地主でありながら耕作権や売買権を持たない者には公債をもってその所有権を買い上げ、土地に関する各種権利関係を明確なものにし、明治三十八年には土地登記規則を制定し、土地権利の移転に関しても近代的法治社会としての体制を整えた。

さらに台湾の全貌を把握するため、戸籍調査をおこなった。これとて清朝時代に正確な統計があったわけではない。この調査が開始されたのは「戸籍調査令」が発布された明治三十六年からで、その内容は本籍、現住所、性別、年齢、家族関係、職業はもとより、使用言語からアヘンの吸飲如何にいたるまで広汎なものであった。いわば台湾国勢調査であるが、これが完成したのは明治四十年で、概算をしるせば総人口三百四万人、そのうち台湾本島人（台湾人）二百九十八万人で総人口比九七・八％、日本人五万七千人で同一・八％、中国人を含む外国人一万人であった。なお、本島人のうち先住民いわゆる高砂族は平地五万人、山地四万人であったが、これに関してはまだ調査漏れがあった。

　これらの土地や戸籍調査の完遂は、その後の治安対策や産業開発にも大いに役立つものになった。同時にそれは、台湾経済が日本経済のなかに組みこまれていくための過程でもあった。

変化する生活

　総督府の住民掌握策として保甲制度の実施がある。これは十一世紀の北宋の宰相・王安石の考案による、相互監視・住民連座の制度で、日本でも江戸時代の「五人組制度」にその類似例をみることができる。後藤はこれを社会改革に採用した。十戸を一甲とし、十甲を一保として全島の住民を横割り式に組織化し「自治自節」をうたった地域隣保制度だが、この「保甲条例」の制定は土地調査開始とおなじ明治三十一年であった。各甲には甲長、保には保正が置かれ、保甲内の無職浮浪の徒や不良子弟の教化にあたることも、甲長や保正の職務とされた。これは隣組から抗日軍参加者が出るのを未然に防止することに功を奏した。その他にも冠婚葬祭の互助会の役割をはたす一方、出入者のチェック、風水火災や匪賊・強盗などに対する警戒捜査、伝染病や害虫の予防、アヘン弊害の矯正、道路橋梁の小規模修繕などにいちじるしい効果をみた。この保甲制度が総督府の住民に対する指示通達や徴税、それに戸籍調査の完遂にも威力を発揮したのである。

　また、一保につき約十人の若者を選抜し、数保が連合して壮丁団《そうていだん》を組織した。これが地域の自警団となって匪賊・強盗の警戒捜査の任にあたったのであるが、ときには総督府の発動する土匪討伐戦に動員されることもあった。これが抗日軍にとっては、同族に討たれることに戦意を喪失し、またその拠りどころを失う原因ともなった。

さらに「土匪」の存在とともに総督府の頭痛の種となっていたのは、アヘン吸飲の悪習であった。これは中毒の性格上、一律厳禁が困難なところから、乃木総督の時代に「阿片令」が公布され、常習者と認定された者にかぎり吸飲特許の鑑札を交付してアヘンの専売制を実施し、鑑札のない者が新たにアヘンの道に入るのを防ぐ制度が設けられた。これの発案者は当時まだ内地で衛生局長の任にあった後藤新平で、吸飲者の数を現状にとどめ、漸次減らしていくというのが主旨であったが、乃木総督の時代はまだ中央集権体制が確立しておらず、実効はなかった。その発案者が民政長官となって陣頭指揮に立つことによって「阿片令」は奏功することになる。まず後藤は旧慣調査をおこない、統計を出すことから始めた。明治三十二年の調査では、台湾人口二百五十万人(戸籍調査令の前)のうちアヘン吸飲常習者十六万五千人(全人口の六%)という膨大な数だったが、昭和六年には二万人(同〇・五%)に減少した。これは世界の人文史上でも台湾総督府の誇る大きな成果であり、なかには専売制の故に「総督府はアヘン売買で利益を得ていた」と非難する意見もあるが、これは表面だけを見た非難のための非難にすぎない。

表① 台湾人のアヘン吸飲数年次別表

	吸飲特許者数	全人口に対する百分率	アヘン煙膏売渡量
	人	%	貫
明治30年	50,597	1.9	13,616
〃 31 〃	95,449	3.9	42,435
〃 32 〃	130,962	5.0	52,634
〃 33 〃	165,752	6.1	53,446
〃 34 〃	157,619	5.7	36,572
明治35～39年 5ヵ年平均	133,230	4.5	38,643
明治40～44年 5ヵ年平均	107,014	3.5	34,399
大正元～5年 5ヵ年平均	77,011	2.3	27,012
大正6～10年 5ヵ年平均	52,617	1.5	19,905
大正11～15年 5ヵ年平均	36,677	1.0	12,170
昭和2～6年 5ヵ年平均	25,029	0.6	9,270
昭和7年	19,532	0.4	7,311
〃 8 〃	17,820	0.4	6,100
〃 9 〃	16,190	0.3	5,301
〃 10 〃	14,644	0.3	5,060
〃 11 〃	13,278	0.3	4,649
〃 12 〃	11,960	0.2	4,369
〃 13 〃	10,788	0.2	4,154
〃 14 〃	9,613	0.2	3,777
〃 15 〃	8,665	0.1	3,456
〃 16 〃	7,717	0.1	3,128

『南進台湾史攷』より

さらに後藤が意欲をそそいだものに、本来が医家らしく、衛生方面の改善がある。まだ近衛師団が作戦を展開していたころ、師団将兵の死者は戦死よりも病死のほうが圧倒的に多かった。マラリヤである。そのほかにもペストもよく伝染し、これらが台湾の風土病となっていた。欧米諸国の植民地では宣教師がまず入植して衛生方面の教化にもあたるわけだが、後藤は内地から本職の医者を呼び寄せ、この任にあたらせた。人数は百数十人でこれを全島各地に入植させ、地域住民の診療はもとより衛生観念の教化のほか、環境衛生に関する行政にも関与させた。これを「公医制度」といったが、世界の植民地史上まったく例をみないもので、このなかの一人が「土匪」の刃に斃れている。ついで基隆、淡水の二港には検疫所と避病院、そのほかの港湾には臨時海港検疫所を、そして「伝染病予防規則」の発令、予防消毒事業団の設立、各地の病院の設立、旧市街地の整理等々と、矢継ぎ早に環境衛生政策を実行していった。このため総督府の予算のなかに「公共衛生費」という項目が設けられたのだが、これも世界植民地史上、例をみないものである。こうして国際的にも伝染病根源地の一つに数えられていた台湾は、短期間にその汚名を返上したばかりか、台北や高雄のように内地にさきがけて広い道路や上下水道を備えた都市が出現したのである。

教育面においては、まず日本語教育だが桂総督の時代に通訳官養成の目的で国語伝習所を一般にも広げて公学校と成し、これが台湾における教育行政の基礎となった。高等教育に関しては後藤長官の実学重視の観念を反映し、明治三十二年にまず台北医学校が設立され、この時代に内地から呼び寄せた農業、動植物、細菌、伝染病、薬物、熱帯衛生等々に関する学者、研究者らの研究が基礎となり、やがて多くの実学方面の教育機関が設立されることになる。また、その後の歴代総督によってこの方針は、教育は実学のみで人文科学にはフタをするといった植民地教育へと進むことにもなる。

整った経済の基礎

当然、以上のような施策には相応の財源が必要だが、児玉・後藤体制が出現するまでの台湾への国庫補助は年間およそ六百万円であった。そこへ後藤は六千万円の公債発行を要求した。ちなみに明治三十一年の総国家予算は約二億二千万円。この六千万円というのは台湾整備「二十年計画」としてのものであったが、これを一度に打ち上げたところに、後藤新平の「大風呂敷」という異名をとった神髄がある。しかもこのころ、台湾への赤字が年々かさむなかに、台湾そのものを売り払ってしまえという意見まで出されていた時期である。そのようななかで児玉総督が正式書面で六千万円を本国政府に要求したのだから、首相の山形有朋は思わず「児玉と後藤は気が狂ったのか」と叫んだほどだった。そこに後藤が一時帰国して説得工作にあたった。これによって陸軍大臣・桂太郎、内務大臣・西郷従道、大蔵大臣・松方正義、それに野党・憲政党の星亨、山形内閣と鋭く対立している憲政本党の大隈重信らまでが強力な賛同者に変じた。こうして明治三十二年三月、六千万円が四千万円に減額されはしたが「台湾事業公債法」は発令された。このときすでに六千万円計画のなかの土地調査や国勢調査は進行していたのだが、このような離れ業ができたのも、児玉・後藤体制の故であったろう。

こうして得た財源を惜しげもなく台湾近代化にそそぎこみ、その結果わずか五年目（明治三十七年）を最後として、台湾財政は本国政府からの国庫補助を必要としなくなった。領台よりわずか九年半、国庫補助総額三千五十万円にして台湾経済は一本立ちした。日露戦争発生前年のことである。

財政のかくも早く黒字に転じたのは、このときの財源を使っての経済近代化の成功にあったわけだが、それの発展には二つの絶対的必要条件があった。交通運輸機関の充実と金融機関の整備である。六千万円計画のメインはこの二点であった。まず金融面では、台湾事業公債法の発布とほぼ同時に台湾銀行定款が認可された。台湾銀行の性格は特殊で中央銀行と市中銀行の性格を備え、出資も政府と民間の両方からなった。台湾銀行の最初の仕事は、当時台湾では清国通貨をはじめその他の外国通貨も通用し、交換レートも一定しておらず、これを円一本に統一することであった。内地同様に金本位制に移行し銀行券の流通を完成するのは、児玉も後藤も台湾をすでに去った明治四十四年のことだが、それは台湾経済を日本経済のなかに完全に組みこんだことを意味した。

その後台湾には彰化銀行や華南銀行など四行の市中銀行が設立され、内地からも日本勧業銀行、三和銀行の二行が進出するが、明治、大正期においては台湾における預かり金も出資額も全体の九割前後を台湾銀行一行で占め、台湾経済に君臨しつづけた。しかも台湾経済の発展につれ、明治三十三年の厦門をはじめ、明治期に中国大陸各地に支店八行、大正期にはシンガポールをはじめ東南アジアに支店四行を設け、日本経済の大陸、南洋進出のステーションとなった。

つぎに交通であるが、これについても児玉・後藤体制の構想は大きかった。まず特筆しなければならないのは台湾南北縦貫鉄道の完成だが、鉄道そのものとそれにともなう各種産業の発展は次章に詳述したい。また海運の育成にも努め、基隆港などを大改造するとともに台湾を拠点とした南洋、大陸航路を開発し、さらに事業公債法によって得た財源を灌漑工事、火力発電所の建設、鉱山の開発にも投下し、それらの一つひとつがその後の台湾発展へとつながっていく。

発展のなかの社会矛盾

むろん台湾経済の発展や財政の黒字転化は、台湾の地勢・国勢調査による基本資料の整備や金融制度の確立によって内地資本がどっと流入し、生産の主体が従来の家内制的な地場企業にとって代わり、独占化を進めたことによる。たとえば製糖業は三井物産を最大株主として明治三十五年に台湾製糖株式会社が設立され、のちに三菱系の明治製糖、藤山系の大日本製糖も進出し、この三社によって台湾の製糖業はほぼ制圧された。これまで自営業であった農民たちは、これら内地資本の管理下に置かれたわけだが、販売権も台湾製糖のものは三井物産が、明治製糖は三菱商事が、大日本製糖は自社がそれぞれ独占し、カルテルを形成した。さらに樟脳の販売は専売制の導入によって三井物産が独占し、さらにそれの製造加工は鈴木商店を中心として大正七年に台湾製脳株式会社と日本樟脳株式会社が設立され、この二社が独占した。また現地の採脳業者は総督府の指導下に、この二社のもとに統一された。大正年間になるが、製塩も台湾製塩株式会社(大正八年設立)と専売局製塩所が独占し、販売は総督府庇護下の大日本塩業株式会社が一手に扱った。

また財政の黒字転化は産業の発達による税収入の増大を意味するが、そこには近代税制の確立があった。清代には日本の江戸時代同様に穀納であったが、単一貨幣の流通とともに銀納(貨幣納)に改められ、さらにその制度の近代化によって、これまでなかった織物消費税や石油消費税、各種物品の生産税に売買税などが加わり、人によってはそれらを総計すると清朝治下の約六倍にはね上がっていた。これに関し、明治末期には内地知識人のあいだからも「台湾人民の負担が今日に於て決して軽き負担と言うべからざることは、他の植民地との比較に於て察知し得るべし」との意見が出されていた。台湾本島人は、この税制を「台湾万税」と呼んでいた。さらに、台湾近代化のなかにあって、教育や社会待遇の内地人と本島人の不公平も定着していくことになる。

この社会矛盾について、後藤も「帝国植民地経営に関する与論の危殆《きたい》に迫られたる応急の処弁」と認め、その任を離れるとき、後任者に「財政の偏安を貪《むさぼ》り、新附の民力を誅求《ちゅうきゅう》して母国の負担を緩《ゆる》むるが如き形跡は、今後切に忌《い》むべし」と論じている。だが、それは改善されるにはいたらなかった。

日露戦争と児玉・後藤体制の終焉

児玉・後藤体制が猛然と台湾の近代化を進めていたのとおなじ時期、北方の満州ではロシアの南下政策がますます露骨さを増していた。そこでもし日露開戦となれば、ロシアはかならず日本の弱点を突く。それが新領土の台湾である。時の伊藤首相、井上蔵相、桂陸相が乃木総督を更迭して児玉と後藤という車の両輪を台湾に配することに同意した理由の一つはここにあった。

日本国内の世論もしだいに対露開戦へとかたむく。当然こういった国際情勢は、台湾本島人のあいだにも伝わる。それが数かずの風聞を生んだ。「開戦せば露国の強大日軍の精鋭を以てするも一蹴せられ……」、「露兵本島に至らば日本人たちまち鏖殺《おうさつ》（皆殺し）せらるべし」等々である。しかし、こういった風聞が立ちはじめたころは「土匪招降策」の完遂によって総督府による全島制圧は達成され、しかも近代化への建設の鎚音が順調に響きはじめていた。

東アジアの緊張がさらに高まった明治三十六年七月、児玉総督は突如本国より帰朝を命じられた。児玉の新たな任務は、台湾総督兼任のまま対露決戦の準備をすることであった。そして明治三十七年二月、開戦と同時に彼は満州軍総参謀長として戦地に赴任していった。台湾にはまだ後藤とその官僚らが残っている。開戦後、日本軍の勝報は刻々と台湾にも伝えられ、そのつど内地人（日本人）は戸毎に国旗をかかげ祝杯をあげていた。しかし本島人（台湾人）のあいだでは、「もし持久戦にならば日本は戦費の負担に堪えかね、本島人から五年分の租税を一時に徴収すべし」、「本島人からなる壮丁団は戦場に使役さるべし」とのうわさが飛びかいはじめた。

そこへバルチック艦隊東洋回航のニュースが伝わる。勝利の報に歓喜していた内地人たちは、たちまち本国の同胞以上に恐れおののき、本島人はこれまでのうわさが現実のものになったと認識しはじめた。露艦隊が来襲すれば日本軍は敗れ、紙幣はその価値を失うとの流言がとび、手持ちの紙幣を硬貨に交換する者が続出し、とくにいったん本島人の手中に入った硬貨は私蔵され、このため商取引に多大の支障が出はじめた。さらに、価値のなくなる紙幣をいまのうちに物品に代えておこうとする動きが起こり、日常物資や綿布などが徐々に高騰しはじめた。このようななかに、下落したものが一種類だけある。豚や鶏である。ロシア軍が上陸すればまず食糧が徴発されると信じられ、強奪されるよりはとそれらをこぞって市場に放出しはじめたのだ。しかし総督府の体制はすでに確立しており、社会が根底から混乱することはなく、台湾は戦時における日本の内憂にはならなかった。このようななかに日本海軍はバルチック艦隊を日本海海戦で壊滅させ、陸軍は奉天会戦でコサック騎兵団を打ち破り、日露戦争は終結した。

日本勝利の翌明治三十九年四月、児玉源太郎は正式に台湾総督を免じられ、近代日本の重鎮たる陸軍参謀総長の任を拝命した。後任の第五代総督には佐久間左馬太陸軍大将が就任した。このとき、佐久間は後藤民政長官の留任を条件としたが、戦後の満州経営の問題から、桂のあとを受けて組閣していた西園寺公望、前首相の桂太郎、陸軍元老の山形有朋、文治派総帥の伊藤博文らは、後藤新平を南満州鉄道総裁に据えようとし、児玉参謀総長もそれを望んだ。南満州鉄道構想とは、後藤が戦時中に児玉を満州に訪問し、そして政府に献策したものだったのだ。後藤は躊躇した。「ならば、台湾は如何にするのか」というのがその理由だったが、そのようなとき児玉参謀総長が急死した。誰よりも信頼を置いた人物の死に遭遇した後藤新平は、ここに満州への意を決し、明治三十九年十月、基隆の港より台湾を離れた。

第7章　発展への道とさまざまな抵抗

苦難の南北縦貫鉄道建設

南北縦貫鉄道建設は、早くも初代樺山総督の時代に提議されていたが、財政難から着工は児玉総督・後藤長官の明治三十二年であった。当時は本国で台湾売却論まで出ていた時期であり、したがって莫大な費用を要するその工事は、台湾統治不退転の決意を示すものとなり、一メートルでも先へ一日でも早くという「速成延長主義」がとられた。工事は基隆と高雄から南北同時に進められ、またそれは苦難の建築史でもあった。

まず第一に、資材調達の困難があった。鉄をのぞき、木材、石材、石炭は台湾には豊富であったが、それを使用することはできなかった。工事現場までの運搬手段がなかったのだ。だから資材の大部分を内地あるいは外国から運ばねばならなかった。しかも当時の大きな港湾は基隆港と高雄港しかなく、それとて膨大な資材を陸揚げするには設備の改築から着手しなければならなかった。当初、陸揚げの困難と危険性のため、資材搬入を請け負う業者がいなかったほどである。第二は、人手不足であった。雨季に工事を阻まれ、そのあとには決まって発生するマラリヤ、ペスト、赤痢に工夫たちは感染を恐れ、そこへ「土匪」の襲撃が加わり、台湾人工夫はもとより日本人工夫まで集団で逃亡するのは再三ではなかった。このため総督府鉄道部は全期間を通じ、各地方庁に要請しての工夫補充に翻弄されなければならなかった。そのほかにもトンネル工事の困難、河川の多さ、沖積地による地質の悪さなどが、二本のレールの前に立ちふさがっていた。工事とは、それら一つひとつの克服であった。

さらに日露戦争の発生が、鉄道資材は戦時禁制品として外国船は搭載を拒み、国内の貨物船もほとんどが軍に徴用され、現場は枕木一本にまで不足する状態となった。そこへバルチック艦隊発進の報が入る。本島防衛の用兵上、南北を結ぶ交通路はそれの来寇までに完成しておかねばならない。だがその直前になっても中部の三叉《さんさ》（現在の三義）—彰化《しょうか》間約七十キロが未通。ともかくそこに陸軍軽便線を敷くことにした。トロッコである。工事は昼夜兼行で進められ、それが開通したのはバルチック艦隊通過の数日前、明治三十八年五月十五日であった。日本海海戦は同二十七日である。

この応急の軽便線を工事用線として通常線を敷設しおえたのは明治四十一年四月、ここに基隆—高雄間約四百キロは全線開通、着工より九年後のことである。経費は二千七百五十八万余円。清朝時代から敷設されていた基隆—新竹間約百キロは、わずか八キロが存置されたのみで、大部分が近代測量により新路線に変更されていた。

発展する産業と貿易

『鉄輪とどろき笛鳴りて、山野啓《ひら》けて人富めり』と、台湾鉄道行進歌は謳っている。縦貫鉄道工事の進展にともない、三井物産や三菱商事をはじめとし各種企業が台湾に進出したのは既述のとおりだが、この進出状況を台湾銀行の台湾内における放資総額から見てみよう。台湾銀行創業当年の明治三十二年には八十七万余円、翌三十三年は百四十七万余円であったのが、鉄道開通翌年の四十二年には、二千五百五十七万余円へと単位

表② 台湾に進出した日本資本統計

年代	会社数	資本金（または出資金）総額（単位円）
大正元年	147	125,891,650
〃 5〃	176	140,685,587
〃 7〃	235	200,895,532
〃 9〃	434	572,415,407
〃 11〃	517	622,420,237
〃 12〃	585	619,687,321

『植民政策下の台湾』より

表③ 台湾銀行における対重要物産放資額 （単位：千円）

種類／年代	米	砂糖	酒精	茶	金	石炭	樟脳	計
明治36年	1,920	2,666	—	2,137	1,558	—	—	8,281
〃 41〃		17,505	—	4,323	4,802	—	1,259	49,119
大正2年	21,230	66,741	—	6,079	10,495	506	9,188	139,715
〃 8〃	145,402	217,648	2,291	11,122	654	25,375	14,099	416,594
〃 10〃	108,315	318,914	4,537	9,020	2,770	48,003	13,413	504,974
〃 12〃	72,147	144,297	683	7,833	4,023	20,397	3,572	252,952
〃 14〃	68,176	151,789	1,104	6,123	3,392	16,038	3,302	249,924

『台湾銀行四十年誌』より

表④ 五大農産物生産高統計

種類／年代	米（千石）	甘蔗（砂糖）（千斤）	さつまいも（千斤）	バナナ（千斤）	茶（千斤）
明治35年	1,693	683,158	501,160	0	12,764
大正元年	4,047	3,159,599	1,121,767	12,027	22,379
〃 14〃	6,443	8,839,833	1,908,915	267,643	20,904

『帝国主義下の台湾』より

を一ケタ上げるほどとなった。その後も内地企業の進出はつづき、表②の示すごとく大正年間にはとくにすさまじいものとなった。これに対する台湾銀行の各産業別放資額も表③に示すとおり。砂糖への放資がとくに目立つが、これはそれだけ開発が進んだことを意味し、領台前日本は砂糖消費量の八〇%を輸入に頼っていたのが、これによって大正年間には国内需要を完全に満たしたばかりか、砂糖輸出国へと転じた。また、砂糖の増産に見るようにおもな開発対象は農産物であったが、台湾五大農産物といわれたサトウキビ、サツマイモなどの増産状況は表④に見るとおりである。

島内産業の開発は、当然貿易の発展をもたらした。いかに劉銘伝らが開発や貿易に尽力したとはいえ、それは近代国家から見れば家内制手工業とインフラの不備により微々たるものであった。南北縦貫鉄道が開通し基隆、高雄二港の整備が進み本格的な国際航路が開発されるにしたがい、台湾の流通機構は発展とともに日本本国の国際貿易構造のなかに組みこまれていった。縦貫鉄道開通前後における貿易総額は表⑤のとおり

表⑤　南北縦貫線開通前後五ヵ年間貿易額

(単位：円)

	年　次	貿易総額	指数
開通前五ヵ年	明治36年	42,774,941	100
	〃 37〃	45,817,186	107
	〃 38〃	48,736,817	117
	〃 39〃	56,410,513	132
	〃 40〃	58,347,232	136
開通後五ヵ年	明治41年	71,722,510	168
	〃 42〃	84,316,303	197
	〃 43〃	108,878,546	254
	〃 44〃	117,113,779	276
	〃 45〃	125,424,090	293

『台湾鉄道読本』より

表⑥　対内地貿易移出入統計

(単位：千円)

内分／年代	移　出	移　入	合　計	指　数
明治30年	2,105	3,724	5,828	100
大正13年	211,098	86,602	297,700	5,108
〃 14〃	215,249	129,906	345,155	5,922
昭和元年	199,495	120,895	320,390	5,494
〃 2〃	196,431	120,765	317,197	5,443

『帝国主義下の台湾』より

表⑦　対外国貿易輸出入統計

(単位：千円)

内分／年代	輸　出	輸　入	合　計	指　数
明治29年	11,396	8,631	20,027	100
大正13年	42,567	46,424	89,000	444
〃 14〃	47,966	56,489	104,454	522
昭和元年	49,315	62,008	111,323	557
〃 2〃	44,598	65,840	110,438	551

『帝国主義下の台湾』より

だが、その貿易の主流となったのが表⑥と⑦のように、日本内地との貿易（移出入）であった。台湾の開発が台湾のみならず、日本内地の発展にも大きく貢献したのである。

これらを総括する意味で、台湾経営の収支を見てみよう。台湾経営の収支が赤字から黒字に転じたのは明治三十八年であるが、二十八年の領台以来、日本の国庫が台湾にそそぎこんだ額は三千四十八万余円であった。これを元金とするなら、そこから日本が得たものは、明治三十年から大正十年までの二十五年間における内地との移出入額でみると総計二十億三百三十一万円となり、ここから生じる純益を一割五分と見積もった場合、三億四十一万円となる。もちろん貨幣価値の変動もあるが、大正十年の時点で得たものは金額換算で元金の十倍となっていたのだ。むろんその他にも有形無形の利益があり、それらはその後も伸びていくことになる。

さらに伸びる鉄道と拓かれる土地

開発の基礎となった縦貫鉄道に支線網が整備され、開発の波は地方へと伸びていった。

●淡水線（淡水―台北間、全長二十二キロ、明治三十四年開通）縦貫線工事の資材搬入のため敷設、のちに台北と淡水港をむすぶ重要路線となる。

●阿里山鉄道（嘉義―阿里山間、全長二十五・六キロ、大正三年開通）森林開発を主要任務とし、観光客誘致にも威力を発揮。

●集集線（南北縦貫線二水駅・集集―外車埕間、全長二十九キロ、大正十年開通）日月潭発電所建設の工事用線として敷設。のちに中部山岳地の開発と理蕃政策に有効作用し、中央横断交通のかなめとなる。

●平渓線（のちの宜蘭線三貂嶺《さんちょうれい》駅・平渓—菁桐《せいとう》間、全長十三キロ、大正十年開通）北部炭田開発のため敷設。

●潮州線（高雄—屏東—渓州間、全長四十七キロ、大正十二年開通）南部の枢要地鳳山《ほうざん》を高雄とむすび、肥沃地である南部開発のかなめとなる。

●宜蘭線（八堵《はっと》—蘇澳間、全長九十五キロ、大正十三年開通）北部炭田を東部の花蓮港とむすび、かつ東部開発を目的とした。これの開通により、宜蘭、花蓮地区の糖業、工業、林業は画期的な発展を遂げる。

●大平山鉄道（宜蘭線羅東駅・大平山—土場間、全長三十七キロ、大正十三年開通）宜蘭独水渓に水力発電所が建設されたため、渓流水運の代用として敷設。同地区森林開発の作業能力を一段と高める。

●台東線（花蓮—台東間、全長百七十キロ、大正十五年開通）東部全体の発展を目的とし、とくに糖業の発展に威力を発揮。

この他にも製糖会社を中心とする私企業の貨物専用線が多く敷設され、一般旅客に対する営業運転もおこなった。また、大正十一年には万華（台北市内）—新店間の台北鉄道、同十三年には豊原—土牛（現在の新社）間の台中軽鉄が、それぞれ私鉄として営業を開始した。

乗客数は明治四十二年には年間三百万九千九百余人であったのが、昭和十一年には二千百四十八万二千余人へと増大し、貨物も同様にして明治四十二年の八十五万三千六百余トンから昭和十一年には七百十二万一千余トンへと増加した。これらの数値は、台湾経済の活発化を物語っていよう。明治三十年の台湾と内地との物資移出入合計額は三千百二十万円であったのが、昭和十一年には六億八千万円となり、総督府の歳入は同一千百万円から一億七千五百万円へと十五倍強に増加している。この間の米一升の価格変動は十四銭から三十七銭へとわずか二・六倍であることからも、総督府歳入の飛躍ぶりがうかがえよう。

定着した「忌むべき病根」

以上の発展状況をみるかぎり、台湾の近代化は日本の総督府行政によって達成されたといえよう。だが、現地の台湾人にとってはどうであったろう。台湾銀行は台湾の位置を「専《もっぱ》ら資源の開発に努め、帝国富強の基礎を築き、更に隣邦支那並びに南に進出して、漸次経済的海外発展の基点たらしめん」としている。まさに進出各企業はそれを達成したわけだが、ここに後藤新平が離任時に述べた「病根」が生じ、そして「今後切に之を忌むべし」と提言したのであるが、それは改善されるどころか、「海外発展の基点たらしめん」とする国策のもとに、さらに倍加され定着していったのである。

すなわち、総督府庇護下による日本の巨大資本の進出は、現地の家内制的な既存企業をまたたく間に淘汰し、一房のバナナから一塊の石炭、一握の砂糖、塩から電力、交通にいたるまで、生産手段、販売手段を独占し、多くの台湾人を無産階級へと位置づけた。つまり進出した各企業は、山川均の『植民政策下の台湾』が指摘するように「台湾人をでき得るかぎり安価な労働力の供給者」としたのである。またその労働力の雇用には、植民地としての性格が歴然と

表⑧　大正11年台北市における日本人と台湾人の賃金格差一覧表

(単位：円)

職種	日本人	台湾人	職種	日本人	台湾人
家作大工	3.50	1.80	＊染色	2.50	0.80
左官	4.00	2.00	＊洋服裁縫	2.50	1.30
石工	4.00	2.00	＊活版植字	2.20	1.00
木挽	3.00	1.45	＊雑役夫	1.50	0.80
瓦葺	4.00	2.00	＊沖仲仕	2.20	1.80
煉瓦積	3.80	2.00	＊貨物荷捌人	2.50	1.50
鍛冶	2.50	1.30	＊女中（月）	8.00	4.00
鋳物	2.50	1.20	＊漁夫	2.50	1.20
農作・男	—	0.50	＊茶摘女	—	0.18
農作・女	—	0.20	総平均	2.88	1.28

『植民政策下の台湾』より

注—＊印は大正12年上半期の平均。
農作女、茶摘女、女中を除き、いずれも壮年者の中等の賃金平均。
女中は総平均に含まない。

あらわれていた。同一職種の労働においても、表⑧にみるとおり台湾本島人には日本内地人の半分の賃金しか支払われていなかったのである。むろん労働人口は、低賃金の台湾人が圧倒的に多かった。

こうした社会を背景に、台湾人による散発的な武装反抗事件が何回か発生するが、その主なものはつぎのとおりである。

虚偽の扇動による北埔事件

新竹より二十キロほど南へ下った平地と山岳地との接点に位置する北埔《ほくほ》に、つねに支庁から定職につくよう説諭されていた蔡清琳《さいせいりん》なる無職渡世の人物がいた。この蔡清琳が「連合復中興総裁」と自称し、日本人巡査の剣を奪えば二十円、警部の剣なら五十円が支給されるとのうわさをながし、同時に清国兵が新竹を襲い全島に進撃するから、この義軍に加われば栄職がさずけられ、一時金二百円が下されると吹聴し、およそ百人を集めた。その当時、総督府は蕃界平定の方策として先住民、つまり高砂族を山地に封じ込める措置をとり、その警備に現地住民を動員し、それを隘勇《あいゆう》といった。隘勇のなかには密林より飛来する毒矢や銃弾に斃れる者もあり、境界線に位置する住民から恐怖と不満の声が上がっていた。蔡清琳の放言に参集したのは、ほとんどがこの隘勇たちであった。

明治四十年十一月十五日未明、かれらは北埔支庁を襲って支庁長をはじめ支庁員と幼児を含むその家族ら二十六名を殺害し、新竹に向かう途中、駆けつけた警察隊を見て逃散した。清国兵の新竹制圧がまったくの虚構と知ったためだが、翌日には歩兵一個中隊も出動し、山中での捜索が開始された。蜂起参加者のうち八十一人がこのとき追っ手の銃弾に斃れ、七人が自殺し、九人が逮捕され、さらに七人が蕃界に逃げこみ、高砂族や仲間の者に殺された。仲間に殺されたというのは蔡清琳である。蔡は北埔支庁襲撃のあと素早く逃亡し、蕃人部落に身を隠した。そこへ王阿義という隘勇が逃れてきた。王は蔡の姿を見つけるなり、蔡の扇動がすべて虚偽だったことを怒り、その場で持っていた銃で射殺したのである。王はその後逮捕され、絞首刑に処せられた。他の八人も王阿義同様、北埔支庁に設けられた臨時法院で審理の結果、匪徒刑罰令が適用されて死刑となった。北埔支庁襲撃のとき、かなりの一般住民も略奪に加わったが、それには同法は適用されず、不起訴となった。このことは、一時期の報復的討伐は姿を消し、すでに近代法制度のもとに法治が徹底していたことを示していよう。

しかしこの「匪徒刑罰令」というのは、明治三十一年に「土匪」討伐戦が、ともすれば地域住民に対する無差別報復戦になりがちだったのを防ぐために制定された法律だが、植民地統治の初期段階における力による統治を立法によって合法化するという側面もあった。だからその内容は、総督府統治による社会秩序を乱そうとする者は、すべて未遂既遂を問わず「匪徒」とみなして死刑に処すという苛酷なものであった。また「臨時法院」というのは明治二十九年に発布施行された臨時法院条令に基づくものだが、それは暴動事件の場合、裁判を迅速におこなって早期処理を図るため、即座に法院（裁判所）を適宜の場所に設置して審理するとしたものだが、その性格のとおり臨時法院で匪徒刑罰令が適用されると、一審をもって最終審とされた。

圧迫と迷信から発した林圯埔事件

中部山地の林圯埔《りんいほ》は現在名を竹山といい、良質で豊富な竹を産出する。その範囲は隣接する斗六、嘉義にもまたがり、事件当時この三郡で竹細工や竹紙の生産を生活の糧《かて》としていた農民は一千六百余戸、一万二千余人いた。かれらはいずれも旧来からの漠然とした入会権《いりあいけん》による自由農民だったが、南北縦貫鉄道の開通とともに開発の波は山間部にもおよび、総督府はこの一帯を公有地に指定し、そこへ三菱が明治四十三年に総督府の委託を受けて進出し、林内（林圯埔と斗六のほぼ中間）に竹紙を製造する三菱製紙所を設立した。ここに一帯の竹林は三菱製紙所が管理し、同時に農民たちの竹林利用はいちじるしく制限され、生計の途まで失うものが出はじめ、不満が鬱積した。

これが事件の背景であるが、林圯埔一帯で観相卜売《ぼくばい》を業とする劉乾《りゅうかん》という者がいた。劉乾は呪詛《じゅそ》の道にも精通した占い師として、迷信深い農民たちから畏敬され信徒も持っていた。だが、各村派出所の巡査はつねに正業につくよう説諭し、最後にはその卜売業を禁じた。生業を失った劉乾は山中にこもり、十二人の農民信徒を集めた。ひれ伏す十二人に劉乾はご神託が下ったとして赤帽に白衣や青衣を着せ、これで敵に姿を発見されることはないと告げ、さらにひと扇ぎすれば敵弾も落ちるという扇子を与え、すでに林圯埔には他の一隊を遣わしたとして近村の頂林《ちょうりん》派出所（現在の頂林里）を襲わせた。明治四十五年三月二十三日未明のことである。十二人は派出所の日本人巡査二人を殺害し、林圯埔に向かったが、途中で抗日軍は自分たちだけと知り、一目散に山中へと逃げ散った。

一週間をへずして一人が警察隊の銃弾に斃れ、劉乾を含む全員が逮捕された。林圯埔支庁に臨時法院が設けられ、判決は死刑八人、無期懲役一人、有期懲役三人であった。だが事件はこれで終わったわけではない。その後も現地農民の総督府への権利回復請願、租税納付拒否、保甲義務不履行、子弟の公学校登校拒否、林圯埔支庁への請願デモなどが、およそ十年にわたってつづけられた。

中国革命の波にも旧来の性情

中国大陸での辛亥革命は明治四十四年だが、その後袁世凱《えんせいがい》の政権奪取などにより孫文の言葉どおり「革命いまだ成らず」の状態だった。つまり革命はなお進行中である。これよりまえ明治四十年春、のちに台湾市民運動の代表的人物になる林献堂《りんけんどう》が日本内地に旅行し、奈良で当時日本亡命中であった梁啓超《りようけいちよう》（啓蒙思想家として革命を指導）に会い、今後の台湾人の進むべき道について教えを請うたことがある。戦後発刊された『林献堂先生紀念集』によれば、このとき梁啓超はつぎのように語った。

「中国は今後三十年、台湾人を幇助して自由を争取する力は断じて無かるべし。故に台湾同胞は軽挙妄動することなく、無謂《むい》の犠牲を供する勿《なか》れ。最も好ましきは、厚く日本の中央政界の要人と結び、以て台湾総督府の政治を牽制し、其の敢えて過分に台湾人を圧迫するを得ざらしむべし」

この言葉の林献堂に示唆するところは大きかった。

一方、孫文は大正二年の佐久間総督の時代、再度日本に亡命する経由地として一度台湾を訪れている。北京政権（清朝および袁世凱）の主権がおよばない台湾を革命の拠点にと考えたわけだが、総督府はこれに警戒感を持った。革命の影響が台湾に浸透することを恐れたのである。

北部の革命党　そこに活動した人物に広東出身の羅福星《らふくせい》がいる。彼はシンガポールやビルマで革命運動を経験したのち、大正元年に渡台して「自分は新中国の政府機関より派遣された者で、本島に潜入した同志は二万人に及ぶ」と宣伝し、北部を中心に革命党員を募って大正二年までに五百余人を勧誘した。羅福星は、いったん事を挙げれば大陸から援軍が派遣され、総督府統治を転覆できると考えたわけだが、当時は本家の大陸革命派が袁世凱相手の第二革命に失敗し、孫文も日本に亡命する前後のことであり、梁啓超と違ってはなはだ現状認識に欠くものであった。

南部の革命党　台南近くの関帝廟地方（現在の関廟郷）に住む李阿斉《りんあさい》なる人物が「蕃地に吉凶を告げ知らせる霊力を持つ神童が住み、起てば必ず勝つ」と吹聴し、台南進攻軍を募った。応じた農民は十数人であったが、かれらは頭髪を剃って中央部のみ円形に伸ばし、同志のしるしとした。

中部山地の革命党　中部山地東勢角《とうせいかく》（現在の東勢）の陳阿英《ちんあえい》は元隘勇で、辛亥革命の風聞を耳にし、台湾にも革命党を組織して中部で暴動を起こし、各地で呼応する志士と連絡をとって全島より日本人を駆逐しようと、元隘勇の同僚たちを勧誘員に隘勇や日雇い人夫ら八十六人を集め、蜂起の機をうかがった。

東勢角にもう一つあった。同地の風水師（地理方角占い師）頼来《らいらい》は大正元年に数カ月上海に旅行したとき辛亥革命の洗礼を受け、「台湾にも革命を」と意図した。帰台後東勢角で「旧八月十五日の月食に事を挙げれば成功まちがいなし」と意味ありげな吹聴をしながら八十余人を集め、その日を待った。おなじ東勢角でありながら両者にはなんの接点もなかった。

中部平地の革命党　台中近くの阿厝庄《さくしょう》（現在の呉厝里《ごさくり》）の住人張火炉《ちょうかろ》も辛亥革命に刺激され、近在の農民四十七人を台湾革命党員として決起の時期をうかがっていた。これも東勢角の二派とはなんの連絡もない。

こういった革命党があるらしいと総督府が察知したのは大正二年五月ころであり、発端となったのは関帝廟地方に複数の「ケシ坊主」が現れたとの情報を警察が得たことによる。李阿斉グループの標識である。その背後を洗った警察は驚き、風聞のある地方を重点的に捜査した結果、革命党員勧誘などの確証は全島にまたがり、愕然とした総督府は断然検挙の方針を固めた。同年十月初旬のことである。つぎつぎと検挙の進むなか同年十一月二十五日には苗栗に臨時法院が開設され、羅福星も大陸に逃亡しようとしたところを十二月十六日に淡水で逮捕された。このなかで蜂起したのは頼来一派のみで、十二月一日夜東勢角支庁を襲って日本人巡査二人、台湾人巡査補一人を殺害し、四人の巡査と銃撃戦になって頼来が斃れ、他は山中に逃げこんで数日後全員が逮捕された。

苗栗《みょりつ》臨時法院の閉廷は翌大正三年三月三日で、取り調べを受けた者九百二十一人、そのうち不起訴五百七十八人、無罪三十四人、行政処分四人、有期懲役二百八十五人、死刑は羅福星ら二十人であった。戦後の今日、台湾や大陸ではこれらを「台湾人民の民族意識の高まり」と評価する傾向が強いが、実体は梁啓超の言葉が正しかったことを証明するものでしかなかった。これらばらばらの事件は、苗栗で一括審理されたことから「苗栗事件」といわれている。

広範囲にわたった西来庵事件

一連の「苗栗事件」が辛亥革命を背景にしたものであれば、このすぐあとに発生する「西来庵事件《さいらいあん》」は、第一次世界大戦を背景にしたものであり、かつ統治確立後の武装抵抗事件としては最大規模のものとなった。

第一次世界大戦の発生は大正七年七月で、参戦した日本はドイツと交戦状態になった。そして大正四年一月には「対華二十一カ条要求」問題が惹起し、大陸での反日感情が盛り上がる。その気運が台湾に伝わらないはずがない。はたして一部台湾人のあいだに「ドイツより多数の飛行機が来援し、支那よりは十万の革命党員が渡来し、その先鋒はすでに本島の一角に上陸した」との流言が飛びかいはじめた。もちろん、その背後には策動者がいる。それは台南の一角に精米所の看板を出し、市内の西来庵に帰依する食菜人で余清芳《よせいほう》といった。食菜人とは一種の熱狂的宗教信者で、外形は剃髪せず僧衣も着けず俗人と変わらないが、内面においては一切の肉食を絶ち仏の教えにしたがって生活する一群のことで、それらが身を清め神仏を祀る道場を食菜堂といった。西来庵はその一つで、俗人からすれば食菜人は神仏と自分たちとの中間に位置し、その言動は神仏を背景とした権威を持っていた。しかも西来庵は玉帝上皇(天空を支配する帝王)を祭神とし、格式が高い。その庵の修繕費募集に名を借りれば、資金も人もたちまちにして集まる。そこの食菜人たる余清芳が「西来庵祭神の神勅を受けたり」とし、さまざまな流言をながしはじめた。

「時に際し大陸から多数の軍隊渡来すべし。内外呼応し一挙に暴動を起こせば、日本人を本島より駆逐するのは容易なり」、「西来庵の信徒となりて肉食を廃し寄付金をなし、神符を受けたる者には敵弾身に当たらず」、「時機いたらば玉帝上皇が毒雨を降し毒風を起こして日本人を殲滅するのみならず、蜂起に加担せざる本島人もまたその毒雨毒風に害せられ死滅すべし」等々である。

これらの信者は中南部山地を中心に広がり、海峡を越え厦門《アモイ》にまでおよんだ。かくも広範囲な抗日集団糾合の風説が、現地の各庁・支庁の耳に達しないはずはない。そのような大正四年五月二十三日、基隆支庁が基隆港から厦門に向かう汽船に乗りこもうとしていた挙動不審の男を見つけた。これが大陸の同志と連絡をとるために厦門へ派遣されようとしていた余清芳の配下であった。これにより抗日集団の存在が明らかとなった。だが、台南庁の官憲が西来庵に踏みこんだとき、すでにそこはもぬけの空であった。

余清芳とその一統が南部山中の後堀仔《ごくっし》方面に逃走したという確証を得た台南庁は、すぐさま五百四十人の警察隊を入れた。南北四十キロにわたるその山中で余清芳はおよそ三百人の集団を率いていたが、各集落の住民は概して抗日集団と気脈を通じ、警察隊はその形跡をつかむことはできなかった。そこへ各集落の派出所や駐在所が襲われたとの二報、三報が台南庁に入り、そのたびに警察隊は広い山中に右往左往させられた。このとき襲われたのは支庁一、派出所四、駐在所三に達し、殺された日本人は官吏(巡査)はむろん婦人から幼児まで六十九人、巡査補などの台湾人十五人であった。手口は不意打ちか庁舎を多数で包囲して火をかけ、出てきたところを竹槍でメッタ突きにするというもので、婦人の多くは大勢に凌辱されたあと殺害されていた。

愕然とした総督府はついに後堀仔に歩兵四個中隊兵四百人、砲兵一個小隊砲二門を入れた。同時に余清芳の部隊は近在の農民を仲間に入れ、およそ一千人にふくれ上がっていた。そのような大部隊になればかえって目につきやすく、警察隊は余清芳軍が噍吧哖《たばに》(現在の台南県玉井)に向かったとの情報を得た。そこには製糖工場があり、婦女子を含め二百十余人の日本人非戦闘員がいる。百九十人の警察隊が急遽噍吧哖に入り、一千余人の余清芳軍がそこに迫ったのは大正四年八月五日未明、ほとんど同時であった。余清芳軍の戦いはさながら攻城戦となり、警察隊は弾幕を張りそれを寄せつけようとしなかった。一進一退の戦いは一昼夜にわたり、そこへ台南からの陸軍部隊が到着した。歩兵はただちに散開し、砲は火を吹き、内よりは警察隊が打って出る。戦いはあっけないほど瞬時にして終わった。前後より飛来する銃弾と炸裂する砲弾に、余清芳軍はたちまち本来の烏合の衆と化し、避弾避傷の神符を身につけた三百余の死体を遺棄して山中に遁走した。このときの戦いで陸軍は犠牲なし、警察隊は死者二人であった。

散りぢりになって山中に逃亡する元抗日軍に、各集落の住民は冷たかった。ここにいたって保甲制度が威力を発揮し、蜂起加担者らはつぎつぎと捕らえられ、余清芳も噍吧哖の戦いより十四日後の八月二十二日、住民に捕縛され警察隊に引き渡された。この八月中に逮捕された蜂起加担被疑者は一千四人に達し、すべて台南監獄に収監された。

その後も逮捕者はつづき、同時に台南地方法院に臨時法院が開設されて審理は同年十月三十日までつづいた。判決は統治史上未曾有のものとなり、行政処分二百十七、不起訴三百三、起訴一千四百三十にして、その内訳は管轄違い一、公判中死亡七、無罪八十六、殺人、強姦、官憲への抗敵罪等による有期懲役(九～十五

台南監獄より臨時法院に護送される蜂起加担者たち

年）四百五十三、死刑八百六十六、未済十七であった。しかし、このとき大正の御大礼（天皇即位の大典、大正四年十一月十日）があり、蜂起加担者らの大部分は本来が善良な農民ということで恩赦が適用され、死刑は無期あるいは有期に、有期はさらに短くと減刑され、結局死刑執行は九十五人だった。研究書によっては「八百六十六名が死刑に処せられた」とあるが、それは恩赦を故意に見落としたものであろう。

また未済十七人の判決は翌大正五年一月三十一日に下り、無罪一、有期懲役四、死刑十二で、その後の逮捕者の結審は台南地方法院で大正五年七月二十日、不起訴二百二十一人、有期懲役（九〜十五年）十四人、死刑三十七人であった。時期的にこれらへの恩赦適用はなかった。

また、この西来庵事件は台湾人抵抗運動の一形態の終焉を告げるものとなった。ここにようやく、奈良で梁啓超が林献堂に語った形態がその主流となるのである。それは、台湾人社会の意識的近代化を意味した。

誕生し解散した同化会の成果

その契機となったのは、板垣退助の訪台であった。梁啓超の示唆により林献堂が東京に彼をたずね、実現した訪台である。大正三年二月、西来庵事件が発覚する直前のことで、その滞在は十六日間と短期であったが、内地第一級の政治家の来訪とあってどこの講演会場も群衆が押し寄せた。なお、それに付き添った林献堂とは、台中霧峰《むほう》の大地主で漢学に長じ、近在近郷の人望を集めていた台湾第一級の文化人である。板垣は群衆をまえに彼の持論である「東亜民族の大同団結」を基軸とした台湾論を披露した。

「日本人は亜細亜人として支那と提携し、白人に当たらざるべからず。我が台湾は支那と最も接近して親善融和するに適せり、故に在台内地人は人種を尊重し、本島人の生命財産を充分に保護するの必要あり。予が今回の行は台湾の治績を視察し、本島人と内地人との関係を仔細に調べ、充分同化の実を挙げしむべきが其の目標たり」

台湾文化人グループの板垣への期待は高まった。帰国後、彼は日本人と台湾人とのあいだに経済、行政等に関してかずかずの差別があることをあげ、「三百余万新附の民は母国統治の根本方針につきていささか疑を挟み、快々として楽しまざるものの如く、如何にも同情すべきものあり」との結論を下し、同年七月には「台湾統治の根本は唯一に同化主義」にあると平等社会を主張し、「台湾同化会」の設立を唱えるにいたった。それは大アジア主義を根本とし、台湾を地理的人種的条件から日中両民族友好の接点にしようというものであった。このなかで「日本人と平等の権利を」という部分が、武装蜂起に頼らない台湾文化人を魅了した。

板垣退助と林献堂とのあいだに具体策が煮つめられ、その年の十二月二十日に板垣が再度訪台し、教育の機会均等や「六三法」の撤廃をスローガンとする「台湾同化会」の発会式が、台北で盛大におこなわれた。総裁には板垣がみずから任じ、評議員には林献堂をはじめ多数の台湾文化人が就任した。台中と台南にも支部が結成され、発会時から会費を納入する正式会員は四千人を数えた。

「六三法」とは、各地にまだ抗日軍が盛んに蜂起していた明治二十九年、即応的な法令発布に際し本国議会の通過を待っていたのでは行政の円滑化が保たれないとの理由から、「台湾総督ハ其ノ管轄区域内ニ法律ノ効力ヲ有スル命令ヲ発スルコトヲ得」と定めた法律第六十三号（第九回帝国議会通過）のことである。これが統治確立後も、総督府による専制政治の法的基盤となっていた。

それに反対する板垣に対し、総督府は「本島人を扇動してしきりに挑発的言辞を弄《ろう》し、……本島人の歓心を求めつつあり」と不快感を示す。しかし相手は明治維新の元勲・伯爵であり、しかも大アジア主義を全面に押し出しているとあっては、正面切って非難することはできない。そこで総督府が目をつけたのが、同化会の経理不備であった。事実、同化会の経理にはドンブリ勘定が目立ち、設立準備期間中から翌大正四年一月までの数カ月に費やした額は宣伝費、講演費、板垣一行の宿泊費など三万余円にのぼったにもかかわらず、会費等による収入は四千六百六十余円であった。したがって、その大部分が未払いとなっていた。なにぶんはじめての文化事業であったため、精神のみが先行したのであろう。総督府はこれを同化会経理の乱脈として指弾し、「台湾同化会ハ公安ヲ害スルモノト認メ解散ヲ命ズ」との措置をとった。発会式よりわずか一カ月余、大正四年一月二十六日のことである。

しかし、同化会の教育面における主張は生かされた。当時、台湾人の日本語教育には総督府も熱心で数多くの学校を設立していたが、高等専門学校は後藤新平の設立した台北医学校しかなく、台湾人のための人文・社会科学系の上級学校はなかった。このため林献堂は同化会の設立と前後して台湾人の教育水準向上のため、私財をなげうって台湾人子弟のための私立中学を設立しようとした。この計画は台湾人社会に大きな反響を呼び、多くの資産家から寄付金が寄せられ、これには「御用紳士」といわれていた辜顕栄も多額の拠出をし、総額は二十余万円に達した。この動きを重視した総督府は、私立中学の設立は許可しなかったものの、同化会に解散命令を出したのと引き換えに、台湾人子弟を対象とした官立台中中学を創設した。人材育成の面における同化会の成果である。

さらに同化会が火をつけた台湾人の教育熱は、とくに熱心な人々のあいだに内地留学熱を生んだ。このため大正五年には三百余人であった台湾から日本内地への留学生は、同十一年には二千四百余人になっていた。これら留学生のなかで、林献堂の支援を受けて留学していた蔡培火《さいばいか》が大正七年、東京で「六三法」の撤廃を叫ぶとともに、台湾人留学生の連絡団体となる「啓発会」を結成するが、これがやがて発展的解消することによって、台湾人の政治・文化活動の母体を形成することになる。

教育の拡充と台湾の転機

啓発会の結成とおなじ大正七年、台湾総督が第六代安藤貞美から第七代明石元二郎《あかしもとじろう》へと交代した。明石将軍といえば、日露開戦に際して北欧で対露工作に従事し、側面より日本に勝利をもたらした国際的スケールを持った異色の軍人である。総督武官制で総督には軍人と定められていたものの、この人選は第一次大戦も終盤に近づき、戦後の国際的変化をにらんだものであった。はたして大戦は明石総督の就任後五カ月(同年十一月)で終結し、世界的に民族自決の風潮が見えはじめ、それが台湾にも波及することが必至となった。ここで世界の潮流にうとい人物が総督であったなら、弾圧一辺倒で時代を西来庵事件以前に押し戻したことであ

表⑨　台湾人学齢児童就学率

(%)

年　代	男	女	平均
大正12年	43.6	11.8	28.6
昭和５年	48.5	16.0	32.6
〃 13〃	64.5	34.1	49.8
〃 18〃	95.0	90.0	92.5

総督府統計

表⑩　日本語普及率

(%)

年　代	普及程度
明治38年	0.38
大正４年	1.63
〃 9〃	2.28
昭和５年	12.36
〃 12〃	37.86
〃 16〃	57.02
〃 19〃	71.00

ろう。

明石総督は世界の潮流を積極的に台湾に取り入れ、もって台湾の人的資源開発を促進し、かつ同化政策の推進によって日本の南進基地としての台湾の資質を高めようとした。そこで発令されたのが、大正八年一月の「台湾教育令」である。その論告には「台湾ノ教育ハ現時世界ニ於ケル人文発達ノ程度ヲ観察シ、島民ヲシテ之ニ順応スルノ知能ヲ啓発セシメ、……以テ帝国ノ臣民タルベキ資質ト品性トヲ具備セシメムトスルニ在リ」とある。日本語の伝習を任務とした従来の教育機構の一大改革である。この論告にそって新たな教育系統が整えられ、日本人子弟用のものに並行して台湾人子弟用の教育機関がぞくぞくと開校されていった。台北師範学校、台南師範学校、台北工業学校、農林専門学校、商業専門学校、台中商業学校、台北工業学校、高等普通学校、台北女子高等普通学校、彰化女子高等普通学校などがその代表例である。同化会の尽力によった台中中学は、このとき台中高等普通学校へと改組された。その後も中・高等教育機関は逐次増設され、もちろん初等教育(公学校、のち国民学校に改組)も充実され、終にその就学率は九〇%台にまで達した(表⑨⑩参照)。

だが「台湾教育令」による学校は、規定によって日本人専用と台湾人専用とが異なる系統による変則的なものであった。それを是正したのが、明石総督の後を受けた田健《でんけん》二郎《じろう》第八代総督(大正八年十月就任)であった。田健二郎は前逓信大臣で、武官ではない。明石総督の時代に初の政党内閣である原敬内閣によって、朝鮮、満州を含む文官総督任用問題が解決され、各植民地の総督武官制が廃止された。したがって田総督は初代文官総督ということになり、それの誕生は、かつて武装抵抗を押さえることをもって統治確立および治安維持とされた時代から、思想、政治活動に対処すべき新たな時代に入ったことを意味する。

田総督によって大正十年二月「新教育令」が発布された。それは、初等教育をのぞきすべての学校を同一系統に統合し、日本人も台湾人も同一の試験によって選抜され、合格者はすべて机をおなじくして学ぶという、教育上まったく平等へのレールを敷くものであった。だがこのことが、かえって差別を助長するものとなった。たとえば試験は日本語であり、さらに国史国体観念に関する出題もあったのでは、おなじ学力であってもいずれに有利かは明白である。しかも多くの学校が日本内地でも入学試験をおこない、積極的に内地学生の導入を図っていたのである。この点、植民地教育が「差別教育」であったと今日非難される根拠の一つとされている。だが、この教育普及による台湾人の覚醒にはめざましいものがあった。

新民会と台湾議会設置運動

台湾人の覚醒は、内地留学の青年学徒のあいだでいっそう顕在化していた。林献堂の後援で蔡培火が結成した啓発会は、留学生の連絡機関として発足したものの、そこで主張する六三法撤廃、高度自治要求は、たちまち在京台湾人学生の総意となり、そこで連絡機関としての啓発会は自然解散、代わって大正九年三月、新しい民の声として「新民会」が結成された。会長には会の統率をはかる意味から林献堂が就任し、運動方針には台湾統治の改革、啓蒙のための機関誌発行、中華民国（大陸）同志との連携の三点が採択された。

台湾統治の改革とは、先の啓発会が六三法撤廃のみを主張したのに対し、抽象的な表現で活動の幅を広めるとするものであった。機関誌の発行は、さっそく台湾の資産家から寄付金を募り、蔡培火が編集兼発行人

昭和初期の台北市栄町通り
（現在の衡陽路）

昭和初期の台北市本町通り
（現在の重慶南路）

となって月刊『台湾青年』を発行し、のちに週間『台湾民報』となり、昭和になってから島内でも発行が許可され、これが昭和四年には林献堂を社主とする日刊新聞『台湾新民報』へと発展し、台湾人の政治活動最大の武器となった。大陸同志との連携では、留学生ではないが東京での高度自治要求の高まりを知って台中から東京に駆けつけた蔡恵如《さいけいじょ》が上海に渡り、中華民国政府関係者、在上海の大韓民国臨時政府関係者、インドやフィリピンの民族主義者らと連絡をとるなど、台湾人解放運動の国際化を促進した。同時に大陸に渡った台湾人青年学徒（台湾から中華民国への留学生は大正九年には十九人であったが、同十二年には二百七十三人になっていた）のあいだに台湾解放のための組織が誕生する要因をつくった。

新民会の活動で最も大きな反響を呼んだのは、台湾議会設置運動である。台湾議会の設置とは、島内で選挙をおこなって台湾人代表を選び、総督の発令する条例や予算編成に審議権と協賛権を行使するというものである。新民会が東京でこの運動を提唱すると、島内でたちまち賛同の声が沸き起こり、大正十年一月、第四十四回帝国議会に台湾議会設置の請願書が提出された。しかし、この請願書が請願委員会に上呈される二日前の二月四日、上京中であった田総督は林献堂、蔡恵如、蔡培火、林呈禄（東京帝大生）ら新民会幹部と会見し、「内地を離れたる自治体と為すことを認むるが如きは絶対に容認せず」と訓諭していた。はたして審議結果は、不採択であった。だが、これが台湾の一大世論を形成するにいたり、その請願書は昭和九年の第六十五議会まで十五回にわたり、そのつど数百人から数千人の台湾人有力者の連署を集めて提出された。なお提出に際しては毎回、清瀬一郎、田川大吉郎らの衆議院議員が紹介議員となった。しかし、結果はいずれも「台湾、朝鮮等に特別議会を設くるが如きは憲法違反にして到底容認し難き」(大正十五年第七回請願に対する若槻礼次郎首相の答弁)と、否決されていった。このように台湾議会は実現しなかったが、新民会のこの運動が台湾人の覚醒を決定づけることになる。

文化協会の誕生と台湾民族主義の萌芽

台湾島内でこの運動に感銘した一人に、台北大稲埕の開業医・蒋渭水《しょういすい》(一八九〇年生まれ)がいた。この蒋渭水が大正十年七月、第二次請願準備のため帰台していた林献堂に会い、台湾島内でも組織の必要なことを説いた。林献堂は賛同し、このとき決定したのが「台湾文化協会」の設立である。さっそく準備は進み、同年十月十七日の発会式までに、蒋渭水の台北と林献堂の台中を中心に千三十二人の会員を得た。むろん蔡培火、蔡恵如、林呈禄らも率先して加盟し、総理には林献堂、蒋渭水は専務理事に就任した。まさに開明的台湾人の総力を挙げての結社である。

同会は設立趣意書に「台湾文化ノ向上ヲ謀ラントス。……相互ニ道徳ノ神髄ヲ切磋シ、教育ノ振興ヲ計リ、体育ノ奨励ヲ行ヒ、更ニ芸術ノ趣味ヲ養ヒ、以テ其ノ発達ヲ穏健ニ、其ノ帰結ヲ期セントス」と謳《うた》っているが、これは当局の追及をかわすための作文的色彩の強いものであり、本意の一端は発会式で評議員となった医師・周桃源《しゅうとうげん》の祝賀演説にみられる。

「支那は徒《いたずら》に惰眠を貪《むさぼ》り居たる結果、遂に劣等国の地位に堕し、台湾も之が為に日本の領有に帰するに至れり。世界大戦後、自由平等、民族自決の声高き折柄、我ら同胞は互いに奮起し、日支親善の楔子《せっし》となり、東洋平和の為に尽瘁《じんすい》せざるべからず」

大陸政権と日本の間《はざま》における、台湾民族主義の芽生えである。その活動は広範囲にわたり、帰国留学生を中心に各地で演説会や演劇を通じての啓蒙活動が展開され、東京での新民会の発足時のスローガンであった「台湾は台湾人の台湾ならざるべからず」の発想が、台湾島内の青年層に広く浸透していったのである。

大正十二年二月には文化協会を母体に「台湾議会期成同盟会」が結成され、島内におけるこの運動はいっそうの高まりをみせた。ここに総督府は同年十二月、治安警察法を盾に期成同盟会に解散を命じ、関係者の一斉検挙に乗り出した。罪状は、憲法に定められた帝国議会の他に台湾議会を設けようとするのは憲法外の要求であり、それを組織的におこなうのは非合法というもので、公判の結果、蒋渭水、蔡培火、蔡恵如、林呈禄ら幹部七人が禁固三カ月から四カ月の実刑となった。全員二カ月で保釈されたのだが、はたして出所のとき、かれらは多数台湾人の爆竹と歓呼の声に迎えられ、台湾民族主義の運動はいっそうの高まりをみせるにいたる。

数多く発生した農民運動

台湾の産業発展の影には、台湾農民の悲劇が内在していた。たとえば台湾農業の主力のひとつであるバナナだが、総督府は当初、産地仲買人と山地三甲以上および平地一甲以上の栽培者を対象とする「青果同業組合」を組織し、生産、買付、販売に一定の秩序を持たせた。ところが内地移送が激増しはじめた大正十三年、官吏退職者による「台湾青果株式会社」が設立された。これには総督府の後押しがあり、今日でいう天下りの典型である。これが総督府の認可を得てバナナの独占販売権を得た。青果同業組合も販売を台湾青果に委託せざるを得ない。同社は中間手数料を得るだけの会社であったが、独占権を握っているため買付・販売価格は自在に操作できる。ここに生産者らは文化協会の啓蒙により、買いたたきの対象となった組合加入資格のない零細農家の産品を中心に、産地直送方式による日本への移送を図り大正十四年六月、二千籠を基隆港に集積した。ところが総督府は非組合員がバナナを管外に移送するのは搬出業者の行為であり違法との判断を下し、日本郵船と大阪商船にこれらバナナの積荷拒否を命じた。結局バナナ栽培農家は、大は組合を通じて台湾青果に操縦され、小は直接的に買いたたかれなければならなかった。

もう一つの主要農産品はサトウキビである。大正十三年には三井、三菱、日糖系を中心に四十四の製糖会社が操業し、活況を呈していた。これらぞくぞくと設立される製糖会社の競合を避けるため、明治三十八年に総督府は「製糖取締規則」を公布し、製糖各社の原料採取区域を指定した。これによって各社とも自社に定められた区域内では独占的にサトウキビの買い付けができ、したがってその価格決定はバナナ同様である。さらに肥料売買をも支配した。そこに台湾農民運動市場有名な「二林事件」が発生する。

台中州二林に「林本源製糖会社」があった。社長は台湾人の林熊徴《りんゆうちょう》だが、役員は総督府糖務局や台湾銀行出身の日本人であった。林本源にサトウキビを買いたたかれるところから、現地サトウキビ農家は文化協会の啓蒙により大正十四年六月、加入農民四百四人からなる「蔗農組合」を結成し、①肥料購買の自由、②農民の秤量立会、③価格決定の農民参加の三点を林本源側に求めた。が、一蹴された。その後も交渉は平行線をたどり、林本源は価格未決定のまま人夫三十人を雇い、突如刈り取りをはじめようとした。組合員はそれを実力阻止しようとし、双方にケガ人が出るまでの騒ぎとなり、台中州当局はこれを騒擾事件と見なして警官隊を派遣した。九十三人の農民が身柄を拘束され、それぞれが業務妨害、公務執行妨害、障害、騒擾などの罪で起訴され、台中地方法院で審理が開始された。結審は昭和二年四月で、二十五人が有罪とされ、六カ月から八カ月の禁固刑を言い渡された。

この事件は、かえって台湾農民の覚醒を促すものとなった。文化協会の機関誌的存在となっていた『台湾民報』(大正15年9月12日付)は「今回の騒擾事件の結果、台湾農民運動をしてはじめて第一歩を進ませた」と報じ、社説では「農民の争議も蔗作争議を以て嚆矢とする。したがって二林事件は二百余万農民の利害を代表していると見なすべき」と論じたが、事態はこのとおりに進展する。大正十五年(昭和元年)には全島各地に結成されていた農民組合を統合すべく「台湾農民組合」が結成され、それが翌昭和二年には州支部連合会四、単一支部二十三、組合員二万四千余人へと発展し、名実ともに全島農民を代表する組織体となった。また、覚醒した農民たちによる争議は、大正十二年から昭和四年までの七年間において、サトウキビに関するもの二十五件、その他の小作問題に関するもの(大正十三年から六年間)六百二十一件をかぞえた。

文化協会分裂と政党の発生

文化協会の農民啓蒙活動が奏功するにつれ協会自身も精鋭化し、それがかえって内部矛盾を露呈するところとなった。とくに昭和二年の同会臨時大会では、王敏川《おうびんせん》(早大法科卒)、連温卿《れんおんきよう》(基隆市公学校卒)を中心とするグループは、マルクス主義に傾注し農民運動を階級闘争の一環としてとらえ、さらに進めるべきだと主張した。これに対し、蒋渭水を中心とするグループは、階級には関係なく全台湾の総合的解放運動を展開しようと唱え、辛亥革命の影響による民族的色彩を前面に押し出した。他方、林献堂、蔡培火らはこの二派を批判し、設立趣旨である文化活動を中心とし、今後とも合法的民主化運動に専念すべきことを強調した。この三派のうち、農民運動の盛り上がりから王・連のグループが主流派となって蔡培火を除名し、ついで蔣渭水や林献堂らも会をマルクス主義者に乗っ取られたことを知り、脱会していった。その後この王・連たちも台湾共産党に乗っ取られて昭和四年の大会で除名され、文化協会は共産党の隠れ簑となって昭和六年の一斉検挙で、農民運動を巻き添えに壊滅した。

台湾共産党とは彰化の貧農出身で謝雪紅《しゃせつこう》という女性闘士を中心に中国共産党の指導下に結成されたのであるが、戦後の一時期（二・二八事件、後述）ふたたび表面に出て台湾混乱化の一翼を担おうとするが失敗し、やがて中国共産党からも切り捨てられる。

蔣渭水と蔡培火らは文化協会脱会を機に政党設立に着手した。総督府は中止勧告などで圧力を加えたが、禁止すればかえって地下運動を誘発するとの判断から、民族闘争を標榜してはならないとの条件つきで昭和二年七月、結党を認可した。これにより、林献堂を顧問に台中で「台湾民衆党」が結成された。政策には、集会・結社・言論・出版の自由、教育の機会均等、保甲制度の廃止などを掲げた。結党当初の党員数は百九十七人であったが、同年暮れには四百三十九人となり、主要都市を含む全島十五カ所に支部を設置した。また結党と同時に左傾化した文化協会と、農民組合の獲得合戦を演じて敗退したが、工会（労働組合）を傘下に収めることに成功し、昭和三年二月には統一組織「工友総連盟」を組織した。同年暮れには参加六十五単位、一万余人となって台湾労働運動の主導権を握り、同年中だけでも十八件の労働運動を指導し、なかでも浅野セメント高雄工場首切り反対闘争は二カ月におよぶ大規模なものとなった。

●台南墓地撤去反対運動

民衆党の活動は、つぎに列記するごとく、労働争議や本来の自治権要求運動以外にもおよんだ。

昭和三年五月、台南州当局は昭和の御大典記念事業として台南市大南門外に総合運動場建設計画を立て、このため三百余年の歴史を持つ墓地の一部五万坪三万基に自費撤去の告示を出した。たちまち全市をあげての反対運動が起こり、これを民衆党が指導し、台南州は運動場建設計画を断念した。

●台北市路面電車敷設反対運動

昭和三年十月、総督府は台北市路面電車敷設計画を発表したが、民衆党が路面電車はすでに時代遅れであり、予定路線も日本人居住区にかたよっているとして反対闘争を展開し、結局総督府は同計画を撤回した。

●新阿片令反対運動

アヘンに関しては既述のとおり、総督府は官許制度による現実的な漸禁政策をとり、これにより明治三十三年にはアヘン吸飲者十六万五千七百五十二人、全人口比六・一%、アヘン煙膏売り渡し量五万三千四百四十六貫であったのが、漸次減少し、大正十三年には三十歳未満の吸飲者は皆無となり、三十歳以上の者の大正十一～十五年の五カ年平均は同三万六千六百七十七人、同一・〇%、一万二千百七十貫になっていた。総督府はこれの全面厳禁時期を早めるため、密吸飲者を調査し、軽度の者にはその行為を問わずに矯正治療をほどこし、強度の者には新たに吸飲特許を与えて行政当局の監視下に置くのを目的とし、昭和五年に「新阿片令」を発布施行した。これにより昭和十年には同一万四千六百四十四人、〇・三%、五千六十貫に、昭和十五年には同八千六百六十五人、〇・一%、三千四百五十六貫となり、昭和二十年六月には全面厳禁令が出された。この「新阿片令」に対し、民衆党は「日本政府ハ人道上ノ問題タル阿片吸飲ヲ計画的ニ台湾人ニ許可セリ」と宣伝し、新阿片令反対運動をおこなった。これは民衆党の人道家を装うためのゼスチャーか、科学的考察力を失っての所産といってよい。

台湾地方自治連盟とすべての終焉

はたして台湾民衆党も所帯が大きくなるにつれ、内部矛盾を露呈していった。蔣渭水が本来の強烈な民族主義を表面に出しはじめ、新阿片令反対運動を主導したのも彼であった。これに対し合法路線を主張する民本主義者の蔡培火は一定の距離を置き、昭和五年二月、蔣渭水派が新阿片令反対運動に取り組んでいる最中に、蔡培火派は一斉脱党して「台湾地方自治連盟」を結成し、林献堂もこれに加わって総勢三百七十余人を得た。民衆党も文化協会同様、分裂したのである。

蔣渭水派一色となった民衆党は昭和六年二月、党の本質を「農工階級を以て中心とする民族運動なり」と無産政党としての色彩を鮮明にした。はたせるかな総督府は即座に結社禁止の命令を下し、同党を強制解散せしめ、幹部の一部は大陸へ逃亡し、蔣渭水は同年八月にチブスで死去した。台湾人の結社として残ったのは、自治連盟のみとなった。

自治連盟はその設立趣旨を「地方自治制度ハ実ニ立憲政治ノ根底ヲナスモノデアッテ……、当局ヲシテ之ヲ即時断行セシムベク邁進セントスルモノデアル」としたが、内部にはこうした「哀願叩頭的請願」運動に対する不満の声も強く、運動は気勢の上がらないものとなった。また昭和十年に「台湾市制」と「台湾街庄制」が公布されて市議会議員と街庄協議会員（町村議会議員）の半数が民選となってからは、その運動の中心はもっぱら選挙運動となった。

さらにそのころの世局は、昭和六年の満州事変、同七年の上海事変、満州国樹立、五・一五事件、同八年の国際連盟脱退、同九年のワシントン海軍軍縮条約破棄と、すでに激動期に入っていた。そして昭和十一年の二・二六事件の発生によって日本内地での政党政治が崩壊し、同年五月に軍部大臣現役武官制が復活するとともに台湾でも総督武官制が復活し（後述）、さらに昭和十二年七月盧溝橋事件、同八月日華事変の発生をみて、台湾地方自治連盟は蒼惶として自発解散していった。

包囲と開発の理蕃事業

台湾人の抵抗形態の変化は以上のとおりだが、おなじ台湾のなかにこれらとは違ったもう一つの流れがあった。かれらは一般台湾人とは生活様式も異なり、総督府の行政からも別個に取り扱われた。日本では一般に高砂族といわれた「蕃人」の世界がこれである。一口に高砂族あるいは蕃人といっても、その種族は大別するだけでもタイヤル、サイセット、ブヌン、ツオウ、パイワン、アミ、ヤミの七種族に分けられ、それぞれが言語も慣習も異にしている。これらの総人口は清朝および日本の領台当初は不祥だが、蕃界にも戸口調査がおこなわれるようになった大正十一年の統計では各種族合計戸数二万二千五百二十四戸、人口十三万二千人、そして霧社事件（後述）の発生した昭和五年では社数（集落数）七百十一社、戸数二万三千九百二十五戸、人口十四万五百五十三人へと微増している。だが増加率が低いため、在台日本人を含む台湾総人口に占める比率は、大正十一年の二・二％強から昭和五年には二％弱へと微減している。このように人口自体は非常に少ないものの、居住地は全島面積の約五〇％という広範囲にわたり、理蕃事業は台湾の完全統治と産業開発の面からは大きな意義を持つものであった。この事業は、およそ次の四期に分けられる。

第一期・暗中模索の時代（領台当初～明治三十五年）—まだ統治権確立に全力を投入していた時代で、蕃界に対しては数度の威圧的討伐が試みられたにすぎず、もっぱら蕃界有力者の台北招待や叙勲などの懐柔策がとられた。その一方において、蕃界の生活、疾病、武器、産業情況、それに統治、殖産方法の研究が進められていた。

第二期・制圧前夜の時代（明治三十六年〜同四十二年）―蕃人は父祖伝来の居住地に侵入する勢力とは果敢に戦った。このため清朝の統治下では蕃界に手を出すのを恐れ、その二百余年間は単に平地の一部を治めていたにすぎない。平地を平定した日本の総督府は、そこに手を出した。だが抵抗が激しく、山地内部になかなか進撃できない。そこで懐柔も不可能なことを悟った総督府は、前線に隘勇線《あいゆうせん》という警戒ラインを設定し、そこに鉄条網を敷設して蕃界包囲態勢をとった。その隘勇線を徐々に奥地へ進める一方、抵抗を断念して線外に出てきた者には、帰順蕃として開墾や森林伐採などの職を与えた。与えるといっても、それは監督つきで時間の区切られた土木作業であり、自由放縦な生活に慣れた蕃人にとっては、苦痛この上ないものであった。しかも一度帰順した者には、二度と線内に戻ることを許さなかった。蕃人の抵抗意識は強まるばかりで、この作戦は、結局は失敗であった。

第三期・徹底膺懲の時代（明治四十三年〜大正三年）―第二期の経験から引き出された方策は、徹底的膺懲と蕃人の武装解除であった。総督府は各地の隘勇線からつぎつぎと蕃界に警察部隊と軍隊を入れた。その動員は警察官八千人、軍隊二千人をかぞえた。蕃人との戦闘や蕃人の襲撃による犠牲は、明治二十八年から大正十二年までの二十八年間に六千九百一人であった。これを年代別に見れば、この第三期中の大正元年の七百六十一人がトップであった。蕃人側の死者は定かでないが、出草（蕃人同士の首狩り）および抵抗戦によるものとして明治三十九年から昭和九年までの三十九年間で七千八十人とされている。このうち最多を記録した年が、大正元年の死者七百六十一人である。銃器類の没収については、領台以来大正十二年までの期間に二万九千六百七十七挺と記録されているが、年代別の最多は第三期中の大正三年で、この一年だけで全体の半数を占める一万四千六百三十七挺をかぞえる。この間の武力行使は、中央集権の貫徹とそれによる開発を目指す総督府にとっては、通らねばならぬ一里塚であった。

第四期・開発進展の時代（大正四年〜昭和五年）―第三期の終了によって各隘勇線は徐々に取り払われ、すでに準備されていた第四期事業案が実施に移されていった。その政策とは「一、蕃人に適応せる簡易なる教育を普及する。二、都会の観光その他社会的教育を授く。三、蕃人に適当なる産業を奨励する。四、物品交換制度を改善する。五、蕃人患者の施療に関し施設を充実する」などである。まず教育だが、平地に近いところには蕃童公学校を、奥地には蕃童教育所を設置していった。蕃地の教育は公学校よりも教育所が主流となり、その数は大正四年には五十五カ所、在所児童数一千二百三十五人であったのが、昭和五年には百七十三カ所、同六千九百九十五人となり、この年の蕃童公学校は五十校、在校児童数一千二百八十人をかぞえ、両者合計の全蕃童に対する就学率は六〇％強となった。〇％というより、負の状態から出発した教育をここまで普及させた意義は大きい。なお、教化内容は国語・習字（日本語）を筆頭に修身、算術、唱歌、体育、耕作・手芸などであった。史家のなかには、これを皇国史観、日本語の押し付けと非難する声もある。しかし現実的には、第四期の後半には蕃人自身の教育への積極性も高まり、さらに上級学校に進み、医師、教員、警察官、看護婦などの専門職に就く人々の姿もみられていた。

授産事業の中心は、水田耕作であった。祖法であるジプシーのような輪耕農法を定地耕に切り替えさせたのは、蕃地社会の一大改革である。当初は、祖先の耕作法を変えると祖霊の怒りに触れ不幸の悲境に陥るとして容易に応じなかった。だが、現地での実物教育が奏功し、やがて農耕蕃人らは一定地に居住し、大正十二年の水田作付け面積七百三十一甲、玄米収穫高五千九十七石であったのが、昭和五年には一千八百二十二甲、一万七千三十五石と、耕地面積は約二・五倍、収穫高は三・三倍へと飛躍したのである。もちろん、その後も成長しつづけた。その他では牧畜、養蚕、サトウキビ栽培などが奨励され、これらの農作業が、かつ

蕃童教育所。昭和初期のものと思われる。場所不明。

ての放浪による狩猟に取って代わった。

医療面での観念も、大きく変化した。蕃界でのおもな疾病はマラリヤ、眼病、寄生虫、それに外傷などで、天然痘などの伝染病も多かった。蕃社内に伝染病患者が発生すると、全社挙げて他所に移転し、患者だけを若干の水と食糧を与えてその場に残し、祈禱巫呪《きとうふじゅ》を修めて鶏や豚を屠《ほふ》って病者の生命に代わらしめていた。胃腸病や外傷などには、ときおり草根木皮の類いが使用されていたにすぎない。そこに設けられたのが、公医の常駐する公医診療所と、医事経験のある警察官吏あるいは医務担当官を配置した蕃地療養所である。昭和四年には前者十七カ所、後者は百七十六カ所をかぞえた。これとて当初は祖霊に背《そむ》くものとして忌避《きひ》されたが、現場要員の指導と努力によって、各施設による施療患者数は、大正十一年の八万九千八百七人から、昭和五年には二十万九十七人へと増加し、蕃人女性が最も羞恥とする下半身の疾病さえ、診察を請うため診療所の門をたたくようになっていた。

双方悲劇の霧社事件

しかし、すべてが順風満帆であったわけではない。蕃界の統治も確立したと行政側の多くが自負していた昭和五年十月二十七日午前十時半、総督府警務局に緊急電が入った。蝶の産地として名高い中部山岳地の埔里にある能高郡役所からである。管轄内の霧社で、大掛かりな出草事件が発生したという。霧社には日本人三十六戸、百五十七人、台湾人二十三戸、百十一人が居住し、小学校一、公学校一、郵便局一、公医療養所一、旅館一、雑貨屋三があり、その周辺にタイヤル族の蕃社パーラン、ロードフ、ホーゴー、スーク、ボアルン、マヘボ、タロワン、タカナン、カッツク、トーガン、シーパウの十一社が散在し、総計五百七戸、二千百七十八人が住み、そのなかに蕃地療養所二、蕃童教育所二が設けられ、治安・行政関係では霧社街の能高郡警察課分室を中心として各蕃社に警察官駐在所が設置され、山地としては比較的整った地域とされていた。

事件の発端

昭和五年十月二十四日、ホーゴー社で婚礼の祝いがあり、その余韻か社衆のピホ・サッポら数人がまだ蕃屋で酒を酌み交わしていた。話は日ごろの鬱憤に移り、「日本人を殺《や》ろう」というところまで進み、それが「襲撃は二十七日」という具体的な日時にまでおよんだ。十月二十七日とは、霧社公学校で霧社小学校との合同運動会が開催され、霧社の日台街民のほとんどかそこに集まり、それに周辺の霧社蕃以外の蕃社からも多くの見物人が参集する日である。翌二十五日、ピホ・サッポはホーゴー社衆数人を糾合し、各蕃社の頭目の勧

霧社全景

誘にかかったが、応じたのは最弱小蕃タロワン社の頭目モーナ・ペッカオのみで、他に応じる者はいない。ところが有力蕃マヘボ社の頭目モーナ・ルーダオが、「すでに数社が応じた」というモーナ・ペッカオやピホ・サッポの詐言《さげん》に動かされた。霧社蕃にとって、モーナ・ルーダオの動きは大きかった。彼の檄《げき》にロードフ、ボアルン、タカナン、スーク、カッツクの各社が応じ、ピホ・サッポの所属するホーゴー社の頭目タダオ・ノーカンも当初拒否していたものの、後にモーナ・ルーダオに銃で威嚇され、やむなく起つことになる。

二十七日未明、モーナ・ルーダオの長男タダオ・モーナほか一名がマヘボ社近くの山林造営地に駐在する吉村巡査ほか一名の寝込みを襲い、殺害した。つづいてタダオ・モーナらはマヘボ駐在の杉浦巡査を襲い、その首を打ち取った。これが事件の発端である。ただちにモーナ・ルーダオはマヘボ社衆はじめ蜂起加担社衆約三百人を率い、霧社に向い、その途次にボアルン駐在所、タロワン社近くの桜駐在所、ホーゴー駐在所を襲い、家族もろとも皆殺しにした。ホーゴー社の頭目タダオ・ノーカンがモーナ・ルーダオに威嚇され、戦列に加わったのはこの過程においてのことであった。だがパーラン、タロワン、トーガン、シーパウの四社は動かず、最有力蕃パーラン社の頭目ワリス・ブネなどは、モーナ・ルーダオを追い返し、終日同社の出入り口に陣取り若い者が血気にはやって戦列に走ろうとするのを防いだほどであった。

一方、霧社街の公学校運動場では全員が嬉々とし、児童らを中心に郡主以下各教職員、家族、周辺蕃社の面々らが起立し、まさに国旗掲揚式が挙行されようとしていた。そのとき、蕃刀を振りかぶった一人の蕃人が奇声を発して運動場入り口に突進し、瞬時にして一巡査を斃《たお》した。場内の全員が入り口の方に顔を向けた。その眼に、どっとわき出た武装蕃人らの姿が映った。その日、午前八時五分のことである。

事件の背景にあったもの

なんらの準備期間も計画性もなく、なぜ衝動的ともいえるこのような蜂起事件が発生したのか。時の石塚総督（第十三代、昭和四年七月～同六年一月）は、これを「意外千万と言う外はない」と言う。だが、遠因はあった。

まず苦痛な出役義務がある。隘勇線の構築は帰順蕃の出役によったし、蕃地駐在所の建築・改修、橋梁や水路の補修にも現地住民に出役義務が負わされていた。加えて蕃人は旧来の性情から一定の限られた就労を嫌い、それに木材を運ぶにも引きずるのが習慣であったが、建築材にするには傷がつかないよう担《かつ》がねばならず、これが精神的なもの以上に肉体的な苦痛をもたらしていた。かつまた、出役が収穫期や狩猟期におよび、かれらの経済生活に負の影響をもたらしていた。

第二に警察官の搾取がある。出役には当然日当が支払われたが、そこに不正があった。たとえば後に判明したことだが、昭和五年三月の霧社管内駐在所の移転・新築工事において、経理上では出役蕃人延べ一千四百十一人に賃金七百六十二円六十三銭を支払ったことになっているが、実際には五百六十四円四十銭しか支出されておらず、約二百円が使途不明となっていた。また、授産事業の一環として蕃地交易所が設けられていたが、ここでも中間マージンの件で蕃人側は不満を抱いていた。

第三は女性問題である。総督府は行政上、駐在巡査と現地有力者の娘との婚姻を奨励していた。霧社ではそれが四例ある。その一例が明治四十二年、モーナ・ルーダオの妹モーナ・テワスであった。これが当時、現地に隘勇線を敷くのに役立った。ところが大正五年にこの巡査は花蓮に転勤となり、妻をともなって転勤地に赴いたがそこで行方不明となり、モーナ・テワスはやむなくモーナ・ルーダオのマヘボ社に帰った。爾《じ》来《らい》、モーナ・ルーダオは日本人、わけても官憲を恨むようになった。また、もう一例は霧社蕃以外の娘で、その出身蕃社がとくにマヘボ社と出草をくり返していた蕃社で、これが霧社蕃社衆の不満を呼んでいた。またこれは霧社蕃ではないが、蕃社の娘を妻にしていた巡査が退官帰国し、そのとき妻を捨て、しかも埔里で酌婦をしてた蕃婦二人を日本内地に連れて帰り、醜業に就かせていた例もある。その他の破廉恥事件もあった。多くの駐在巡査が現地の発展と住民との意思疎通に努力し、成果を上げていたなかに、こうした不心得者がいたのも事実である。

これらが遠因であるが、蜂起の二十日前にモーナ・ルーダオの長男タダオ・モーナが酒の上の些細なことから一巡査と喧嘩をして重傷を負わせるという事件があった。その巡査は示談を拒否し、モーナ・ルーダオ父子は官憲屈辱による処罰の手が伸びようとしていることをさとった。

一方ピホ・サッポだが、これは霧社蕃近隣の蕃社に婿入りしたが妻が他の男と姦通し、その蕃社で笑い者となったうえ実家のあるホーゴー社に追い返された。ホーゴー社でも他社で物笑いになった男への目は冷たく、そこでピホ・サッポは名誉挽回に出草を企てたが発覚して霧社分室により処罰された。恥の上塗りである。爾来ピホ・サッポは、ことあるごとにホーゴー社衆に、そのうち大きな出草をしてやると豪語していた。このピホ・サッポの言に、以上の遠因・近因からモーナ・ルーダオは謀議に乗ったしだいである。当時の左系誌はこの事件を「民族解放の問題である。労働問題である」(『改造』昭和7年3月号)と位置付けているが、これは事件全体像の一部を主観的に拡大解釈したものであり、史家としては避けねばならない姿勢である。

惨事

突然の出来事に、教職員や父兄らが児童や婦女らを近くの宿舎に避難させようとしたとき、すでに校庭は修羅の場になっていた。その阿鼻叫喚《あびきょうかん》は霧社全体に広がり、それは一方的でかつ手当たり次第の殺戮であった。台湾人は自宅に逃げ帰って戸を閉ざし、他蕃社から見学に来ていた衆はあわてて自社に走り帰り、蜂起蕃との接触を断った。他蕃社におけるこの日本人無差別殺戮への呼応者は、皆無だったのである。

事件突発の第一報に台中から先遣警察隊三百三十一人が霧社に入ったのは、事件発生より二日後の二十九日午前八時であった。荒れ果て不気味に静まり返った街なみには、すでに死人の臭いが漂っていた。警察隊員らはただちに遺体の収容と生存者の発見に走った。公学校運動場はもとより、便所では児童の折り重なる死体の上に斃れた教師、道端には乳児を背負い、あるいは幼児を抱いたまま絶命した母親の遺体、息絶えたそれら乳幼児にも竹槍の穂先が突き立てられている。宿舎の縁の下には数名の児童が、民家の押し入れには幼児を下に背中を一突きにされた婦人が、その横に夫らしき男の遺体等々と、それらのほとんどが首はなく、その誰なるかの判別すら容易でなかった。

本事件による遭難・殉職者数は、乳児・児童を含め百三十六人、重傷六人、軽傷十二人で、重傷者のうち二人は救出後に死亡。襲われた駐在所は十二カ所、奪われた銃器百八十挺、弾丸二万三千発であった。

討伐

先遣隊が霧社街に入ったとき、蕃人らは死体から刎《は》ね取った首を手に、すでに各蕃社に引き揚げていた。台湾蕃人の出草は、相手の殺害のみを目的とし、占領地を拡大することではなかった。したがって出草のあとはかならず自社に引き揚げる。そして相手の出方を待ち、報復戦を仕掛けてくれば迎撃するというのが常であった。今回もその習慣どおり、各蕃社では敵蕃（日本人）の首級をたずさえ帰ってきた男たちを、女たちは狂気乱舞しながら出迎えていた。

三十日には陸軍派遣隊の台中第三大隊、台南第二連隊、台北山砲隊の将兵一千百九十四人も霧社に到着し、翌三十一日早朝から総攻撃を開始した。山砲と機関銃を駆使した近代戦法に蜂起蕃各社はたちまち総崩れとなり、戦いは山中でのゲリラ戦へと移り、捜索隊は飛行機二機を動員し空爆と機銃掃射、催涙弾投下、それに投降勧告をくり返す一方、蜂起に加担しなかったパーラン社などの社衆に動員令を下し、蜂起蕃掃討戦に投入した。ここに蜂起蕃は同族からも討たれるところとなり、食糧、弾薬もつき女たちのなかには縊死《いし》する者も少なくなかった。討伐戦はおよそ三週間におよび、十一月二十日には軍警連合捜索隊の解散式が霧社においておこなわれ、翌十二月二十六日には総督府が事件の終焉を宣言した。この間、蜂起蕃各社の合計人口一千二百数十人のうち、戦死・自殺者三百余人、投降者五百余人、他の四百余人は死体が確認できなかったか、あるいは逃走したかである。モーナ・ルーダオ、タダオ・モーナ、ピホ・サッポらは、いずれも死体が確認された。

なお、捜索に出動した飛行機が毒ガスを投下したと一部に伝えられている。種類は糜爛性《びらんせい》のイペリット弾だという。これは台湾民衆党がながしたうわさで、捜索した蕃人の死体の皮膚が糜爛していたからだというのだが、死体はどれでも数日で腐乱する。しかも民衆党は催涙弾大量投下の十一月三、四日の翌日にはこれ

モーナ・ルーダオ（中央）

を毒ガスとして喧伝しはじめている。根拠を有しないままの政治宣伝にすぎないが、日本内地では野党の全国大衆党がこれに便乗し、「毒ガス使用説」を政府攻撃の具とした。当然政府は否定したが、使用説のみが今日、一人歩きしている。

投降者たちはその後、霧社蕃地の一角に「保護蕃」として収容された。各蕃社はかつて常に出草を仕掛けあったり、狩猟地のもめごとなどから対立抗争をつづけてきた。その感情的しこりが昭和初期にはまだ残っており、霧社周辺のタウツア蕃やトロック蕃は霧社蕃と対立していて、蜂起蕃討伐にも参加した。しかも蜂起蕃の一群が逃走中にタウツア蕃の一社トンバラ社の牛を盗み、追ってきたトンバラ社衆に逆襲をかけ、トンバラ社の頭目タイモ・ワリスを殺害するという事件を引き起こしていた。蕃人にとって、頭目の首級を上げられるほど屈辱的なことはない。これらがきっかけとなり、翌昭和六年四月二十五日にタウツア蕃衆二百三十余人が霧社蕃の「保護蕃」に大掛かりな出草をかけ、保護状態で非武装の旧蜂起蕃衆百九十一人を一方的に殺害するという事件が発生した。他に十一人が縊死している。

一般にこれは第二霧社事件といわれているが、警備の巡査らが警戒しているなかでの事件であり、巡査らが本気で旧蜂起蕃衆を「保護」する気があったのかどうかという後味の悪さが残る。それに加え、事件後タウツア蕃の行為は不問とされた。このため、旧蜂起蕃衆の殺害を警察側が密かにそそのかしたと、今日なおしるしている歴史書もある。なお、生き残った旧蜂起蕃衆二百九十八人は五月六日、安全のため霧社からかなり離れた川中島というところに移住させられ、そこに新蕃社を結んだ。

それからの理蕃事業

霧社事件の波紋は大きかった。石塚総督はじめ総督府総務長官、同警務局長、台中州知事らが引責辞任し、民政党系の太田政弘第十四代総督が誕生し、総督府の陣容は一新された。第二霧社事件はこの体制下に発生したのだが、保護蕃川中島移住のあと、台中州当局と霧社分局の陣容も関係者の依願退職受理の形で一新された。

この新体制によって昭和六年十二月、新たな「理蕃政策大綱」の示達をみた。それは、①賃金労働その他の出役は蕃人の生活慣習を考慮し限度を越えてはならず、同時に労働時期を考慮し、賃金支払いについては絶対公正を期さねばならない、②教育をいっそう普及、奨励するため関係施設の拡充を図る、③蕃人の農耕適地への移住、蕃地交易所の拡充を促進し、もって蕃地経済の改善を促す、④蕃地の道路を改修し交通の利便を図る、⑤蕃地医療機関をいっそう拡充する、等を骨子としたものであった。

すなわち第四期事業のうち、霧社事件によって明らかとなった欠陥を補塡《ほてん》したものであり、これの推進が第五期事業となって終戦までつづけられたのである。大東亜戦争のとき、フィリピン前線の山岳戦において高砂義勇兵が果敢な働きをしたことは有名である。高砂義勇兵は陸軍がバターン攻略に際して募集したのが嚆矢となっているが、軍がまず五百人の義勇兵を募集したところ、そこへは一万人もの志願者が殺到した。第四期事業の最中に霧社事件が発生し、それを反省材料とした第五期事業によって高砂義勇兵が生まれたという史実から、その理蕃事業の変遷ぶりがうかがわれよう。

昭和十七年には蕃童教育所は百八十カ所に増え、その児童数は一万三百五十人を数え、同十六年の就学率は八六％強を記録し、平地に比してもすでに遜色は認められず、世界的にみても有数の初等教育普及地域となっていたのである。もちろん、高等教育修了者もそれに比例し、順次増えていた。水田作付け面積も昭和十七年には四千九百十五甲と同五年の二・三倍にも拡大され、収穫高も三万三千八百六十四石と、同五年の二倍へと増大していた。無論その他陸稲（三千五百甲、昭和十六年）、サトウキビ（九千百甲、同）、里芋（二千七百甲、同）等々の作付け面積も、段々畑が逐次山頂へと近づけられ、拡大の一途をたどっていった。畜産、養蚕そして各種交易量なども、水田同様にその数値は一路上昇を示していた。一方、衛生施設も完璧とはいえないまでも、以前にくらべてますます拡充されていったのである。

第8章　戦中と戦後の混乱

大東亜戦争と台湾の地位

台湾には、すでに重大事件の発生する素地はなくなっていた。だが、変化は日本内地からきた。昭和十一年五月の軍部大臣現役武官制の復活に並行して同年九月には武官総督制も復活し、小林《こばやし》躋造《せいぞう》予備役海軍大将が第十七代台湾総督に就任、そして昭和十二年の日華事変へと進む。こうした状況の変化は、日本に台湾の重要性を再認識させた。総督府はそれに応え、台湾の足腰を強めようとした。これまで農業主体であった台湾の工業化である。まず日月潭ダムを建設(完成は昭和九年)して電力を確保し、食品加工業や繊維工業を興した。台湾の工業化は台湾の自給体制強化となり、それだけ日本の南進基地の強化につながる。

人員もまたそうである。内地では日華事変の翌昭和十三年には国家総動員法が成立し、国民精神総動員運動が展開されて市民生活にも隣組が強化され、昭和十五年には大政翼賛会が成立、政治主張にも一本化が進められた。昭和十六年四月十九日、台湾では「皇民奉公会」が成立した。この台湾における国民精神総動員運動は行政体系にも組み込まれ、総督が皇民奉公会総裁を兼ね、各州知事がそれぞれの支部長に任じ、下部組織も地方行政組織と一体化された。つまり昭和十二年から始まっていた台湾人皇民化運動の強化であり、そのなかには日本語普及や改姓名奨励の強化なども含まれていた。

一方、日華事変の拡大とともに華南各地には植民地行政について経験豊富な台湾総督府から多くの人材が派遣され、占領地の民情・産業調査、防疫、電信・放送局の運営、その他各種の軍事行政事務を担当した。そして昭和十六年十二月八日、日本は大東亜戦争に突入し、台湾の受け持つべき範囲はいっきょに東南アジアへと拡大する。新占領地での行政には台湾総督府の経験がいっそう必要とされ、さらに公共事業においても、台湾電力、台湾瓦斯、台湾拓殖などが多くの人材を派遣した。新占領地の開発を金融面で支えたのもまた台湾であった。台湾銀行は昭和十七、十八年にダバオ、スラバヤ、バリクパパン、ウェーク、マノクワリなど二十三カ所に支店や出張所を開設した。一銀行が短期間にかくも多くの支店・出張所を新設したのは、世界史上例のないことである。

さらに戦線の拡大は、台湾に兵員の派遣をも求めるようになった。高砂義勇兵の比島山岳戦出撃につぎ、一般台湾人青年に対しても昭和十七年四月に陸軍、翌十八年七月に海軍の特別志願兵制がそれぞれ実施され、十九年九月には内地同様の徴兵制が台湾全島でも実施、総計三万二千人の台湾人青年が皇軍兵士として中国戦線へ、南方戦線へと出撃していった。そのほか九万二千五百人が軍夫として南方へ、八千五百人が工業要員として内地へ動員された。

これら台湾人元日本軍人・軍属は戦後、日本国籍の喪失からすべての補償対象から外されていたが、昭和六十二年九月に成立した議員立法の「台湾住民である戦没者の遺族等に対する弔慰金等に関する法律」により、戦病死と重症者を対象に、日本政府から一人につき二百万円の弔慰金が支払われることになった。さらに平成六年十二月に元日本軍人・軍属の未払給与や軍事郵便貯金など台湾確定債務問題について、当時の額面の一律百二十倍で返済することを決定し、日本の「交流協会」が平成七年十二月九日の台湾各紙にその旨を公示した。ただし、この額では少なすぎるとする不満の声が台湾には根強く残っている。

台湾の青年が戦場に出だしたころ、すでに日本軍の劣勢は覆いがたく、台湾本島も米軍機の空襲にさらされ、昭和十九年暮れころからは、爆弾にまじって「米軍は日本帝国主義から諸君たちを必ず解放する」、「米軍は諸君たちの祖国復帰を約束する」等の宣伝ビラを撒きはじめた。こうした戦況悪化のなか、総督府は台湾人の心理を日本に引きとめておく必要性から、昭和二十年六月に保甲制度と皇民奉公会を廃止し、また社会的待遇改善のため衆議院の五議席を台湾人に振り分け、さらに林献堂ら台湾の著名人三人を貴族院議員に勅選した。しかし、衆議院の五議席配分が実施される機会がなかったように、これらは付け焼き刃的かつ遅すぎた改善であった。

終戦と台湾の帰属

昭和二十年八月十五日正午、台湾でも終戦を告げる玉音放送が聞かれた。さっそくその翌日から血気盛んな台湾青年が「これで俺たちは自由だ」と叫びながら街路を闊歩する姿がみられたが、それはほんの一部にすぎず、大半は「台湾は中国に復帰する」と直感しながらも、大陸（中華民国）政府が、昨日まで日本軍とともに中国と戦っていた台湾人をどのように処遇するか、戸を閉ざした日本人商店同様、台湾全体は不安感に包まれた。また、これを機に台湾の独立を唱え、総督府に武器の引き渡しを要求する一群もあったが、在台日本軍の投降先がまだ分からず、なお治安維持の責任者であった安藤利吉総督は、勝手な武器の処理は「陛下の御心に背く」として応じず、終戦直後の台湾独立の声はまぼろしに終わった。

玉音放送より約半月後の九月二日、日本国全権の重光葵《しげみつまもる》外務大臣が東京湾内の米艦ミズリー号上でマッカーサー元帥に詔書を手交し、降伏文書に署名した。これにより終戦の法的手続きは整い、即日、連合国軍総司令部（ＧＨＱ）は日本に対し一般命令第一号を出した。そのＩのＡ項に「中国（満州を除く）、台湾および北緯十六度以北の仏領インドシナにある日本国の先任指揮官、ならびに一切の陸上、海上、航空および補助隊は蒋介石総統に降伏すべし」とあった。台湾の領有権変更は国際条約ではなく、ルーズベルト米大統領が蒋介石主席に満州と台湾の「中国返還」を約束したカイロ会談（昭和十八年十一月）に依拠して決定されたのである。だが平成の今日、同会談は意見交換だけでチャーチル英首相を含めた三首脳署名による「カイロ宣言」なるものは「存在しなかった」とする新たな説が、台湾側の「台湾主権基金会」研究グループによって発表されている。

中華民国政府の台湾接収

このとき中国大陸はすでに国共内戦のなかにあり、国民党政権は四川省の重慶にあった。この国民政府がＧＨＱの一般命令第一号よりも一日早い九月一日、台湾の領有は既定の事実として「台湾省行政長官公署組織大綱」と「台湾警備総司令部」を政府部内に開設した。ここに台湾は「中華民国台湾省」となり、同時に国民政府は陸軍大将で浙江省主席の陳儀《ちんぎ》を台湾省行政長官兼台湾警備総司令に、葛敬恩《かつけいおん》を長官公署の秘書長に任命した。さらに九月五日、陳儀は重慶に臨時弁公室を設け、同二十八日には前進指揮所を開設して台湾接収の準備に入った。在中国の岡村寧次《おかむらやすじ》総司令官が南京で降伏文書に署名し、中華民国陸軍総司令の何応欽《かおうきん》将軍に手交したのは九月九日のことである。

これらの動きと並行し、国民政府は治安情報人員を台湾に派遣するとともに、戦時中から大陸に渡り国民政府側に加わっていた台湾人が帰台して「日本と勇敢に戦った国民政府」、「困苦に耐えた国民軍」を宣伝するなど、統治移行の地ならしを進め、十月五日には葛敬恩・長官公署秘書長以下八十余人の人員が米軍顧問団約百人の護衛下に渡台し、前進指揮所が台北に移された。こうしたなかに、街まちには青天白日満地紅の中華民国国旗が掲げられ、また「山河還我」のポスターが貼られ、祖国復帰の雰囲気がしだいに盛り上げられていった。

　台湾人たちは不安のなかにも期待をふくらませ、本格的な接収の日を待った。そして十月十七日、中華民国第六十二軍、第七十軍（約一万二千人）と官吏二百余人が、米軍の護衛のもと米第七艦隊三十余隻の艦船に分乗し、基隆港に上陸し、即日、台北に行軍した。米軍の護衛は、中国兵が在台日本軍の動きを恐れてのものであったが、それはまったくの杞憂《きゆう》で、玉音放送により日本軍はすべての軍事行動を停止していた。

　基隆で、また台北で、台湾の民衆は爆竹を鳴らし、青天白日満地紅の小旗をちぎれんばかりに振り、歓呼の声で、日本軍を打ち破ったはずの「祖国」の軍隊を迎えた。だが、しだいに民衆の歓声は消え、爆竹は鳴りやんだ。兵士たちは銃のかわりに鍋釜《なべかま》をさげ、薄汚れた綿入れを着こみ、ほとんどが草鞋《ぞうり》ばきで素足の者もいる。カラ傘を背負った者もおれば鶏の籠《かご》を天秤棒でかついだ者もいる。しかも隊列はだらしなく曲がり、話しながらだらだらと歩いている。台湾人にとっての軍隊とは、威風堂々と行進する日本軍の勇姿だったのだ。台湾人の期待は、まったく外れたのである。そればかりではなかった。「祖国軍」の上陸とともに、これまで保たれていた治安は乱れた。兵士による婦女暴行や強盗事件が発生する。商店からは横暴な支配者然として代金を払わず品物を持ち去る。

　将来に不安を感じた台湾人たちは、それでも陳儀長官が来てくれれば不逞《ふてい》兵士の暴虐を押さえてくれるだろうと期待をつないだ。その陳儀が長官公署と警備総司令部の幹部を率い、上海から台北に米軍機で飛来したのは十月二十四日であった。おなじ日、基隆には憲兵三百人、特務一千三百人、警官一千人が新たに上陸

台北市公会堂での受降式模様（写真は1996年10月25日、同じ場所で終戦50周年記念行事の一つとして再現されたもの）

していた。

翌二十五日午前十時、台北公会堂（現在の台北中山堂）で中国戦区台湾地区降伏式がおこなわれた。中華民国側代表は台湾省行政長官の陳儀将軍、葛敬恩秘書長ら、日本側代表は台湾総督兼第十方面軍司令官の安藤《あんどう》利吉《りきち》大将、練山《ねりやま》春樹《はるき》参謀長ら、台湾住民代表には林献堂らが参加した。受降式典は簡素かつ平穏に進み、これによって台湾総督府の行政権は、すべての在台資産とともに中華民国側に引き渡された。式典終了の直後、陳儀長官はラジオで、要旨「今日より台湾は正式に中国の領土に復帰し、すべての土地と人民は中華民国国民政府の主権下に置かれる」と発表。この十月二十五日という日がその後、台湾で「光復節《こうふくせつ》」という祝日になった。この日から台湾人の国籍は中華民国となって「本省人」と呼び、中国大陸から新たに渡来した中国人を「外省人」と呼称するようになった。

日本財産の接収と日本人の引き揚げ

台湾総督府はそのままそっくり台湾省行政長官公署となり、台湾軍司令部は台湾警備総司令部となった。ついで総督府の全台湾における行政機構も建物ごと接収され、従来の五州三庁制が八県九市制に改組された。また各種日本人資産は民間企業も私有財産も日本内地への移転は許されず、すべて接収の対象となった。一九四七年（昭和二十二年）二月末までに、土地以外に接収された各種資産はつぎのとおりである。

公共機関＝五九三件―二九億三八五〇万円
民間企業＝一万二九五五件―七一億六三六〇万円
私有財産＝四万八九六八件―八億八八八〇万円
合　計＝五万八五六件―一〇九億九〇九〇万円

この年の日本の一般会計予算歳出は二一四二億五六〇〇万円であったから、一地域での接収資産額としての膨大さが分かろう。なお、民間企業は接収されたあと、中華民国の国営あるいは台湾省の省営企業となった。たとえば大手だけをみても金融機関の多くは省営となり、台湾銀行、台湾貯蓄銀行、三和銀行が台湾銀行に、日本勧業銀行は台湾土地銀行に、華南銀行は華南商業銀行に、彰化銀行は彰化商業銀行となり、台湾商工銀行は台湾第一商業銀行に、生命保険会社では千代田、第一、明治、安田、住友、三井など数社が台湾人寿保険公司となった。また工業関係の多くは国営となり、台湾電力が台湾電力公司に、台湾船渠基隆造船所が中国造船公司に、海軍第六燃料廠、日本石油、帝国石油、台湾天然瓦斯、台拓化学などが中国石油公司に、大日本製糖、台湾製糖、明治製糖、塩水港製糖などが台湾糖業公司に、台湾製塩、南日本塩業、台湾塩業などが中国塩業公司となった。これらは一例であり、さらに接収後、県営や市営、党営となったものも多い。

一方、新たな覇者となった陳儀に資産を凍結された在留日本人は生活に困窮し、家財や書画骨董を路傍で切り売りする姿が随所にみられた。しかも陳儀は船もないまま、日本人の台湾からの引き揚げを急がせる。終戦時、在台日本人は軍人約十六万六千人を含め、およそ四十八万八千人であった。そこに米軍からLST型輸送船や病院船二百余隻の貸与を受け、まず軍人から昭和二十年十二月下旬に引き揚げが開始され、それの終了した翌昭和二十一年二月末から民間人の引き揚げがはじまり、同年四月末にほぼ完了した。それらは、営々として築いた財産の大半を残しての帰国であった。携帯を許されたのは、一人につき現金一千円、リュックサック二袋分の生活必需品、および途次の食糧のみである。このとき帰国したのはおよそ四十六万人で、約二万八千人が行政や企業の運営上「留用者」として留め置かれた。この引き揚げ完了の見通しがついた昭和二十一年四月十三日、安藤総督は「戦犯」として逮捕され、二日後に上海に護送されたが同二十日、「戦犯」の汚名を潔しとせず自決した。

本省人にふりかかった災難

引き揚げる日本人に、「あなたがたは帰る国があっていいですね」とささやく台湾本省人の姿があった。長官公署は廃止されたはずの日本時代の保甲制度を五人連座制の隣保制度として復活し、かつ警備総司令部を頂点とする特務機関の網の目を全島にはりめぐらせた。また行政機関は、長官公署から鎮(町)や郷(村)にいたるまで、くまなく設けられた国民党の区党部によって監督された。まさに「以党治国」(党をもって国を治める)体制であり、新たな台湾統治とは「党・政・軍・特」すなわち国民党、行政府、軍隊、特務が錯綜する複雑な機構によるものとなったのである。当然その人員は多数を要し、たとえば日本統治時代末期の総督府本庁人員が一万八千三百人であったのに対し、長官公署は約四万三千人も擁した。当然それらの機構は大陸渡来の外省人によって占められ、町村にいたるまで行政機構に台湾本省人が登用されるのは下級職のみであった。国営や省営とされた企業でも管理職は外省人が占め、一般従業員からも意図的に本省人外しがおこなわれた。このため本省人の就業機会はいちじるしく低下し、日本留学から帰った知識階層や戦線からの復員軍人・軍属にも職はなく、人口六百万人の台湾社会に三十万人以上の失業者があふれた。

さらに警察機関も下級職を除きすべて外省人によって占められ、これらの多くが日本の警察とは違い職権を悪用して私利私欲に走った。外省人と本省人のあいだで争いが起こると、大半は本省人に非があるとされた。しかも警察にまで公然と賄賂がまかりとおった。こうした社会のなかに、本省人は日本から国民政府への移行を、「犬（日本人）が去って豚（中国人）が来た」とささやいた。犬は吠える代わりに守ってもくれるが、豚は食い散らかすばかりというのである。

人為的な超インフレ

加えて超インフレが台湾社会を襲った。これまで日本経済の一翼を担っていた台湾経済は、中国経済に組み込まれたものの、その中国本土（大陸）は内戦中で極端な物資不足に見舞われている。それの補塡《ほてん》が台湾に求められたのである。これまで日本内地に移出していた米や砂糖は大陸に運ばれ、大陸からは軽工業製品や日用雑貨が搬入された。ところが経済崩壊寸前の大陸では、物資不足とインフレの進行により諸物価は高騰しており、それが当然台湾搬入の製品価格にも連動し、さらに米や砂糖の大陸移出によって、かつて「穀倉」

といわれた台湾で極度の食糧不足が発生した。たとえば、終戦当初八月の台北の小売米価は一斤(六百グラム)二十銭であったのが、その年末には十二元になっていた。通貨の呼び名はかわったが、実に六十倍の高騰である。

長官公署は行政権を握るとともに中国銀行券制度を採用し、日本銀行券、台湾銀行券の使用を禁止した。その当初、日銀券(円)と中国銀行券(元)の交換レートは一対一と設定されたが、急激なインフレのため元は一九四八年(昭和二十三年)にはなんと一対四万に下落していた。つまり一円＝一元であったのが、一円＝四万元となり、二年前一元だった品物が四万元にもなったのである。これに対し、長官公署は紙幣の増刷をもって応えた。台湾銀行の印刷機はフル回転し、一九四五年(昭和二十年)九月の発行額は十九億三千万元であったのが、翌年五月には二十九億四千三百万元、同年末には五十三億三千万元を発行し、さらに一九四七年(昭和二十二年)末には百七十一億三千三百万元、その翌年末には一千四百二十億元も発行するというすさまじさである。それでも紙幣が不足し、各銀行が「本票」(銀行の自己宛て小切手)を乱発し、インフレの進行に拍車をかけた。このため一九四九年(昭和二十四年)に国民政府は台湾でのデフレを実施し、旧四万元を新一元とした。これが今日の「新台幣《シンタイピー》」(NTドル)である。

失業の増大にこうした超インフレが重なり、台湾は生活苦の社会となり、治安も悪化し、外省人による台湾支配の頂点である長官公署への、台湾本省人の怨嗟《えんさ》の念は高まった。さらに一九四七年(昭和二十二年)一月一日に南京で発布された中華民国憲法について、陳儀は「台湾人民は長期にわたり日本の統治下に置かれたため、政治意識が退化しており自治能力に欠ける」として、台湾での適用は二、三年さきにすると言明し、本省人の神経を逆なでした。

悲劇の二・二八事件

事件はそのような一九四七年（昭和二十二年）二月に発生した。その二月二十七日の夕刻、外省人で構成されるヤミタバコ摘発隊が台北市中に繰り出し、その一隊六人が大稲埕で逃げ遅れた本省人老婆をつかまえ、殴打するとともにヤミタバコと売上金を没収した。それらの多くは摘発隊員の個人収入となる。老婆は摘発隊員に現金の返却を哀願したが容れられず、逆に銃床で頭部をたたきつけられ、血を流して転倒した。これをみていた通行人らは摘発隊員を取り囲み、非難しはじめた。そのかずは膨れ上がり、恐れをなした摘発隊員は逃げながら発砲した。それが市民の一人に命中し即死する。憤激した市民らは逃げた摘発隊員を追い、近くの警察局と憲兵隊を取り囲み、逃げこんだ摘発隊員の引き渡しを叫んだ。当局はそれを拒否し、市民らは終日そこを動かず、外省人官吏による本省人殺害のうわさはたちまち市中に伝搬した。

明けて二月二十八日午前、群衆が専売局台北分局に押しかけ、外省人職員を蹴散らし酒タバコ類や什器類を路上に放り出し火をつけた。午後、群衆はさらに増し、抗議の大群となって長官公署（旧総督府）前広場に集まり、口ぐちに行政の改善を要求した。そこへ憲兵隊が機銃掃射を浴びせ、数十人の死傷者を出した。陳儀は、抗議の群衆を暴徒と見なしたのである。ここにいたって本省人の怒りは爆発し、商店は戸を閉ざし、工場は操業をとめ、学生は授業を放棄し、抗議の波に加わった。その波はつぎつぎと官庁、警察、憲兵隊を襲い、外省人の商店を襲い、路上でも列車内でも外省人とみれば襲撃した。やがて群衆は放送局を占拠し、異常事態の発生を全島に知らせた。台湾戦後史にいう「二・二八事件」の発生である。

事件は当夜のうちに台北県下、基隆に波及し、三月一日には新竹、台中、彰化に拡大し、二日には嘉義、台南、高雄、屏東へ、四日には東部へと伝搬した。この事件中における外省人の被害は、事件後の警備総司令部の発表によれば、死者三百九十八人、重軽傷者二千百三十一人、行方不明七十二人である。

さらに悲劇となった終焉

事件拡大とともに、各地の本省人有識者らは事態収拾のため「二・二八処理委員会」を結成し、全島規模へと拡大した三月四日には、台北に「全省処理委員会」が組織された。それは総務、治安、交通、糧食、財務などの各政務局からなり、長官公署による台湾支配を排除し、台湾自治の新たな行政機構へと発展するはずのものであった。兵力の不備とともに数の力に圧倒された陳儀も、この委員会の存在を認めて交渉相手とし、本省人に柔軟な姿勢をとらざるをえなかった。元日本軍人、青年団体、学生組織はあくまでも武力闘争を主張したが、陳儀にとって同委員会を交渉相手としたのは幸いであった。同委員会がこれら武闘派をなだめ、過激な動きを押さえたのである。

処理委員会は三月六日、「全国の同胞に告げる書」を発表し、「われわれの目標は貪官汚吏《どんかんおり》の一掃と、台湾の政治改革の実現である」と宣言し、翌七日には台湾の高度自治、基本的人権の保障などをうたった三十二カ条からなる「処理大綱」を採択した。陳儀はそれの承諾をほのめかしながら回答を翌日に延ばした。これには陳儀の策謀があった。

陳儀は事件発生を台湾における「共産分子の反乱」と蒋介石に報告し、援軍を要請していた。蒋介石はそれに応じ、華北戦線出動予定の二個師団を台湾に急派した。それが八日夜から九日にかけ、基隆と高雄にぞくぞくと上陸してきたのである。陳儀の柔軟姿勢は、この日までの時間稼ぎだったのだ。援軍の上陸とともに陳儀の態度は一変し全島に戒厳令を敷き、処理委員会に不法組織として解散を命じ、関係者の一斉逮捕を開始した。一方、上陸した大陸からの援軍は戦時における占領軍よろしく台湾本省人に襲いかかり、随所で兵士による本省人への暴行、掠奪、殺戮が展開された。その範囲は二週間で全島におよび、本省人の抵抗は窒息した。

三月十日、蔣介石の処理方針が発表された。それは陳儀の暴政には触れず、事件は共産党の扇動によると論断するものであった。確かにそれはあった。台中で台湾共産党の謝雪紅一派が事件に便乗し、群衆がその扇動に乗ってデモ隊の一部が「国民党打倒」を叫んでいたのである。だがそれは大きな動きとはならず、事件の鎮圧後、謝雪紅は香港経由で大陸に逃亡し、文革時に地方主義者として粛清されている。つまり陳儀の報告も、それを基礎とした蔣介石の処理方針も、事件のごく一部を全体としたものだったのである。また、四月一日の長官公署機関紙『新生報』は、事件を「日本教育のハネ返り」、「日本精神の余毒のタタリ」と報道し、発生の原因をすり換えていた。

三月十四日、警備総司令部は「三月十三日、全省を平定した。本日より粛奸《しゅくかん》工作を開始する」と発表し、さらに長官公署は同二十日、社会治安の維持を名目に「清郷《せいごう》工作」の実施を宣言した。全島的な逮捕、処刑の開始である。それは各地処理委員会のメンバーはもとより、事件となんら関係のない者まで含まれた。全島各地で民意代表、大学教授、弁護士、医師、作家、教師らの知識人らが戸籍調査の名目でつぎつぎと自宅から連行され、かれらはそのまま消息を断った。長官公署はこれを機に、台湾本省人の指導者となりそうな人物を事前粛清していったのである。これによって、ながらく本省人の政治勢力に空白が生じることになる。

その一方、資産家がわけもなく連行され、警察官や官吏から釈放の代償として法外な「贖罪金《しょくざいきん》」と称する賄賂を要求される例も随所にあった。

その後、二・二八事件は文書はもとより口にすることさえタブーとされ、事件には一切フタがされた。李登輝総統の時代になってからの調査によれば、事件の犠牲者はおよそ二万八千人と報告されたが、暗黒裁判によって処刑された人数などは調べようがなく、やはり真相は不明である。この事件は、その後の本省人と外省人の対立として、台湾社会に長い影を落とすものとなる。

台湾独立運動の芽生え

このとき、海外に亡命した知識人も多く、また青年層では外省人の支配を嫌って日本や米国に留学という形で移住する者が増えた。かれらの念頭にあるのは、外省人と大陸政権への反感、それに改めて痛感した台湾人意識である。その思いの帰趨は、台湾人のための台湾、すなわち「台湾独立」である。

それの組織づくりに最も奔走した人物に、米国留学帰りで工学博士の廖文毅《りょうぶんき》がいる。彼は台湾脱出後、香港で「台湾再解放同盟」を結成し、国連に台湾の国連信託統治と台湾帰属問題の国民投票実施を訴えるなどの活動をおこない、一九五〇年（昭和二十五年）に日本に渡り、京都で同志を糾合して「台湾民主独立党」を結成、さらに五六年（昭和三十一年）には東京で「台湾共和国臨時政府」の樹立を宣言し、海外における台湾独立運動の中心となった。しかし国民党のたくみな懐柔工作により、六五年（昭和四十年）に廖文毅は独立運動を放棄し、台北に帰還した。この事態は、台湾独立運動にかなりの影響を与えた。

この系統とは別に、戦時中に東京大学に留学し、二・二八事件後に香港経由で再度日本に渡り、東大に再入学していた王育徳《おういくとく》（文学博士）を中心に、在日台湾人留学生らが一九六〇年（昭和三十五年）に「台湾青年社」を結成して機関誌『台湾青年』を発刊、台湾独立の言論活動を展開した。廖文毅の転向後、この台湾青年社が海外独立運動の中心となった。この『台湾青年』はこれ以来、台独派機関誌としては無論、反体制派による台湾情勢の分析誌としても、日本の言論界で高い評価を受けるところとなる。なお、王育徳は兄の王育霖《おういくりん》が「粛奸」、「清郷」工作によって逮捕され、不帰の人となっている。王育徳は独立運動の一方、明治大学教授、埼玉大学講師、東京外大講師などを勤め、一九八五年（昭和六十年）に東京で客死した。

さらに一九六〇年代になると、米国への台湾人留学生が急増し、全米各地に独立運動の組織が生まれ、独立運動の中心が米国に移った。そこで一九七〇年（昭和四十五年）に在米組織を中心に、在日の台湾青年社も参画して国際的な「台湾独立聯盟」（後に「台湾独立建国聯盟」）が結成された。これがロサンゼルス、東京（『台湾青年』は同聯盟の日本語機関誌となる）、パリ、サンパウロ、台北（地下）に地域本部を置き、世界各地で台湾独立を訴えつづけることになる。

陳儀の終焉と南京政府の動き

陳儀の報告を鵜呑みにしていた南京の国民政府は、その後さすがに陳儀の不手際をさとり、これを一九四七年（昭和二十二年）四月二十二日に免職するとともに行政長官公署を撤廃し、台湾にも省制を敷いて外交官の魏道明《ぎどうめい》（後に駐日大使をへて外交部長）を台湾省主席に任命した。魏道明は五月十六日に就任したが、その最大の任務は本省人を懐柔するところにあった。まず就任の翌日、戒厳令の解除を宣言するとともに二・二八事件関係者の逮捕中止を声明した。だが密かに「粛奸」、「清郷」工作は継続された。また本省人を省政府高官に据えたが、それらは二・二八事件における政府への協力者たちであった。その一方において、外省人官吏たちの汚職やインフレに乗じた本省人搾取はつづいた。

陳儀は台湾行政長官免職後、浙江省主席に就任し、台湾本省人を唖然とさせた。だが陳儀は一九五〇年（昭和二十五年）六月、台北市郊外の新店で銃殺刑に処せられた。理由は二・二八事件の責任ではなく、共産党軍に寝返ろうとした寸前、部下の告発によって逮捕されたためのものであった。

この二・二八事件の発生するすこし前のことだが、一九四七年（昭和二十二年）一月、前述のとおり南京で国民政府は中華民国憲法を公布するとともに、これに基づいて共産党制圧以外の地域から国民大会代表二千九百六十一人、立法委員七百六十八人、監察委員百八十人からなる三つの国会の民意代表を選出していた。そして翌年の三月に第一期国民大会を南京に招集し、蔣介石を初代総統に、李宗仁を副総統に選出した。同時に、共産党討伐のため憲法に超越する「動員戡乱《かんらん》（反乱平定）時期臨時条款」を制定した。これは二年間を区切った時限立法で、一九四八年（昭和二十三年）五月十日から施行された。つまり、共産党の反乱を二年間で覆滅できるとみていたのである。しかし、この三種類の国会議員選出のあと、中国大陸における国民政府の形勢は、いよいよ不利に展開する。

第9章　中華民国・台湾の明と暗

中華民国政府の台湾移転

大陸での共産党軍との内戦が不利に進むなか、国民政府は一九四八年（昭和二十三年）十二月二十九日、外交官出身の魏道明・台湾省主席を解任し、代わって軍人の陳誠《ちんせい》を主席に任命した。同時に蒋介石の長男・蒋《しょう》経国《けいこく》が中国国民党台湾省委員会主任委員に就任、次男の蒋緯国《しょういこく》が率いる中華民国陸軍の戦車兵師団が台湾に移動。さらに天津《てんしん》陥落翌日の一九四九年（昭和二十四年）一月十六日、陳誠主席が台湾省警備総司令官を兼任した。国民政府の台湾への撤退準備開始である。

南京では蒋介石総統が一九四九年一月二十一日に下野して李宗仁が代理総統となり、共産党との和平交渉に入ったが進展せず、共産党軍は同一月二十三日、北京に入城し南京をうかがう姿勢をとった。国民政府にとって台湾での秩序ある受け入れ準備はいよいよ焦眉の急となり、陳誠は台湾の海岸線を封鎖して無制限な難民の流入を防ぎ、五月一日からは一斉に戸籍調査をおこない、同十九日に台湾全省への戒厳令発布を布告し翌二十日から施行した。

大陸ではすでに南京を放棄（四月二十三日）し、五月二十五日には上海が陥落した。蒋介石・国民党総裁（後に主席と改称）は七月二十四日、アモイから台湾に渡り台北市郊外の陽明山に「中国国民党総裁弁公庁」を開設し、国民党総裁としてまだ華南一帯にのこる国民党勢力の指揮をとった。一方、共産党は大陸での覇権をますます拡大し、十月一日には北京で建国宣言をした。ここに中国には、二つの政府が並立するところとなった。まず一九一二年（大正元年）に孫文の三民主義を奉じて建国し、中国国民党を主体とした国連安保理常任理事国ともなっている中華民国政府と、その大陸における支配地域を内戦で拡大した中国共産党の中華人民共和国政府である。

この共産党政府はさらに華南にも浸透し、中華民国の李宗仁・代理総統は十一月二十日に香港に逃れ、十二月五日には米国に亡命した。そして十二月七日、台北の国民党総裁弁公庁は、中華民国政府が台湾に移転し、臨時首都を台北に定めたことを宣言し、蔣介石総裁は翌一九五〇年（昭和二十五年）三月一日、台北でふたたび中華民国総統に就任した。

動員戡乱時期臨時条款

台北遷都には、憲法に超越する臨時条款も一緒であった。それの期限満了は一九五〇年（昭和二十五年）五月であったが、中華民国政府はあくまで「中国の正統政府」を主張して「大陸反攻」をめざし、依然反乱を平定しなければならない「動員戡乱時期」がつづいているとして、その臨時条款の自動延長を宣言した。これによって、さきの戒厳令と臨時条款が、台湾の社会に重くのしかかることとなる。

同条款は一九六六年（昭和四十一年）までに三度の改訂が加えられたが、最終的な条款のおもな内容はつぎのとおりである。（ ）内は筆者註。

一、総統は動員戡乱時期において、国家あるいは国民が緊急の危難に遭遇するのを避けるため、あるいは財政経済上の重大な変動に応じるため、憲法第三十九条（総統は法によって戒厳令を布告できる。ただし立法院の通過あるいは追認を受けなければならない）あるいは第四十条（総統は法によって大赦、特赦、減刑および復権の権を行使できる）の制限を受けず、行政院会議（閣議）の決議によって緊急処分をなすことができる。

二、前項の緊急処分について、立法院（国会）は憲法第五十七条第二項（立法院は行政院の重要政策に不賛同の場合、決議によって行政院に変更を求めることができる。行政院は立法院の決議に不服の場合、総統の認可を得て立法院に差し戻すことができる。差し戻された後、出席立法委員三分の二以上で原案を可決した場合、行政院長は受理あるいは辞職しなければならない）の規定に基づいて変更あるいは廃止できる。

三、動員戡乱時期においては、総統は、憲法第四十七条（正副総統の任期は六年とし、再選は一回のみとする）の制限を受けず、再選再任できる。

四、動員戡乱時期においては、本憲政体制は動員戡乱機構の設置、動員戡乱に関する大政方針の決定、ならびに戦地政務処理の権限を総統に付与する。

六、動員戡乱時期においては、国民大会は憲法第二十七条第二項（国民大会は総統を罷免できる）の制限を受けない。

九、動員戡乱時期の終結は、総統が宣告する。

つまり総統は、立法院の制限を受けずに戒厳令や緊急命令を意のままに発令できる独裁権を付与されたのである。また、蒋介石総統は国民大会と立法院（いずれも大陸で選出された代表、委員で構成）によって独裁権を付与された返礼といおうか、国民大会代表や立法委員、監察委員などの中央民意代表は大陸反攻が成功するまで改選しないという「緊急命令」を発動したのである。これは大陸選出議員の地位の恒久化を意味し、同時に台湾住民（本省人）の国政参与権を剝奪するものともなった。つまり一九四九年（昭和二十四年）から施行された戒厳令は、集会と結社の自由を制限するとともに新たな政党の結成も禁止しているのである。これがいわゆる「党禁」である。同時に報道の自由も制限し、新たなマスコミ機関の設立も禁じた。これを「報禁」という。

また政府の移転と同時に、一九四七年（昭和二十二年）に選出された三種類の全国民意代表の大半をはじめ、大陸からおびただしい数の難民が台湾になだれこみ、その後のさみだれ的難民も含め、総数は二百万人にのぼる。約六十五万人の日本人が引き揚げ、およそ六百万人となった台湾の人口にこれだけのかずがいっきょに増えたのだから、台湾は急激な人口増加の重圧をもかかえるところとなり、さらに政府の「大陸反攻」には人的資源が必要との政策から年間三・五％という驚異的な自然増加を示し、台湾の総人口は一九六三年（昭和三十八年）に一千二百万人を突破するにいたった。わずか戦後の十八年間に人口が二倍にも増えたのである。ちなみに一九九六年（平成八年）末には二千百二十万人となっている。

混乱のなかの農地改革

戒厳令や臨時条款はまさに市民の声を封殺するものであるが、その体制下であるからこそできる改革もある。いかなる経済発展のスタートもまず土地改革が基礎となるが、そこに地主などの既成の地権がからんでいる場合、相応の強制力が必要となる。戦後の日本で地主制度を廃した農地改革がＧＨＱの強権で実施されたように、台湾でも同様のことがおこなわれ、経済近代化へのスタートを切ったのは、まさに臨時条款自動延長前後のことであった。

二・二八事件の翌一九四八年（昭和二十三年）七月、政府はなおつづく食糧不足への対応として「収購大中戸余糧」政策を実施し、十甲（一甲は約一ヘクタール）以上の土地を所有する大中地主（全戸数の三％弱で全耕地面積の約三六％を占有した）に余剰小作米を廉価に供出させた。この第一弾は地主に打撃的であったが、さらに大きな第二弾となったのは、その翌年一九四九年（昭和二十四年）四月から開始された「三七五減租」である。従来の小作料は五割から六割に達していたのを、一律に三七・五％に押さえるというものである。名称はこのパーセンテージからつけられた。強権政治のもとに地主は抵抗できず、台湾きっての文化人であり大地主でもあった林献堂が、この年九月に病気療養を理由に日本へ亡命し、昭和三十一年に東京・久我山で死去するまで国民党政府の帰台説得に応じなかったのは、地力を失った者の無言の抵抗であったといえようか。

第三弾は臨時条款自動延長の翌年、一九五一年（昭和二十六年）六月の「公地放領」である。政府は日本人の所有であった農地（約十八万甲）を接収して公地（公有地）としていたが、その二割を小作人に放領（払い下げ）したのである。これは既成地主に対する一種のデモンストレーションの意味も兼ね、価格は年生産額の二・五倍、十年均等年賦、収穫現物で支払うというものであった。そして第四弾が一九五三年（昭和二十八年）一月から実施した「耕者有其田」（耕す者が其の田を有する）政策である。まず土地所有の上限を水田なら三甲、畑なら六甲と定め、それ以上を有している地主の農地を「公地放領」とおなじ年生産額の二・五倍の価格で強制的に買い上げ、それを直接耕している小作人に払い下げたのである。地主からの買い上げは十年二十回償還の土地債権（全額の七割）と公営企業の社債（同三割）をもってし、小作人への払下げは十年二十回払いの現物納入、年利四％とした。

これによって台湾から大地主は消滅し、一九六二年（昭和三十七年）の統計では農家は約八十一万戸、総人口の五〇％強を占め、その年の輸出額一億五千万ドルのうち、農産物と加工品が八〇％であった。すなわち戦後台湾の経済はしばらく農業が支えたのであるが、それの基礎をなした農地改革が、大陸では実施できず台湾ではきわめてスムーズに進んだのは、強権のうえに土着地主と政権とのあいだになんの癒着もなく、「放領」した公地もすべて接収地という戦後台湾の特殊性によるものであった。

二重構造の行政機構

その特殊性に君臨した蔣介石が、中華民国総統に再就任するときのスローガンは、「大陸反攻」に計画性を示した「一年準備、二年反攻、三年掃討、五年成功」というものであった。したがって支配地域は台湾とその周辺島嶼および福建省の金門島と馬祖島のみとなったが、行政組織はあくまで台北遷都以前の体裁を維持した。つまり全中国を代表するとした中華民国体制である。

その体制維持のため、一九四七年(昭和二十二年)に大陸で選出した多数の国民大会代表と立法委員、監察委員をそのまま台湾で中央民意代表として固定したのはもとより、中央政府には大陸で制定され「五権憲法」といわれた中華民国憲法にしたがい、立法院(国会に相当、ただし国政調査権はなし)、行政院(内閣に相当)、司法院(憲法解釈と裁判所を統轄)、考試院(人事院に相当)、監察院(国政調査と公務員の弾劾)の五院を置いた。さらに行政院には内政部(自治省)、外交部(外務省)、財政部(大蔵省)、経済部(通産省)、交通部(運輸省)、国防部(国防省)、教育部(文部省)、法務部(法務省)および海外の華僑に関する事項を取り扱う僑務委員会と、それにチベットとモンゴルの事項を取り扱う蒙蔵委員会の、全中国を支配する体制である通称「八部二会」をそっくり維持した。僑務委員会は、歴史的に中国大陸から多くの華僑が世界に散らばっており、これを掌握するという理由からであり、また蒙蔵委員会は、中華民国政府はチベットとモンゴル(一九二四年にモンゴル人民共和国として独立、五六年に国連加盟)の独立を認めないという立場からのものである。

地方行政については、行政院の下に中央直轄として台湾省、福建省、台北市、高雄市が置かれた。直轄であるため、この二省と二市の主席と市長は民選ではなく中央任命制となった。また福建省といっても、その管轄は金門島(金門県)と馬祖島(連江県)だけである。さらに台湾省の下に台北県、桃園県、新竹県、苗栗県、台中県、彰化県、南投県、雲林県、嘉義県、台南県、高雄県、屏東県、台東県、花蓮県、宜蘭県、澎湖県の十六県と、基隆市、新竹市、台中市、嘉義市、台南市の五市という「二十一県市」が置かれた。なおこの五市の場合、たとえば台北県と台北市の関係だが、台北県の行政区域のなかに台北市があるのではなく、台北県と台北市はまったく行政区域が異なり、相互に独立した地方自治体となり、この点、日本の地方行政構造と異なる。そして十六県のなかに各県に所属する三百余の市、鎮(町)、郷(村)が置かれ、それぞれに日本の役所や役場に相当する公所が開設された。二十一県市以下の行政体の首長ならびに議員はすべて民選である。

このように、中央直轄の二省二市以外は一応地方自治の形態をとったが、地方自治体の首長には臨時雇用を除き人事権がなく、税制も税収のほとんどが中央に帰属する仕組みになっており、地方は独自の財源に乏しく中央の補助金に頼っており、実体はまさしく中央集権体制であった。

さらに台湾省には中央政府の外交、国防、法務の三部(省)と二委員会を除いた他の五部(省)と、ほぼおなじ性格を持つ「庁」や「処」が設けられた。すなわち行政の二重構造であり、台湾における中華民国体制の矛盾がここにある。こうした「屋上屋《おくじょうおく》」の構造は当然行政の繁雑化と効率の低下をまねき、民間はこれを「廟小菩薩大」(小さな廟に大きな神像)あるいは「廟小菩薩多」(狭い廟に多くの神様)などと揶揄《やゆ》した。

二重組織の党と政

行政の二重構造に加え、台湾における中華民国体制には、もう一つの構造矛盾があった。国民党の一党独大状態である。これは臨時条款より派生した党禁と第一期中央民意代表の身分恒久化によって、絶対的な不動の体制となる。野党は存在した。大陸から国民党とともに中国青年党と中国民主社会党というのが台湾に移転したが、いずれも国民党からの補助金によって存続する泡沫《ほうまつ》政党で、その存在意義は国民党の一党独裁色を薄めるところにあり、本省人社会からは「便所の花瓶」と揶揄された。便所に飾って悪臭を消すというものであるが、見え透いていたため、その役割は果たせなかった。

国民党はみずからを中国革命の成就、つまり孫文の三民主義を全中国に実現させる革命政党と位置づけていた。したがって革命遂行中は党が軍も行政も指導し、その権力は党総裁（主席）に集中する。この意味からは中国国民党も中国共産党も変わりはない。大陸で毛沢東の神格化が意識的に進められ、その銅像が各地に林立したように、台湾においても蒋介石の銅像があちこちに立てられた。北京政権の中華人民共和国では、国家の基本政策を決定するのは政府の国務院ではなく共産党の政治局であるように、台湾でも国民党の中央常務委員会がそれを決定した。だから内外の新聞記者たちは、行政院会議（閣議）の日よりも、毎週水曜日に開かれる中央常務委員会の方に多く集まったものである。

党組織もまた、双方は類似していた。まず中央党部を設け、その指揮下に地方行政府に並行して地方党部が設置され、それが各地方行政機関を指導した。さらに地方党部には「民衆服務処」が設けられ、国民党の名で各種の市民サービスを提供するとともに、市民の思想指導と行動の監視をおこなった。この市民サービスの費用の多くが地方行政府によって負担されていたため、「国庫が党庫に通ずる」といわれたものである。

これを縦の指揮系統とするなら、横の指揮系統として公営事業体や軍に「特種党部」が置かれた。たとえば行政院交通部鉄路管理局には鉄道党部が設置されたように、すべての公営事業体には党部が置かれ、軍には師団から中隊にいたるまで国民党の政治将校や指導員が置かれ、軍における党の政策遂行と思想指導にあたった。まさに「屋上屋」の行政機構に「以党治国」が重なったのである。

さらに党中央財務委員会が多くの党営企業を統括した。それの全体像の把握は困難だが、証券、石油化学、セメント、天然ガスなどの業界には寡占《かせん》体制を敷くほどで、そのほか鉄鋼、貿易、海運、薬品、電子関連の業界にも事業体（公表されているだけで約八十社）を持ち、その総資本は六十五億元（約三百億円）ともいわれており、総資産額になると四、五千億元（二兆～二兆五千億円）にのぼるとみられ、台湾の中国国民党が「世界一の金持ち政党」あるいは「最大の財閥」といわれる所以《ゆえん》はここにある。これが国民党による台湾での「以党治国」を支えたのであるが、あとに述べる台湾の奇跡的な経済発展も、この体制が大きく寄与したことは否定できない。

蒋介石から蒋経国への継承背景

蒋介石は国共内戦で、陳儀もその一人であるが幾多の裏切りに遭って大陸での敗北を早め、また軍人政治家としてそうした経験を持つだけに、彼には「政権は投票箱より生まれる」ものではなく、毛沢東同様に「政権は鉄砲より生まれる」ことへの認識の方が強かったようだ。だから戦後の台湾は臨時条款から戒厳令へと一連の道を進むのだが、「以党治国」の要《かなめ》である党組織においては、蒋介石はまず台湾における足場の粛清と強化にかかった。戒厳令施行後の一九四九年（昭和二十四年）八月、これまでの中央常務委員会を廃し、十六人の委員からなる「中央改造委員会」を設立した。その十六人のなかに長子の蒋経国も入り、彼は国民党台湾省党部主任委員を兼ねて前述の各地への党組織の浸透を図るとともに、中央においても実質的な「改造」の統轄者となって辣腕《らつわん》をふるった。「改造」とはすなわち反蒋派の粛清と四散した党員が台湾に入ってくるのをチェックしフルイにかけることである。一九五二年（昭和二十七年）にこれを完了し、国民党は十月に従来の中央常務委員会を復活させた。ここに蒋介石の地位は盤石《ばんじゃく》となり、蒋介石の銅像が台湾各地に立ちはじめたのもこの時期である。

さらにこの過程において蒋経国は、軍の思想統制と政治将校を統括する「国防部総政治部」の主任に就任（一九五〇年四月）した。蒋介石は「改造」を進めるにあたって、「党は政治の中枢神経であり、軍の柱たるべきものである」（一九四九年一月）と述べているが、それの実践である。同時にそれは、軍歴のない蒋経国が軍を掌握するための目的を持ったものでもあった。またさらに、蒋経国は士官学校の一つとして政治将校を養成する「政治工作幹部学校」を設立し、その校長に就任した。こうして蒋経国は軍を着実に掌握していくとともに、それの国民党化をも進めるのであるが、同時に父の「改造」推進を受け「青年運動の嚆矢は青年学生に将来の指針を与え、組織的に訓練しなければならない」（一九四九年三月）とも語っていた。この観念によって一九五二年（昭和二十七年）十月の改造委員会の解散と同時に設立したのが、国民党主導の「中国青年反共救国団」であり、蒋経国はそれの団主任となった。これは国民党の外郭となる青年層の育成を目的としたものであるが、その運営は若者の心をとらえ、夏休みなどには多くの高校生や大学生がこのレクリェーション活動（キャンプ、登山、サイクリング、文芸、兵営経験など）に参加し、また蒋経国も精力的にそれら青年層と接触し、その掌握に努めた。こうみると、蒋経国がのちに実権を掌握するのは、むろん「親の七光り」といった側面もあろうが、彼自身の実力に負うところの方が大といえよう。

蒋経国（1910～1988）

こうして蒋経国は着々と自己の地盤を固めていくのであるが、この過程において彼とソリの合わなかった元上海市長で台湾省主席（一九四九年十二月就任）の呉国楨《ごこくてい》が危険を察知して五三年（昭和二十八年）三月に離任し、その二カ月後に米国に亡命した。また生粋の軍人で抗日戦争中ビルマ戦線で活動し、渡台後は台湾防衛総司令官、陸軍総司令官などを歴任した孫立人《そんりつじん》が、総統府参軍長在任中に部下が共産党のスパイでクーデターを計画したのが摘発されたとして五五年（昭和三十年）八月に解任、軟禁される（三十三年後に解かれる）といった事件が発生している。それらをへて蒋経国は一九六五年（昭和四十年）一月には国防部長（国防相）に就任するのであるが、その二カ月後に、彼の最大のライバルと目され行政院長（首相）から副総統に就任（一九五四年三月）していた陳誠《ちんせい》が死去し、権力の蒋家相伝の体制はほぼ固まった。その翌六六年五月に蒋介石は第四代総統に就任するのだが、副総統には周囲からもイエスマンと目されていた厳家淦《げんかかん》を起用し、これが行政院長をも兼ねた。その体制下に蒋経国は行政院副院長に就任し、実質的な権力を行使するにいたる。さらに一九七二年（昭和四十七年）五月に蒋介石と厳家淦は第五代正副総統に就くが、このとき蒋経国は行政院長となった。そして一九七五年（昭和五十年）四月五日、蒋介石総統が死去し、憲法の規定にしたがって翌六日には厳家淦副総統が総統職を継承したが、国民党の主席（このときから名称が総裁から主席に変更）に蒋経国が就任（同月二十八日）した。ここに国家元首と国民党主席が一時的に分離するが、その三年後の一九七八年（昭和五十二年）五月には蒋経国が第六代総統に就任し、ふたたび党主席が国家元首を兼ねるところとなった。いわゆる父子相伝による「蒋家王朝」の実現である。だが、やがてこの蒋経国総統によって台湾民主化への道が発動されるのである。

暗躍する特務と白色テロ

以上に述べた行政体系や戒厳体制は、国民党の外来政権としての矛盾より生じたものであり、中華民国を「中国唯一の合法政府」として「大陸反攻」を国家の最大目標としたのも、一面ではその矛盾を正当化するためのものであった。当然その政府にとって最も警戒すべきは、その国家目標を否定する台湾内部の声であった。「大陸反攻」を否定する声とはすなわち、その政府の存在理由を否定することに直結するからである。したがって党および政府の台湾社会に対する監視機構は徹底したものとなり、台湾のすみずみにまで特務の目が張り巡らされるところとなった。

まず国民党は、国共内戦時代の軍事調査統計局（政府機関）と中央党部調査局（党機関）をそのまま台湾に持ちこんだ。この両者はともに治安および情報機関であり、すなわち両方の権限を行使しうる組織として活動した。それが大陸では共産党に対するものであったが、台湾では主として二・二八事件で大きく芽生えた本省人の台湾独立思想の監視と摘発に向けられた。この二機関が互いに反目しつつ功名争いを演じるのだが、蒋経国の国防部長時代の一九六七年（昭和四十二年）には「国家安全会議」が発足し、それの執行機関として「国家安全局」が開設され、治安情報機関を再編するとともに既存の警察機構を統括するようになる。まず行政機関では内政部警政署（警察庁に相当）と出入国管理局、法務部調査局、台湾警備総司令部、そして国防部の総政治作戦部、軍事情報局、憲兵司令部、国民党の機関では社会工作委員会、大陸工作委員会、海外工作委員会といった陣容が整えられた。このうち市民生活に直接関与したのは内政部警政署、法務部調査局、警備総司令部、憲兵司令部、それに国民党の社会工作委員会である。とくに国民党の場合、各地に住民サービスと思想指導のために設置された「民衆服務処」がその拠点となった。同時にそれらは前述の屋上屋の行政機構と同様、二重三重の市民監視と摘発機構となった。

こうした「天羅地網《てんらちもう》」の監視と摘発は、市民相互の疑心暗鬼と密告の風潮を生み、町かどや大学の寮でも政治の話がはばかられる状態をつくりあげた。それは海外の台湾人社会でもおなじである。たとえば、日本で発行されている独立派機関誌『台湾青年』を一般留学生が目にした場合、飛び上がらんばかりに驚き、そこに指紋が付着するのを恐れワリバシでページをめくったり、処分するときにその片鱗ものこさないためゴミとして出さずにわざわざ焼却したという実話もあるほどで、ともかくあらゆる場所に特務の目が光っていたのである。また日本で独立運動に参加し、李登輝総統による民主化が進むまで帰国の途を閉ざされ、親の死に目にも会えなかったという留学生もいる。

このように独立派の多くは既述のとおり、国内の厳重な監視網を逃れ、しばらく海外で活動することになるのだが、なかには国内で省市議会などの選挙に立候補し、言葉を選びながら演説会場で政府批判をする人々もいた。そうした場合、発言を録音され、どこへ行くにも尾行がつき、家には脅迫状が舞いこんだり銃弾を撃ちこまれるといった嫌がらせを受け、あるいは放火をされたり、本人が殺害されたりする場合もあった。いわゆる体制側による「白色テロ」である。これらの人々は、戒厳令で党禁が施行されていることから「無党派」と呼ばれた。また逮捕によって裁判がおこなわれたとしても、「共産党への利敵行為」、「中共スパイの隠匿」、「政府転覆陰謀」などの罪がかぶせられた。こうした白色テロや冤罪の横行した時代が二・二八事件以降から、李登輝総統が登場する一九八〇年代なかばまでつづくのである。

抵抗と不可解な事件のかずかず

以上の期間における思想弾圧事件は枚挙にいとまないが、とくに有名なものだけここに紹介しておきたい。

雷震事件　雷震《らいしん》（京都帝大卒）は外省人で国民党員として国民大会副秘書長に就任したこともあったが、蒋介石と肌が合わず一九四九年（昭和二十四年）十一月に雑誌『自由中国』を創刊し、国民党政権を蒋介石父子の独裁だと批判、憲政主義を呼号するとともに「反攻大陸無暴論」を唱えた。そうした雷震の周辺にはリベラリストの外省人や、郭雨新《かくうしん》、呉三連《ごさんれん》、高玉樹《こうぎょくじゅ》といった本省人の有力政治家、知識人が集まり、やがて党禁を冒《おか》して公然と反国民党である「中国民主党」を結成しようとの動きみせたが、一九六〇年（昭和三十五年）九月に中国共産党のスパイを隠匿したとの容疑で逮捕され、約一カ後に懲役十年を言い渡され服役するところとなった。これによって『自由中国』は廃刊となり、野党結成の関係者は霧散した。

なお、呉三連（一橋大卒）は初代民選台北市長（五一年二月～五四年六月）であった。高玉樹（早稲田大卒）も第二代（五四年六月～五七年六月）の民選台北市長で、事件後も第五代民選台北市長（六四年六月～六七年六月）に当選し、国家安全会議と国家安全局が発足（一九六七年二月）した年の七月に政令変更で台北市が行政院直轄市となり、そのまま官選台北市長に任命され七二年（昭和四十七年）六月まで在任した。

蘇東啓事件　雲林県の県会議員であった蘇東啓《そとうけい》は、選挙活動や議会などで国民党政権を厳しく批判していたが、一九六一年（昭和三十六年）九月に台湾独立を画策したとして支持者二百余人とともに逮捕され、十五年間獄中に置かれた。

廖文毅支援事件　海外での廖文毅《りょうぶんき》派の独立運動を国内で支援したという容疑で一九六二年（昭和三十七年）一月、二百余人が一斉逮捕された。

彭明敏事件　台湾大学教授の彭明敏《ほうめいびん》はリベラリストとして国民党政権を厳しく糾弾していたが、現実重視の立場から政府は国際社会に「一つの中国と一つの台湾」が存在することを認め、それに沿った現実的な対応をしなければならないと主張する「台湾人民自救宣言」を印刷し、広く流布しようとしたところで弟子の謝聡敏《しゃそうびん》、魏廷朝《ぎていちょう》とともに秘密逮捕された。六四年（昭和三十九年）九月のことであったが、この逮捕は彭の友人である米国人学者の追及によって明らかとなり、政府は翌十月に逮捕の事実を公表した。この事件は国際的な関心を呼び、それが圧力となって謝と魏は刑期半減で四年の懲役となり、彭明敏は六五年（昭和四十年）十一月に特赦、釈放後海外に亡命した。その彭明敏が台湾の民主化よって帰国したのは九二年（平成四年）十一月で、桃園空港には約二千人の支持者がつめかけた。そして九六年（平成八年）三月二十三日の台湾初の正副総統直接選挙（後述）には野党の民主進歩党公認総統候補として立候補し次点となったが、その台湾独立の主張は国際的な注目を集めた。また、その後台湾内外で大いにいわれるようになる「一中一台」（一つの中国、一つの台湾）論は同事件の発端となった「自救宣言」が原点となっている。

林水泉事件　台北市議の林水泉《りんすいせん》は公然と国民党政権を非難することで知られていたが、台湾独立の旗幟《きし》を鮮明にして「全国青年団結促進会」を結成したところ、一九六八年（昭和四十三年）八月メンバー二百七十余人とともに一斉逮捕され、二年余の裁判の結果十五人が「有罪」を宣告され、このうち林水泉以下三人が懲役十五年に処せられた。

白雅燦事件　一九七五年（昭和六十年）十月、立法委員補充選挙に立候補を予定した白雅燦《はくがさん》は、蒋経国に公開質問状を出そうとしたことが「反乱罪」に問われ、逮捕されて裁判もないまま十三年間獄中に置かれた。また、質問状を印刷した業者の周彬文《しゅうひんぶん》も「反徒幇助」によって懲役五年に処せられた。

当然ながら、こうした事件は厳重な報道統制のもとに氷山の一角として表面化したものであり、人々は街の食堂でも公園でも、ともかく他人のいるところで政治を論じることはできず、学生は校庭でも宿舎でも「反共」や「大陸反攻」を舌頭に乗せても政府批判はできなかった。選挙のときには運動への干渉はもとより、開票時にいきなり停電となり、そのあいだに優勢であったはずの無党派候補が国民党候補に逆転されていたという不可解なこともしばしばあった。

定まった戦後台湾の命運と国策

では、なぜ国民党政権は台湾でこうした共産党同様の強権政治をとることができ、それがまたどうして持続しえたのか。

国民政府が首都を台北に移転したのは一九四九年（昭和二十四年）十二月九日であったが、その前の同年八月五日に米国務省は「中国白書」を発表し中華民国政府（国民政府）を「不信の政権」と断定し、さらに台北遷都一カ月後の五〇年（昭和二十五年）一月五日、トルーマン米大統領は「台湾海峡不介入」を声明し、共産中国軍の台湾侵攻に米国は関与しないことを宣言した。抗日戦争中は最大の支援者であった米国に国民政府は見放されたのである。蒋介石が「大陸反攻」を呼号して中華民国総統に復帰した五〇年三月一日とは、こうした危機の最中のことだったのである。しかも同月二十日、米中央情報局（CIA）はトルーマン大統領に「共産中国は向こう一年以内に台湾を武力制圧するだろう」との見通しを示した秘密報告書を提出し、それの実行を同年の「六月から十二月にかけて」と予測した。

だが、ここに思わぬ事態が発生する。その五〇年六月二十五日、北朝鮮の金日成が暴走し、朝鮮動乱が発生したのである。その二日後の六月二十七日、トルーマンは一転して「台湾海峡の中立化」を宣言し、第七艦隊を台湾海峡に派遣、共産中国軍の台湾侵攻に備えた。同時にそれは、国府軍の機に乗じた大陸反攻を阻止し、戦線の拡大を防ごうとするものでもあった。こうした二つの理由による海峡中立化宣言は、台湾が世界対立構造のなかにおける最前線であることを意味した。中華民国政府が臨時条款の自動延長を宣言したのは、この風雲のなかにおいてである。朝鮮動乱のつづくなか、米国は六十万の軍隊を擁する台湾の国民政府をいよいよ無視できなくなり、五一年（昭和二十六年）一月に軍事援助を再開し、同年二月には「米華共同防衛相互援助協定」を結んだ。さらに同年九月八日、米国の強い指導により、中国大陸を支配し朝鮮動乱にも参戦している中華人民共和国を排除した「サンフランシスコ対日講和条約」が締結され、翌五二年（昭和二十七年）四月二十八日には、日本と中国の戦争状態終結を宣言する「日華平和条約」が、サンフランシスコ条約同様、北京をはずし台北で調印された。

朝鮮休戦協定が成立したのは一九五三年（昭和二十八年）七月のことであるが、この戦いはその後の東西対立をいっそう深刻なものにした。そして五四年（昭和二十九年）十二月、米華防衛協定は「米華共同防衛条約」に発展し、日米安保体制下における日本同様、台湾はこの冷戦構造下における西側陣営の一員に組みこまれたのである。しかもそこは台湾海峡をはさんでの最前線である。こうした環境下に、台北の中華民国政府は台湾において人権よりも「反共」を第一義に据え、その国策を内政のすべてに優先させることができたのである。その国策がまた、台湾において中華民国政府が存立するための基盤ともなったのであった。蔣経国が孫立人ら有力者を排除し着々と権力への地盤を築いていったのは、この時期のことである。

なお、日華平和条約交渉において蔣介石は当初、日本が「中華民国政府が中国全領土の主権者であることを承認しなければならない」ことを基本原則としていたが、吉田茂首相は将来の国際関係を見据え北京との接触の道をのこしておこうとし、両者の駆け引きはつづき、結局は中華民国政府が妥協して同条約の適用範囲は「台湾および澎湖諸島」となった。この日華平和条約締結の経緯は、中華民国政府の主張と現実の相違を如実に示している。だが、冷戦構造下に日米安保を外交の機軸とする日本は、この条約を「中国」との平和条約と解釈し、国連でも中華民国の議席を「全中国を代表する議席」として支持するようになったのである。

第10章　厳しい国際環境と経済の成功

厳しさ増す国際環境

国連においては「全中国を代表する政府」として議席を持ち、米・英・仏・ソとともに安全保障理事会の常任理事国でもあった台北の中華民国政府ではあるが、実際に中国大陸を支配しているのは北京の中華人民共和国政府である。北京はトルーマンの台湾海峡中立化声明に反発し、外交部長（外相）の周恩来がその声明発表の翌日一九五〇年（昭和二十五年）六月二十八日に「アメリカ帝国主義者がどのような妨害行動をとろうとも、台湾が中国に属するというこの事実は永遠に変えられるものではない。……わが国の全人民は、アメリカ侵略者の手から台湾を解放するため最後まで奮闘するであろう」と公言し、さらに朝鮮休戦協定成立の翌五四年（昭和二十九年）八月には「台湾の解放と蒋介石売国勢力の抹殺は、中国の主権行使であり、内政事項である」と表明。そして同年九月三日、共産中国軍は金門島と馬祖島に砲撃を加えた。朝鮮半島の戦火は収まったものの、台湾海峡の緊張に氷解の兆《きざし》はみられなかったのである。当然、海上や航空での小競り合いは頻繁に発生した。

その一方において北京は、周恩来が五四年（昭和二十九年）六月にインドとビルマを訪問して「相互の領土保全と主権の尊重、相互不可侵、内政不干渉、平等互恵、平和共存」からなる平和五原則の共同声明を発表し、さらに五五年（昭和三十年）四月にはインドのネール首相、インドネシアのスカルノ大統領らと共同してアジア・アフリカ二十九カ国からなる「バンドン会議」を成功させ、さきの五原則を拡大した平和十原則を採択するなど、台湾侵攻を脳裡に「中国の政府」としての国際的地位を大きく高めていった。

雷震が主宰する『自由中国』で「大陸反攻無暴論」を発表したのは、そのような一九五七年（昭和三十二年）八月のことである。彼はそこで「大陸反攻が成功する公算は極めて小さい。第一に国際情勢である。国際情勢を構成する基本要素は①世界人心の動向、②兵器の発達、③中立勢力の拡大であるが、いずれも大陸反攻を阻止する方向に動いている。第二に近代戦の前提条件である。それは①人口の大小、②資源の多寡、③科学技術の高低を比べるべきであるが、どれをとっても中共と太刀打ちできない」と主張したのである。さらに「アメリカの援助がなければ軍隊の輸送さえできないではないか」と述べ、「精神が物質に勝つと力む人もいるが、近代戦の様相は三十年前の北伐とは根本的に違っているのである。しかもわれわれの精神が、中共と比べてまさっているという証拠はどこにもない」と指摘していた。

そして一九五八年（昭和三十三年）八月二十三日、共産中国軍は厦門《アモイ》一帯に三個砲兵師団、二個高射師団を展開し、火砲五百六十一門をもって金門島と馬祖島に砲撃を加え、砲撃開始より一日半で九万四千発も撃ちこんだ。中華民国軍の守備隊もよく応戦し、両者の砲撃戦はつづき、共産軍は砲兵に加え兵十八万人、航空機三百機、艦船二百六十隻を展開し、金門島への侵攻態勢をとった。これに対し、米第七艦隊は近くの海域に空母、巡洋艦、駆逐艦を配備して共産軍を牽制したため、共産軍は砲撃を十月二十四日までつづけ、その後は破壊をともなわない象徴的な奇数日砲撃に切り替えた。この砲撃戦の期間中、金門、馬祖には一平方メートルあたり二百八十発という大量の砲弾が撃ちこまれた。中華民国戦史ではこれを「八二三砲戦」と呼んでいる。

このとき米国は現状維持のため、空母派遣にみられるごとく強い姿勢を示す一方、ダレス国務長官は新たな動乱発生を恐れ、蒋介石から「大陸反攻」放棄の約束を取りつけた。さらにケネディ大統領が一九六〇年（昭和三十五年）の大統領選挙戦におけるニクソン候補とのテレビ討論で、金門、馬祖からの撤退を主張するにいたる。こうして雷震の主張が現実性を帯びてくるのであるが、中華民国政府はなおも政権の正統性を主張する意味から、「大陸反攻」を叫びつづけた。だが「八二三砲戦」後のスローガンは、「大陸反攻」から「軍事三分、政治七分による大陸奪還」へとトーンダウンする。

「自立自強」へのスタート

国民党政権が喧伝する大陸復帰が絵に描いた餅となるなかにおいて、台湾が逆に生存・発展への道を歩みえたのはなぜか？　それは、背水の陣ともいえる経済政策とその成功に求められる。政府はなおもそれを、やがて大陸に復帰するための「復興基地建設」と位置付けていたが、まず経済発展の経過を見てみよう。

その基盤となったのは、やはり農地改革であった。台湾経済が農業の近代化によって地盤を固めたことから、政府は蒋介石復職の一九五〇年（昭和二十五年）から日華平和条約締結の五二年（昭和二十七年）の経済状態がほぼ戦前の水準に達したと判断した。そこで今後のおよそ二十年間を視野に入れた一連の「経済建設四カ年計画」を推進することになる。同時にそれは、その後の台湾のあり方に大きな影響をおよぼす「自立自強」へのスタートともなった。

またこの計画の推進には、米国の援助が大きな背景となった。本格的な米援は一九五一年（昭和二十六年）から六五年（昭和四十年）五月までつづき、その後も「余剰農産物の供与」という形での援助が六八年（昭和四十三年)までつづいた。この間における米援総額は十五億四千六百八十万ドルとなり、人口比に換算すれば年間一人当たり九・七ドルなる。ちなみに同時期におけるフィリピンは二ドル、タイは一・三ドルである。こうした数値は、冷戦構造下における台湾の地理的重要性を物語っていよう。

経済建設四カ年計画の第一期は一九五三年(昭和二十八年)から始められ、農業生産の拡大と電力、セメント、繊維、肥料、ガラスなどに力点が置かれ、五七年(昭和三十二年)からの第二期では電力供給の拡充ならびに輸入代替工業の育成が重点とされ、その結果、セメント、繊維、肥料、ガラスに加え、パルプ、ゴム、木材加工、農産品加工などの分野が発展し、国内経済は活況をみせた。これらが第一次工業化の時期となり、労働集約型産業を通じてその後の工業化への足場が固められた。すでに台湾は、米や砂糖やバナナ、パインの時代ではなくなったのである。さらに一九六一年(昭和三十六年)から六四年(昭和三十九年)までの第三期では、①輸出向け工業製品の生産、②電力、石油、石炭などエネルギーの確保、③鉄鋼関係など重工業化への基礎づくり、④時計、ミシンなど、付加価値の高い商品の生産奨励の四項目が重点とされた。これが第二次工業化、すなわち重工業化に向けてのスタートとなった。

外資導入と日本の円借款

このように台湾は戦後の米援における優等生の道をひた走ったが、その米国は六〇年代に入ったころから国際収支が徐々に悪化しはじめ、これまでの無償援助に代わって民間企業からの投資を奨励するようになっていた。台湾側も当初から外資導入に意欲を示し、第一期四カ年計画期間中の一九五四年に「外国人投資条例」、五五年に「華僑帰国投資条例」を制定し、さらに第二期終了の六〇年には米国の勧告によって「投資奨励条例」を制定し、六三年には外資受け入れ機関となる国際経済合作発展委員会を組織し、外資受け入れ準備を整えた。

こうした一連の措置をへた一九六五年（昭和四十年）六月末日、米国の対台湾援助は一応の終止符が打たれた。それによる不足分をおぎなったのが、米援打ち切り予告中であった同年四月二十六日に調印された日本政府による一億五千万ドル（返済期間二十年）の円借款である。援助と借款では性格も異なり、額も米援の十分一にすぎないが、昭和三十年代なかばからの日本は池田首相の所得倍増論の時代で経済規模は拡大し、各企業は人手不足と人件費の高騰に悩んでいたため、この借款が日本資本を合弁という形で台湾に呼びこむきっかけとなった。このとき台湾に進出した日本企業は、まず家電、医薬、繊維、食品、パルプが先陣を切り、ついで抵抗器、精密コイル、エレクトロニクス、機械部品、工具などがつづいた。これらの投資は、直接台湾市場を対象としたものが主流であったたが、やがて第三国への輸出を目的とするものが増大する。

こうした日本からの投資は一九六九年（昭和四十四年）末の統計では認可ベースで三百七件、六千三百万ドルであった。これらが台湾の経済発展に寄与したのであるが、合弁企業などの日本からの物資輸入増加により、対日貿易赤字を増大させることとなる。ちなみに六九年の台湾の輸出入総額は二十三億一千五百万ドル（輸出＝十一億一千万ドル、輸入＝十二億五百万ドル）で、そのうち対日輸出は一億八千万ドル、輸入が五億ドルと、このころから台湾の対日貿易赤字はすでに目立つものとなっていたのである。

加工輸出区とつづく四カ年計画

この時期の台湾経済の成功を象徴する特異なものとして、加工輸出区の創設がある。保税加工区、すなわ

表⑪　加工輸出区歴年投資輸出入事業の基金および就業状況

年　次	開工社数	累積投資金額（千ドル）	従業員	輸出入金額（千ドル）	
				輸　入	輸　出
1983年	263	382,927,633	78,526	864,607	1,620,840
1984年	257	417,544,634	83,375	1,072,314	2,035,964
1985年	247	397,609,208	72,931	945,783	1,872,123
1986年	239	459,483,349	89,023	1,231,739	2,402,736
1987年	248	552,947,420	90,876	1,628,666	3,173,617
1988年	244	625,206,531	83,599	1,784,129	3,766,339
1989年	237	706,520,730	72,899	1,819,399	3,907,262
1990年	227	796,828,448	67,667	1,616,831	3,525,148
1991年	234	885,973,174	66,151	1,915,512	3,990,568
1992年	229	923,299,835	66,151	2,131,598	4,237,129
1993年	219	924,554,003	51,907	2,283,327	4,325,455
1994年	216	786,932,000	53,212	2,801,000	4,780,200
1995年	224	1,206,423,680	56,660	3,786,342	6,328,104

（資料：中華民国行政院経済部「加工出口区簡訊月刊」）

ち輸出専用の製品を生産する経済特別区で、外資導入とともに外貨の獲得、国民の雇用機会増大、技術の移転、国内産業の育成を目的とし、一九六五年（昭和四十年）に「加工出口（輸出）区設置管理条例」が公布され、翌六六年末に南部の高雄港に隣接する高雄加工輸出区が開設された。進出企業には台湾労働力の質の高さと一部免税を含む税制の優遇、行政手続きの簡素化、為替管理の緩和、台湾外送金の保証などの優遇措置がとられ、これの国際的人気は高かった。

　高雄加工輸出区は総面積六十六ヘクタールで、当初の計画では受け入れ企業百二十社、雇用人員一万五千人であったが、一九六八年（昭和四十三年）度末には早くもそれを突破し、進出認可企業百二十八社、雇用人員一万六千人となった。さらに政府は七〇年（昭和四十五年）一月に台中市郊外の潭子《たんし》に台中加工輸出区を、同年五月に高雄市郊外の楠梓《なんしょう》に楠梓加工輸出区を開設した。これらの発展状況は表⑪の示すとおりであるが、この政策も後に「台湾経験」といわれる経済成功の一環をなし、中国大陸を含む後発国の模範となった。

さらに加工輸出区の出発と同時に、第四期四カ年計画もスタートした。一九六五年（昭和四十年）から始まったそれは、将来の産業構造を見据えたものとなり、一貫製鉄所、石油コンビナートなど基幹産業の建設とともに、造船、自動車、オートバイなど、すそ野の広い産業の育成にも重点が置かれた。この四カ年は、台湾が先進工業国に追いつく姿勢を示した時期といえる。一九六九年(昭和四十四年)からの第五期では、科学技術に主眼が置かれ、電子工業や精密工業が推進された。

これら一連の四カ年計画の期間中、とくに一九六一年(昭和三十六年)から五期終了の七二年(昭和四十七年)までの十二年間は、経済成長率が年平均九・五%にも達したが、台湾が達成した「経済奇跡」たる所以《ゆえん》がここにもみられる。この間とくに製造業の発展はめざましく、第一期開始の五三年(昭和二十八年)の製造業生産指数を一〇〇とすれば、一期終了の五六年(昭和三十一年)は一六六・三、二期終了の六〇年(昭和三十五年)は二六六・三、三期終了の六四年(昭和三十九年)には四四八・八、四期終了の六八年(昭和四十三年)には九〇八・八、そして五期終了の七二年(昭和四十七年)には二〇一四・七へと、なんと二十倍にも成長しているのである。

四カ年計画の終了と十大建設

以上の成果をテコに第六期四カ年計画が一九七三年(昭和四十八年)からスタートしたが、台湾もその年十月にオイル・ショック、さらに主要農産物輸出国の不作による世界的食糧危機ムードの高まり、また世界的インフレの進行に見舞われた。そこへ第六期のスタートと同時に、インフラの整備を目的とする「十大建設」が進発したことにより、第六期は完了を待たずに七五年(昭和五十年)に打ち切られた。

海外から台湾に入る人の多くは、まず桃園国際空港に降りる。そこで感心するのは効率のよさと、将来の拡張を見据え敷地をたっぷりとっていることである。この空港は台湾のインフラを代表するうちの一つで、市街地に立地して拡張不可能となった台北・松山空港に代わって「十大建設」のときに建設されたものである。国や社会の発展に欠かせないのがインフラ、すなわち社会資本となる産業基礎部門の整備と拡充であるが、これなくして新たな発展は望めない。台湾はオイル・ショック最中の一九七三年（昭和四十八年）十一月、以前から計画中のものも含め以下に列記する「十大建設」計画を発表した。

桃園国際空港第一期工事　台北から南へ約四十キロの桃園市に主滑走路三千六百六十メートルおよび諸施設の建設。着工七四年九月、完工七九年二月。機能は一時間に四十二機が離着陸でき、年間五百万人の旅客をさばくことができるが、二〇〇〇年（平成十二年）までに予定されている第三期工事では、主滑走路が三本となり、一時間当たりの離着陸は九十六機、年間一千九百五十万人の旅客がさばけるようになる。第三期までの用地は、第一期の段階で買収済みである。別名を中正国際空港というが、この名は蒋介石の「蒋中正」からとった。

南北縦貫高速道路　北部の基隆から南部の鳳山まで全長約三百七十三キロの高速道路。完工は七八年で、そのほか支線として桃園空港、高雄空港、台中港、高雄港との連絡線も完成。南北間の走行時間は従来の約八時間から約四時間に短縮。

南北縦貫鉄道の電化と複線化　基隆—高雄間、全長約四百九十五キロの南北縦貫鉄道の電化と複線化で、七九年に完工し、所要時間は従来の六時間三十分から三時間五十分に短縮され、車両も大幅に増発。

北回り鉄道　北部の蘇澳《そおう》から太平洋岸の花蓮まで全線約八十八キロの新設で、営業運転開始は八〇年二月。海峡側と太平洋側が鉄道で結ばれ、東部の開発に威力を発揮。

台中港　台中港はかつて漁港であったが、埠頭三十二、面積三千九百七十ヘクタール、海岸線九キロ、埋立地千百六十ヘクタールの国際港となり、二期、三期工事を含め完成は八二年六月。高雄港と基隆港のラッシュを緩和させると同時に、中部開発の刺激剤となる。

蘇澳港　小漁港の蘇澳港を年間取扱量二百六十万トン可能まで拡張・整備。完工は七九年六月で、基隆港のラッシュを緩和。

一貫製鉄所　中国鋼鉄公司（国営）を強化し、粗鋼一貫生産の製鉄所を建設し、鉄鋼の輸入依存度を低めるのが目的。高雄臨海工業区に敷地四百八十ヘクタールを確保し、「十大建設」の対象である第一期工事完工は七三年八月で、粗鋼ベースで年間百五十万トン生産。

原子力発電所　台湾電力公司（国営）の主力発電所として三カ所に原子力発電所を建設。「十大建設」の対象である第一原発は七九年十二月に完成。

造船所　中国造船公司（国営）の発足に合わせ、一貫製鉄所の隣接地に敷地九十三ヘクタールを確保し、完工は七六年六月で百万トンドックを備え、海運台湾の基礎となる。

石油コンビナート　中国石油公司（国営）を中核に一大コンビナートを建設する計画で、「十大建設」の対象となった高雄市郊外のナフサ分解工場は第三工場まで七六年六月に完工。ナフサ年間生産量は合計五十一万トン。

以上、産業の基幹となる四つのプロジェクトと交通の基幹となる六つのプロジェクトをまとめたのが「十大建設」であるが、これらは建設そのものが社会に活気を与え、完成後はいずれもその後の台湾経済発展の基礎となった。また、台湾内部における移動時間の短縮が、国民の意識に変化を与えたことも見逃せない。

さらにこの時期、中国大陸では「十年の内乱」といわれた文化大革命が一九六六年（昭和四十一年）から始まり、紅衛兵が破壊活動をしているあいだに、台湾は経済的に大きく飛躍していたのである。

北京に傾斜する日本

しかし、経済の順調さとは反比例し、政治外交の舞台では北京の圧力により、しだいに活動の場をせばめられていた。日本との関係もその例に洩れず、経済や人的往来の緊密さとはうらはらに、日本外交は徐々に国土の広さを武器とする大陸側になびいていった。北京は早くから「日本人民の反米闘争」を支援し、日本と米国、日本と台湾の関係を分断する政策に全力をかたむけていた。そのための吸引力として、北京は「巨大な市場」を前面に押し立てた。そこに日本の朝野はなびき、また左傾学者やマスコミなどの喧伝もあり、台湾で「経済建設四カ年計画」の第一期が始まった一九五三年（昭和二十八年）七月、衆参両院は「日中貿易促進決議」を採択し、これを皮切りに「日中民間貿易協定」、「日本人の帰国協定」、「日中漁業協定」などがつぎつぎと締結され、さらに五八年（昭和三十三年）には周恩来が日本に「政治三原則」を示し、六二年（昭和三十七年）十一月には「日中総合貿易に関する覚書」（LT貿易）が交わされ、これが基礎となって翌十二月には「日中貿易議定書」いわゆる「友好貿易」に関するコミュニケが調印され、この一年後には北京から指定を受けた「友好商社」は二百社を越えた。北京はその後も徐々に増えるこれら日本の「友好商社」の動きと「人民中国」への「忠誠」ぶりを厳しく採点、コントロールしていった。

一九六三年（昭和三十八年）十月七日、周鴻慶《しゅうこうけい》亡命事件が発生した。東京・晴海で開催された「六三年世界油圧機械見本市」に中国代表団の通訳として加わっていた周鴻慶が台湾に亡命しようとしたが、日本政府はこれを迫害の恐れがある北京側に送り返した。台湾側はこれに抗議し、駐日中華民国大使館一等書記官以上の外交官を台北に召還、日華（台）関係は断交寸前にまで追いこまれた。だが翌六四年（昭和三十九年）二月に池田勇人首相の内意を受けた吉田茂・元首相が訪台して蒋介石と会談し、「日本、中華民国両国ハ具体的ニ提携協力シテ、両国ノ平和ト繁栄ヲ実現シ」とする「吉田書簡」を発表して一応の解決をみた。これがその翌年に調印され日台経済を強く結びつけるきっかけとなった円借款につながったといわれている。この事件は、すでに日本政府が北京のペースに乗せられ、外交問題においてもその顔色をうかがうようになっていたことを意味する。

北京はなお勢いに乗って攻勢をかけ、一九六四年（昭和三十九年）四月十九日に連絡事務所相互設置に関する会談メモと「日中新聞記者交換に関する会談メモ」が日中間に交わされた。国交の前段階となる連絡事務所相互設置は同年八月と翌年一月に実現し、新聞記者の交換も同年九月に実現した。その「メモ」には「双方の記者は、駐在国の外国新聞記者に対する管理規定を遵守」することが規定されていたが、日本は自由主義国で政治的な規制はなく、一方の中華人民共和国は共産主義国である。政府支持以外に言論の自由はなく、これによって日本の記者は国外強制退去や逮捕を恐れ、日本国内での中国報道は「人民中国」礼讃一色に塗りつぶされた。このため政界、官界、財界、マスコミ界、それに巷間《こうかん》にまで情緒的な「日中友好」ムードが一段と高まった。さらに日本国内の親北京勢力は甘栗、漆、柿の渋など中国大陸の特産品で業者を抱きこみ、さらにマスコミ各社に「中共」ではなく「中国」、「中華民国」ではなく「台湾」という呼称を使わせる運動を展開していった。

国連脱退と日本との断交

しかもこうした動きは、大小の差こそあれ国際的なものとなっていた。国連における中国代表権問題でも「中華人民共和国招請、中華民国追放」を主張するアルバニア案が、北京の第三世界への積極外交が奏効し、徐々に勢力を得ていたのである。もっとも中華民国政府が台北にあって全中国を代表すると主張すること自体に無理があったのだが――。

そのようなとき、いわゆるニクソン・ショックが発生した。一九七一年（昭和四十六年）七月十五日、ひそかに北京入りしていたキッシンジャー米大統領補佐官と周恩来によって、突如「米中共同コミュニケ」が発表されたのである。内容はニクソン大統領の北京訪問を示唆するものであった。これの国際社会への影響は大きかった。中華民国・台湾の最大の支援者であった米国の方針に疑問が持たれ、これまで国連総会で投票態度を決めかねていた国々の多くが北京支持に回ったのである。だが、日米両国はなお国連における中華民国の議席は守ろうとした。これがすなわち「追放」には反対するという「逆重要事項指定案」であり、二重代表制に含みを持たせるものであった。まだ冷戦はつづいており、日米両国は国連内外でこの案への票集めに尽力した。

投票は一九七一年（昭和四十六年）十月二十五日の第二十六回総会、日米など二十二カ国共同提案の「逆重要事項指定案」が先議された。結果は賛成五十五、反対五十九、棄権十五で否決された。この時点で中華民国全権・周書楷《しゅうしょかい》外交部長（外相）は緊急動議の発言を求め、これ以上総会の議事に参加しない旨を述べ、議場から退場した。中華民国政府は「中国の正統政府」の建前から二重代表制への道を捨て、国連を脱退したのである。はたしてその直後のアルバニア案は賛成七十六、反対三十五、棄権十七で採択された。これにより国連では北京の中華人民共和国政府が「全中国」を代表するようになったわけだが、これの問題点は、台北の中華民国政府を中国の代表とするのが虚構であったとするなら、北京が「全中国」すなわち台湾をも代表するとするのもまた、事実に反するという点である。

こうした問題を含みながら、その後の日本は手のひらを返したように北京一辺倒となり、翌一九七二年（昭和四十七年）七月七日には親北京派の田中角栄が首相の座につき、同年二月にニクソン米大統領が共同コミュニケどおり北京を訪問したこともあり、バスに乗り遅れるな式に「日中友好」ムードは倍加し、その年九月二十八日、東京と北京の間で外交関係樹立を宣言する「日中共同声明」が発表された。この時点から、外交上、日本にとって隣国の台湾は存在しなくなったのである。中華民国政府は同日、対日断交を宣言した。

日本と台湾は無国交となったのだが、同年十二月二十六日に台湾側の「亜東関係協会」と日本側の「交流協会」との間の民間取り決めが調印され、民間による経済交流、人的往来は維持された。だが、この取り決めはあくまで国内法令の範囲内に限定され、国際条約にみられる優位性はまったく付加されていない。

米国との断交と「台湾関係法」

外交上の不幸はまだつづく。国連にも加盟し安保理常任理事国の地位も引き継いだ北京の存在は大きく、たとえそれが予期されていたことではあったとしても、ニクソン米大統領の北京訪問は台湾にとって国連脱退にもまさるショックであった。この前後から台湾では「荘敬自強、処変不驚」（変化に驚かず、自らを強くせよ）のスローガンが打ち出された。また、台湾経済を強めた「十大建設」がスタートしたのは、この翌年のことである。その後一九七三年（昭和四十八年）十二月には米中双方で連絡事務所が設けられ、両国の国交樹立は時間の問題となった。しかし米国は慎重であった。日本が中華民国国連脱退の翌年にいちはやく北京と国交を結んだのにくらべ、米国がようやく北京との国交締結に関する共同声明を発表し、中華民国政府と断交したのは一九七九年（昭和五十四年）一月一日であった。

米台間も日台間における交流協会と亜東関係協会のように、米国は米国在台協会を、台湾は北米事務協調委員会を発足させ、民間交流を保ったが、時間をかけた成果として米政府は台湾と断交するとともに「台湾関係法」を制定（七九年六月二十二日）し、台湾を一方的に切り捨てることはなかった。同法の要点はつぎのとおりである。

第二条B2　同地域（台湾地区）における平和および安定は、アメリカの政治と安全保障および経済上の利益であり、また国際的関心を有する事項であることを宣言する。

第二条B3　中華人民共和国と外交関係を樹立するとのアメリカの決定は、台湾の将来が平和的手段により決定されるとの期待に基づくものであることを明らかにする。

第二条B4　台湾の将来を不買あるいは通商停止を含む非平和的手段により決定しようとするいかなる試みも、西太平洋地域の平和および安全に対する脅威であるとみなし、右はアメリカにとって重大な関心事であると考える。

第二条B5　台湾に防御的性格の武器を供給する。

第二条B6　アメリカは、台湾の人々の安全あるいは社会または経済体制を危機にさらすいかなる武力行使または他の形による強制にも、抵抗する能力を維持する。

このように米国は、台湾の安全保障を明確に宣言したのである。さらに「台湾関係法」は米国の国内法ではあるが、中央および地方法令が同法に抵触した場合はその効力を失う（第四条A）としており、国際条約に準じる優位主義をとっている。しかも台湾との断交に際し、日本は大使館を含む中華民国政府の在日財産を北京に引き渡したが、米国はそれをそのまま台湾の所有とし、北米事務協調委員会の駐米職員にも外交特権に準じる優遇措置を付与した。

また、台湾ではすでに大陸政策のスローガンが「軍事三分、政治七分」にトーンダウンしていたが、この米国との断交により「三民主義による中国統一」へとさらに柔軟化した。

第11章　新たなるうねりの時代

蒋経国総統の誕生

これまでカリスマ的存在であった蒋介石が、国連脱退、日米との断交と一連の不幸がつづくなか、一九七五年（昭和五十年）四月六日に八十八歳の老衰で死去した。そこで日華（台）断交四カ月前の七二年（昭和四十七年）五月に行政院長に就任していた長男の蒋経国が国民党主席を兼任し、ついで七八年（昭和五十三年）三月に総統に就任した。国家的苦境にあったこの間、カリスマ的総統の死に政権を揺るがすような大きな混乱は生じなかった。事前に蒋経国が行政院長に就任していたことにより、権力の中枢が総統府から行政院に移っていたからである。こうした権力の移行は、ポスト蒋介石をにらんでの政治的配慮であったといえよう。だからこのとき、憲法の規定によって副総統から蒋介石の跡を継いだのが好々爺の厳家淦であり、そこに政治闘争はなんら発生せず、その任期満了をまって蒋経国が総統職を継承したことは、権力の中枢が行政院からふたたび総統府に戻ったということにすぎなくなる。変化といえばこれだけであるが、国家的苦境に対する絶妙の乗り切り方であったといってよいだろう。

しかし、単なるテクニックのみでこうした苦境は乗り切れるものではない。やはりそれは、蒋経国の統治能力によるところが大きい。無論そこには、強権行使という部分も含まれるが。

まず蒋経国がその手腕を示したのは、経済対策であった。「十大建設」の発動は蒋経国が行政院長に就任した翌年であり、その展開過程がまた、彼が確たるリーダー・シップを国民に印象づける場となった。カリスマ的総統を補佐するニュー・リーダーの出現は、国際的孤立化で動揺する人心を鎮めるのに大きな力となったものである。さらに彼は総統に就任すると、蒋介石時代には考えられなかった思い切った人事を敢行した。行政院副院長、内政部長(自治相)、交通部長(運輸相)、台湾省主席、台北市長といった重要ポストに本省人を抜擢したのである。台湾社会につねにくすぶっていた本省人と外省人の反目感情をやわらげるための措置である。この人事に、国民は国家的苦境のなかにも新たな時代の到来を感じ取った。のちに本省人で台湾初の民選総統となる李登輝《りとうき》も、このときの抜擢人事が中央政界入りのきっかけとなっている。京都大学農学部に学んだ経験を持つ李登輝は、行政院政務委員(無任所相、農業・農村問題担当)として初入閣したのである。また、国民党の「台湾化」あるいは「本土化」という語句が使われだしたのはこのころからである。

さらに、総統就任翌年に米国との断交という事態に見舞われたのであるが、蒋経国総統は断交と同時に、これまで規制されていた海外渡航に対し、観光目的の出国を自由化した。これは動揺する民心を鎮《しず》めるとともに、内外に台湾の経済発展と社会の安定を印象づけるものとなった。このあと、台湾には海外観光ブームが訪れる。

なお、このときの蒋経国総統がまだ後継者への地盤を着々と固めていた行政院副院長時代の一九七〇年(昭和四十五年)四月二十四日、訪米中ニューヨークで台湾独立連盟員の黄文雄と鄭自才の二人に狙撃されるという衝撃的な事件に見舞われたことがある。一説によれば、それが彼の政権掌握後にこうした国民党台湾化(本土化)への一連の措置をとらせるようになった原因のひとつであったといわれている。事件後、在米台湾本省人社会の多くが狙撃犯を支持し、多額の保釈金がまたたくまに集まったという事象が蒋経国を愕然とさせ、国際的に困難な立場に置かれている台湾を運営していくには、政権自体の台湾化（本土化）以外にはないと痛感させるにいたったというのである。歴史の一コマといおうか、もし事実とすれば、テロとはいえこのときの一発の銃声の意義は大きかったといわざるを得ない。

高まる大衆の声―中壢事件

ともかく国民党が変化のきざしをみせ、政権そのものにかかわる大きな変動はなかったといえ、市民社会のなかには変化があった。これまで政府批判行動といえば、彭明敏らに代表されるように革新的個人の活動かその周辺の動きでしかなかった。だが、経済の発展はいずれの国においても民衆の政治的自覚をうながすもので、このころからの政府批判行動には大衆が動くようになっていたのである。

その動きでまず特筆されるのは、蔣経国が総統に就任する前年、一九七七年（昭和五十二年）十一月十九日の中壢《ちゅうれき》事件である。その日、統一地方選挙があって桃園県長をめぐる選挙では、無党派の許信良《きょしんりょう》が国民党候補に優勢を保っていた。県内中壢市の小学校に設けられた投票所で、投票にきた老夫婦の行動が鈍く、その投票所の責任者になっていた同校校長がそれを急がせ、同時に老夫婦が許信良の名の上に丸印をつけているのをみてその票を取り上げ、他の氏名の上にも丸印をつけ投票箱に入れた。投票用紙には全候補者の氏名が印刷されており、二人以上に丸印をつけた場合、その票は無効となる。それをみた老夫婦や他の有権者らが校長に詰め寄った。これが発端となって投票所に騒ぎが発生し、さらに中壢警察が校長をかくまったことから、一万人を越す群衆が警察署をとりまく事態に発展した。この二年前の立法院部分選挙で、宜蘭県と高雄市で絶対有利と見られていた反国民党候補が落選し、このとき八万票もの票がどこかへ消えたとする不正操作の疑惑がもたれ、全国的に選挙民は投開票の動向に対しとりわけ敏感になっていたのである。

午前に発生したその事件は、午後にいたって市民の街頭行動に広がり、さらに夜になると警察分局や派出所が放火され、車両六十台が焼かれるという騒然たる事態に拡大した。戒厳令下におけるこの大衆の動きは、もはや沈黙はしないという市民運動の高まりとして注目に値《あたい》する。さらに、このとき治安維持に出動した軍隊に、群衆が「お前たちも台湾人だろう。おなじ台湾人が撃てるのか」と口ぐちに叫んだことから、兵士たちはたじろぎ、銃を降ろすという場面がみられた。これにより当局は、もはや大衆行動を威嚇によっては押さえられないことをさとり、軍隊を現場から撤収した。台湾社会は二・二八事件のころとはすでに大変化し、大衆行動の鎮圧に軍隊は出動させられなくなっていたのである。つまり、社会における民主化要求の高まりに加え、軍上層部はまだ外省人が占めていても、徴兵による兵士は本省人が主流となっていたのである。これ以降、政府は大衆運動に対し憲兵隊は動員しても、一般部隊は出さなくなった。さらに当局はこれをきっかけに「罵倒されても返事をしない。殴られても仕返しをしない」という大衆行動規制への基本原則を打ち立てた。当局は高まる民衆の声に、従来の強圧的態度はかえって火に油をそそぐ結果になることを学びとったのである。なお、選挙結果は無党派・許信良の大勝利であった。

反体制側の大衆運動──高雄事件

民主化を要求し、戒厳令に公然と抵抗する声が高まっていくなか、中壢事件は政党結成を禁じられている無党派の活動家に、大衆動員の可能性を示唆するものとなった。これによって同事件の二年後、高雄事件が発生する。

中壢事件の翌一九七八年（昭和五十三年）に予定されていた立法委員と国民大会代表の部分選挙では、多くの無党派が立候補を宣言し、その優勢が伝えられていた。ところがその告示後、米中国交樹立の予告宣言（十二月十六日）という重大問題が発生し、混乱回避を理由に選挙は中止となった。ショックを受けた無党派層は、選挙とは別個に勢力を結集しようと七九年（昭和五十四年）八月に月刊『美麗島』を台北で創刊した。それが公然たる政府批判雑誌であったことから、反響を呼んで増刷をくり返し、またたくまに全島十一カ所に支社を開設し、そのたびに場所によっては街頭デモを含む支社開きの集会を展開していった。そこに主張されたのは「戒厳令の解除」、「政党結社禁止の解除」、「新聞の創刊禁止と報道統制の解除」、「万年国会の全面改選」などである。すなわち、戒厳令下における政党結成のための迂回戦術であったのだ。

そこで美麗島社は同年十二月十日、国際人権デーにあわせ高雄で国際人権デー記念集会を予定した。しかし集会が大規模デモになることが予想され、当局は不許可としたが当日には約三万人が集まり、はたして高雄市街で街頭デモがおこなわれた。そのデモ隊は警官隊や憲兵隊の警戒線を突破し、一部が自動車の屋根に上がって「勝利」を叫ぶ状況となった。このとき警察側は武器を携行せず、松明《たいまつ》や棍棒で襲いかかるデモ隊に無抵抗で対処し、使用したのは催涙弾だけであった。このため警察側は百八十三人もの負傷者を出し、デモ隊側は無傷という特異な反政府活動となった。事件は無党派グループがすでに組織的大衆動員を打つ実力を身につけたことを証明すると同時に、当局側もその規制方法が独裁国のそれではない近代国家の域に達したことを示していよう。この事件は別名「美麗島事件」ともいわれている。

当日に逮捕者はいなかったが、二日後の十二月十二日から一斉捜査が始まり、翌年三月に戒厳令下における軍事法廷で裁かれた八人には「反乱罪」が適用されて無期から十二年の懲役刑が判決（いずれも後に特赦）され、一般法廷でも三十一人が有罪となり、台北の美麗島本社および十一カ所の地方支社はすべて差し押さえとなった。なお「反乱罪」を適用された八人とは施明德《しめいとく》、黄信介《こうしんかい》、林義雄《りんぎゆう》、姚嘉文《ようかぶん》、張俊宏《ちょうしゅんこう》、陳菊《ちんきく》（女）、呂秀蓮《ろしゅうれん》（女）、林宏宣《りんこうせん》であり、やがてこの人たちが中心となって最大野党の民主進歩党が結成されることになる。

なおつづく白色テロ

時代はまだ戒厳令下である。民衆活動の空気は高まるものの、その一方において反体制の活動家やオピニオン・リーダーたちは体制側からの密かなテロ、すなわち白色テロに脅えなければならなかった。そこでこの時期に発生したおもなものをつぎに列挙しておきたい。

余登発事件　選挙の中止、対米断交とつづいた直後、一九七九年（昭和五十四年）二月一日に無党派陣営が高雄で大規模な集会を予定した。その直前の一月二十一日、元高雄県長で高雄地方無党派層のリーダーであった余登発《よとうはつ》とその周辺の人々が逮捕された。容疑は中共特務・呉春発《ごしゅんぱつ》を当局に告発せず、かつ加担したというものであった。呉春発は単なる詐欺師で日本に逃亡していたのを連れもどされた人物で、余登発が呉に会ったのは一回だけで、事前に仕組まれた逮捕劇であったことが濃厚である。裁判の結果、呉は死刑で即執行され、余登発は懲役八年であった。この事件で余一族に対する民衆の支持は高まり、のちに妻の余陳月瑛が高雄県長に当選することになる。さらに事件はつづき、余登発は出所後の八九年（平成元年）九月、何者かに殺害された。

林義雄家族殺害事件　高雄事件の「重要容疑者」として逮捕されていた林義雄の自宅は台北市の市街地にあり、同事件の「重要容疑者」の自宅はいずれも当局の監視下に置かれていた。その監視下の一九八〇年（昭和五十五年）二月二十八日、林義雄の母親と六歳の双子の娘が殺害され、九歳の長女も重傷を負った。当局の厳重な監視下に、しかも犯行時間が正午から午後一時という白昼であり、かつ犯人は捕まらず事件が迷宮入りしたことから、特務機関が活動家の闘志を砕こうとして関与したのではないかと指摘されている。

陳文成事件　米カーネギー・メロン大学の助教授陳文成《ちんぶんせい》は国民党政権の批判者で、在米台湾本省人社会におけるオピニオン・リーダーの一人であった。その陳文成が一時帰国中の一九八一年（昭和五十六年）七月二日朝、警備総司令部に呼び出されたまま帰宅せず、翌三日早朝、台湾大学構内で死体となって発見された。警備総司令部は「昨夜、自宅の前まで車で送り届けた。陳博士の死は自殺と思われる」と発表したが、解剖の結果、暴行とみられるかなりの骨折や内出血が確認された。真相は不明だが、死体をわざわざ放置したのは、在外台湾本省人批判者に対する見せしめだったのではないかといわれている。この事件では米下院外交委員会アジア太平洋小委員会と人権小委員会が合同で「蒋政権の人権侵害。審問抜きの長期拘留、拷問」等として蒋政権を非難した。

江南事件　『蒋経国伝』の著者である江南《こうなん》（本名は劉宜良《りゅうぎりょう》、外省人）は米国籍をもつ作家で、国民党政権の内幕を暴露するなど米国で活躍していた。その江南が一九八四年（昭和五十九年）十月十五日、サンフランシスコ郊外の自宅で殺害され、米連邦捜査局（ＦＢＩ）は事件の関係者として台湾のヤクザ組織・竹聯幇《ちくれんほう》のメンバーを逮捕するとともに証拠物件を押収し、調査を開始した。その結果、『蒋経国伝』の出版をめぐり、中華民国国防部（省）情報局長の汪希苓《おうきれい》中将が、竹聯幇のボスで情報局員でもある陳啓礼《ちんけいれい》に江南の暗殺を命じ、陳の指揮下に二人の部下が射殺したことが判明した。また、蒋経国の次男で国家安全会議執行秘書長（幹事長）の蒋孝武《しょうこうぶ》が暗殺指令に関与しているとの証言も得られた。米国世論は米国籍の市民が外国の特務に殺害されたことに沸騰し、米政府は台湾に犯人の引き渡しを要求したが、国民党政権は事件の関与を否定して犯人引き渡しを拒否したものの、汪希苓と陳啓礼を逮捕するとともに江南の未亡人には百五十万ドルの見舞金を出した。

蒋孝武は蒋経国総統の有力な後継者と目されていたが、この事件で後継争いから脱落、翌一九八五年(昭和六十年)八月には蒋経国が「蒋家の者を総統の後継者にしない」と言明するにいたる。また、親台湾派であったレーガン米大統領が同事件を契機に国民党政権に民主化を推進するよう圧力をかけることになるが、これが後の蒋経国総統によるなおいっそうの民主化措置に対し、影響をおよぼす一端となったことは時期的な面からも否定できないだろう。

十二項目建設計画の推進

国際的には北京に圧迫され苦境が深刻の度合いを深め、国内的にはなお強権政治のつづくなか、経済のみは順調に進展した。「十大建設」を達成し、それを受け継ぐ形で一九七八年(昭和五十三年)七月にスタートを切ったのが「十二項目建設計画」である。「十大建設」ではそれの推進自体が台湾全島に活力をみなぎらせたように、「十二項目建設計画」もまたそうであった。翌七九年(昭和五十四年)に海外渡航が自由化されるなり、国際的苦境をはね返すようにたちまち海外旅行ブームが巻き起こったのは、この建設計画の推進から生じた活力が背景になっている。また、その年は対米断交の年でもあり、この時期に「十大建設」を上回る大型プロジェクトを発表したのは、苦境下における国民に憤懣とエネルギーの向けるべき方向を与えたことを意味し、絶妙のタイミングというべきである。それらを項目別に見てみよう。

高速道路の延長　すでに完成していた基隆—鳳山間の南北高速道路を屛東《へいとう》まで延長、その間約五十五キロ、八二年六月完成。

本島一周鉄道の完成　太平洋側の花蓮―台東間の東部線は、他の幹線の軌道幅が日本とおなじ一・六七メートルであるのに対し〇・七六メートルと狭軌であったため、これを他線同様にするとともに急カーブの修正、設備増進などを含み八二年六月完成、全長約百六十キロ。また、念願であった南回り鉄道(枋寮《ぼうりょう》―台東間約九十八キロ）は八〇年七月に起工され九一年十二月に完成。これによって台湾一周鉄道が完結した。

台中港の拡充　「十大建設」で開港した台中港の第二期、三期工事で八二年十月に完成、年間荷役能力一千百万トン。

原子力発電所の増設　第二原発と第三原発の建設で、それぞれ八二年、八五年に完成、国内総消費量の四〇％を供給。

東西横貫道路の建設　台湾海峡側と太平洋側とを結ぶ道路の建設で、嘉義―玉山間、玉山―水里間、玉山―台東・玉里間、延べ約二百六十六キロが八六年六月に完成。

屏東―ガランビ間道路の拡張　高速道路に合わせ南部の屏東―ガランビ間の道路約百十キロを四車線に拡張、八二年六月に開通。

海岸、河川堤防の新設と改修　海岸線堤防を新規工事約三十五キロ、修理約三十七キロ、ほかに突堤十五カ所、水門二カ所を設置。河川では新規約六十九キロ、修理百三十六キロ、ほかにダム六十一カ所を補強。完工は八一年六月。

農地水利施設の改善　主要米作地である嘉南、雲林、彰化、蘭陽、高屏地区で計二万二千九百ヘクタールの水利施設を改善、終了は八一年六月。

農業の機械化推進　農業機械化基金を開設して農機具メーカーと農家への融資を開始し、農作業の効率化を高める。

新都市開発と国民住宅の建設　各都市部の近郊五カ所のニュータウンを建設すると同時に、一家族一住宅、一人一部屋を目標に各地に国民住宅を建設。いずれも期間後も継続推進。

地方文化センターの建設　各県市に図書館、音楽ホール、文化センターを建設しようとするもので、期間後も順次継続推進。

このように「十二項目建設計画」は基幹産業の強化、エネルギーの確保、農業近代化を促進するとともに、生活に密着した住宅面や文化面、すなわち生活環境の向上にも強い配慮の払われたのが特徴であった。また、台湾が「アジアＮＩＥＳ（新興工業経済地域）の旗手」として韓国、香港、シンガポールをリードするようになったのは、「十二項目建設計画」がスタートした七〇年代後半からのことである。

台湾版シリコンバレーとつづく経済建設

「十二項目建設計画」が進むなか八〇年代に入ると、政府は「高度の技術工業と科学人材を導入し、工業技術の研究開発を奨励するとともに、高度技術の発展を促進する」方針を鮮明にした。それは上昇する賃金のなかに従来の経済成長を維持するとともに、二度にわたるオイルショック、深まる労働力不足や環境汚染を考慮に入れたもので、「生産効率の高度化、技術集約度の向上、付加価値の向上、省エネルギー、汚染度の低下」を原則とした、つまりハイテク産業の育成に重点を置いたものであった。これによって新たな外資導入と技術移転受け入れを目的として一九八〇年（昭和五十五年）に操業開始したのが、新竹市郊外の「科学工業園区」である。なお、この計画がスタートしたのは一九七七年（昭和五十二年）である。それが中壢事件のあった年で、操業開始が林義雄家族殺害事件の発生した年であったことをみれば、台湾では政治面よりも経済面が数段前を進んでいた、つまり国家社会が経済主導型の道を歩んできたことが鮮明に分かる。

この「科学工業園区」は行政院国家科学委員会が中心となり、教育部（文部省）と経済部（通産省）が加わり、いわば政産学協同による台湾ハイテク産業のメッカとなるもので、区域内には既存の国立清華大学、交通大学、工業技術研究機関、それに従業員の住宅区も含まれ、台湾版シリコンバレーともいうべきものである。その発展は速く、操業時は敷地面積二百六ヘクタール、参加企業数五十五社（コンピュータ周辺機器十七社、精密電子十四社、高度通信機材七社、材料科学七社、精密機械五社、バイオテクノロジー三社、精密儀器二社）であったのが、一九九四年（平成六年）十二月には敷地面積五百八十ヘクタール、操業百六十五社（コンピュータ周辺機器三十九社、ＩＣ五十一社、通信二十八社、光電二十三社、精密機械十五社、バイオテクノロジー九社）となった。さらにこの年の営業総額は千七百七十八億元（約八千八百億円）であったが、園区管理局では二〇〇三年（平成十五年）には、新竹科学工業園区拡張のほか台南近郊にも南部科学工業園区を開設し、総面積二千百ヘクタールとして営業総額を一兆元（約四兆円）にまで引き上げ、台湾をアジア太平洋ハイテク技術研究製造のメッカにする計画を打ち立てている。

こうした台湾工業のハイテク化が進むなかに、政府は江南事件のあった一九八四年（五十九年）九月、「十二項目建設計画」に引きつづき鉄鋼、電力、石油、ガスといった基礎産業部門、さらに単線鉄道の複線化、道路の拡張、上下水道と護岸の整備、ダム新設による水資源の確保などのインフラ部門、そして自然保護とレジャー施設の拡充、ゴミ処理など生活に密着した部分などを網羅した「十四項目建設計画」を発表し、それの推進に入った。台北駅が改築され、台北市街区の鉄道が地下にもぐったのは、この十四項目建設においてである。ちょうどこの十四項目計画がスタートしたころ、台湾にとっては「神風」というべきか、円高ドル安傾向が一段と進み（とくに八五年九月の先進五カ国蔵相会議以降）、ドルとリンクしていた台湾元は急速に国際競争力を高め、さらに八六年（昭和六十一年）初頭以来の国際石油価格の下落が台湾経済を活気づけ、台湾の輸出競争力をいっそう高めるところとなった。このため台湾経済の輸出依存度は、六〇年代には一〇％台であったのが、八五年以降には五〇％台を突破している。

李登輝と林洋港

「十四項目建設計画」がスタートする一九八四年（昭和五十九年）二月五日、台湾の将来に大きな影響をおよぼす出来事があった。この日午前、国民党第十二期中央委員会第二回全体会議（二中全会）は蒋経国総統を第七代総統の党公認候補に指名した。国民党一党独大のもと、蒋経国の続投は既定のことであったが、注目されたのは彼が老齢の謝東閔《しゃとうびん》（一九〇七年生まれ）に代わって誰を副総統候補に指名するかであった。蒋経国には糖尿病の持病があり、それもかなり悪化していることは広く知られていた。中華民国憲法第四十九条には「総統が欠けた時、副総統が任期満了まで総統を継承する」と、六年の任期がまっとうできない場合、副総統がのこりの任期を継ぐと明記されている。今回は、蒋経国の意思はともかくとして、一般論からは任期中に副総統が合法的に総統へ昇格する可能性が十分に考えられるのである。

その日午後、蒋経国が指名した人物は周囲の予想を裏切った。熱心なクリスチャンで「六十歳をすぎたら山地でキリスト教の伝道に従事したい」と語っていた李登輝《りとうき》である。本省人の副総統としては謝東閔についで二人目だが、李登輝（一九二三年、台北県三芝郷生まれ）と同世代の本省人が指名されるとしたなら、このとき本省人内政部長として敏腕を奮っていた林洋港（一九二七年、台湾省南投県生まれ）あたりが順当とみられていた。

林洋港は台湾大学を卒業後、一貫して官界を歩んできた人物である。それにくらべ李登輝は京都大学在学中の一九四三年（昭和十八年）十二月、学徒動員で日本陸軍に入隊し、終戦翌年に台湾に戻って台湾大学農学部に編入学、卒業後米アイオワ州立大学で農学修士号を取得（一九五三年四月）するという学究の道を歩んだ。その後さらに米コーネル大学で農学博士号を取得（一九六八年七月）し、国連脱退の年である一九七一年（昭和四十六年）八月に当時行政院副院長であった蔣経国に台湾農業問題の報告をし、高い評価を受けた。そして翌七二年に蔣経国の行政院長就任とともに政務委員（無任所相）に任命され、七八年（昭和五十三年）六月には台北市長に、さらに八一年（昭和五十六年）十二月には台湾省主席に抜擢された。だが、李登輝のこの台北市長と台湾省主席への人事は、いずれも林洋港の後任としてであった。李はつねに林の後塵を拝していたのである。

では、なぜ李登輝が林洋港を飛び越え、総統昇格の可能性が強い副総統に指名されたのか。林洋港は台湾省主席を李登輝と交代したあと内政部長に就任したのだが、それは閣僚とはいえ地位は台湾省主席よりも低く、明らかに降格人事である。台北政界筋は、これを林洋港が省主席時代に頭角をあらわしすぎ、かえって蔣経国の警戒心を呼んだためと解釈した。この解釈は、蔣経国の権威主義を彷彿とさせるものがある。一方、李登輝が副総統に指名されたのは、彼が農学者で権力欲がなく、権謀術策などを好まない人物で官界・政界歴が浅く有形の派閥基盤を持たず、実直な実務型であったことが、蔣経国に安心感を与えていたからと観測されている。蔣経国と李登輝が第七代正副総統として国民大会での選出をへて就任したのは八四年（昭和五十九年）五月二十日、以後李登輝と林洋港はともに本省人政治家として互いに対立し、それが一九九六年（平成八年）三月の正副総統直接選挙にも影響を与えるところとなる。

無党派層の結集

李登輝副総統が誕生する半年前の一九八三年（昭和五十八年）十二月三日、立法院の部分選挙があった。総数三百七十人の立法委員のなかで、大多数は依然として一九四七年（昭和二十二年）に大陸で選出された、いわゆる「万年議員」であり、このときの選挙は台湾省選出とする七十一議席だけである。この選挙で無党派層の当選者は前回（一九八〇年）の十一人から九人に減少したが、得票率は二六％から二九％に微増した。この数値からも分かるとおり、無党派グループには組織がなく、得るべき議席も乱立で国民党に奪われたのである。ちなみにこのときの立候補者数は、国民党公認および国民党系八十九人に対し、無党派層は七十八人も乱立した。だから無党派層にとっては、組織的に調整をとることが念願となっていた。ところが戒厳令によって新たな結社は禁じられている。いわゆる「党禁」であるが、経済の成功に比例して市民運動の声は高まっている。そこで無党派のリーダーたちは一九八四年（昭和五十九年）五月、連絡機関として「党外公職人員公共政策研究会」（略称：党外公政会）を結成し、相互調整を図るところとなった。同時期、無党派層の雑誌編集者や作家たちも、同様の性格をもった「党外雑誌作家編集者聯誼会」（略称：党外編聯会）を結成し、体制側からの弾圧に対抗する構えを示した。「動員戡乱時期」による出版取締法や新規新聞発行を禁じた「報禁」のため、発行雑誌の九〇％前後が発禁処分になり、かれらはペンをもがれていたのである。

経済には外的な「神風」が吹いたのだが、かれらにも外からの追い風が吹いた。江南事件を契機に米国のレーガン大統領は一九八五年（昭和六十年）八月、「台湾における民主主義」という項目のある外務授権法に署名した。その項には「台湾における民主化運動のいっそうの発展は、米国が台湾関係法で規定されている道義的、法律的義務を継続するための支えとなる。……台湾関係法の精神に基づき、その目的に向かって台湾が力強く前進するよう、米国は台湾当局を奨励する」と明記されていた。これが蒋経国の国民党には圧力となり、無党派層には大いなる激励の声となったのである。こうした米国からの側面支援に応じるように、党外公政会と党外編聯会はさっそくその翌月、年末におこなわれる統一地方選挙に向け「党外年末選挙中央後援会」を結成し、人民自決、戒厳令解除、政治犯の釈放、不法逮捕・拷問の禁止などの共同政見を定め、各候補の調整に入った。この選挙協力は奏功し、省議立候補十六人中十人当選、台北市議立候補十一人全員当選、高雄市議立候補六人中三人当選という高効率の成績を収めた。なお、余登発の妻・余陳月瑛が高雄県長に当選したのは、このときの選挙においてである。

野党・民主進歩党の結成

このときの成功が、やがて無党派層による新政党結成につながる。そこにいたるまで、さらに追い風があった。選挙協力から半年後の一九八六年（昭和六十一年）五月十九日、ワシントンではケネディ上院議員やソラーズ下院議員ら五人の上下両院議員が「台湾民主化促進委員会」を結成した。それの主張は、レーガン大統領の署名した外務授権法の内容をさらに一歩踏みこんだものであった。委員会の結成において、ケネディ議員は「米国が安全を保障している台湾に、戒厳令は不要である」と戒厳令の解除を国民党政権に勧告し、ソラーズ議員は「国民党が民主化を怠れば、より激烈な解決方法を台湾にもたらすことになろう」と警告を発した。

ソラーズ議員の警告は的を射ていた。同委員会の結成とおなじ日、台北市内である事件が発生した。無党派リーダー格の江鵬堅《こうほうけん》（立法委員）と鄭南榕《ていなんよう》（無党派雑誌『自由時代』編集長）が中心となり、戒厳令施行三十七周年の日に合わせ「五・一九緑色行動」と銘打った戒厳令解除要求のデモを打ったのである。参加した活動家は約五百人であったが、その周囲を二千人ほどの警官隊と憲兵隊が包囲して一般市民との合流を阻んだ。それをまた数千人の市民が取り巻き、さらにまた増派された警官隊と憲兵隊がそれ囲み、そこへまた群衆が集まり、台北市内は一触即発の事態となった。このとき警察側は中壢事件で得た教訓から柔軟な規制行動をとる一方、デモ隊側と話し合いに入り、深夜にいたってようやく合意に達し、衝突することなくデモはながれ解散した。これの意義は大きい。民主化要求の声は、もはや体制側の実力行使では規制不可能なまでに高まっていたのである。

さらに翌六月、米下院外交委員会アジア太平洋小委員会と人権委員会が「台湾民主決議案」を可決した。これはケネディ議員らの台湾民主化促進委員会よりもインパクトが強かった。同決議は、台湾に①新党結成の承認、②検閲制度の廃止と言論、集会、結社の自由の保障、③完全な議会民主制の実現の三点を国民党政権に求めるというものであった。むろん台湾民主化促進委員会も、シュルツ国務長官に同様のことを台湾に働きかけるよう要請するなど側面支援をしていた。

そして同年九月二十八日、内外の支援の声を背景に、台北の円山ホテルに百三十五人の発起人が集まり、台湾の最大野党となる民主進歩党（略称・民進党）が結成された。もちろんこの結成の中核となったのは党外公政会と党外編聯会であり、両会は党成立後自然解散した。初代党主席には台湾独立を強く主張する江鵬堅が選出され、党綱領には戒厳令の解除、国会の全面改選、臨時条款の廃止、台湾の前途の台湾人民による決定、基本的人権の確立、党禁・報禁の解除、軍隊の国家化などが掲げられた。

戒厳令下において、これは明らかに非合法活動である。しかし公権力が実力でこれを圧殺できないことは、すでに緑色行動が示している。国民党政権は対処に苦慮し、弾圧派と柔軟派に分かれ激論したが、結局「民進党は不法組織ではあるが、非合法組織とは断定しない」との奇妙な法解釈を下す以外に対処法はなかった。つまり黙認である。

早くも民進党結成より二カ月後の一九八六年（昭和六十一年）十二月六日、台湾省選出の立法委員七十三人と国民大会代表八十四人の部分選挙があった。民進党は「不法組織」のまま党公認を立て、選挙戦に臨んだ。その結果、立法委員候補十九人のうち十二人（得票率二二・二％）、国大代表候補二十五人のうち十一人（得票率一八・九％）を当選させた。この議席数と得票率は、民進党が一応批判政党としての地位を得たことを意味しよう。一方、国民党の当選者は立法委員五十九人（得票率六九・九％）、国大代表六十八人（得票率六八・三％）であった。この選挙戦で民進党は公然と蒋経国批判、政府批判を展開したが、この民進党の存在によってやがて台湾の政党政治は確たるものとなる。むろん国民党一党独大のもとにも中国民主社会党と中国青年党という政党があったものの、このときの立法委員選挙で青年党は立候補二人、得票率〇・〇八％、民主社会党は立候補一人、得票率〇・〇二％、もちろん当選者はゼロであった。

タブーへの挑戦

民進党の結成強行は、もはや従来の権威主義が台湾社会に通用しなくなったことを物語っていた。その社会の勢いを示す一例として、「二・二八事件和平日促進会」（陳永興会長）の結成をあげることができる。同会は一九八七年（昭和六十二年）二月四日に誕生し、二・二八事件の真相を究明し、二月二十八日を「平和を祈念する記念日」に制定しようとする市民団体で、その年二月二十八日を中心に台湾各地で二十二回にわたり事件犠牲者の追悼集会を開催した。これまでは事件について書くことも語ることも抑制されていたことを思えば、同促進会の行動はまさにタブーへの挑戦といえた。以後、二・二八事件の記念集会や追悼会は台湾社会に定着することになる。

もう一つのタブーは、中華民国体制打破を唱える「台湾独立」運動である。無党派雑誌『自由時代』を主宰する鄭南榕は外省人二世であるが、誌面で台独を主張しては発禁処分を受けるという活動を展開していた。鄭南榕はそこから一歩踏み出し、一九八七年（昭和六十二年）四月十八日、台北市内で開かれた集会で聴衆を前に「私は台湾の独立を支持する」と叫び、熱弁をふるった。これが台湾内において公然と「独立」が主張された最初である。以後、集会やデモで台独の声が公然と聞かれるようになる。たとえば戒厳令施行三十八周年にあたる同年五月十九日、民進党は台北市内で戒厳令解除を要求する一万人集会を開き、「議会路線は国民党の腐敗を暴露するだけの効果しかない。群衆路線のみが民主化の有効な手段である」として、同党の大衆闘争路線を強く印象づけるとともに、「われわれの手で台湾に独立した新しい国家を樹立しよう」と主張した。

戒厳令の解除と動き出した改革

こうしたながれのなか、蒋経国総統は一九八六年（昭和六十一年）四月九日の国民党中央常務委員会において、戒厳令の存廃を検討するよう指示していた。そして台湾独立や戒厳令解除要求の声が公然と聞かれはじめた翌八七年（昭和六十二年）七月十五日午前零時を期し、三十八年間つづいた戒厳令を解除した。同時に「動員戡乱時期入国検査条例」など三十種類の条例も廃止された。これによって行政や司法から軍の統制は取り除かれ、「万年国会」の全面改選や「報禁」、「党禁」の解除に向かって大きく道を開くことになったのだが、政府は「中国統一」という国民党の建前を維持するため、戒厳令に代わって国家安全法を施行した。同法の要点は第二条に凝縮されており、そこには「人民の集会と結社は憲法に違反し、あるいは共産主義を主張し、または国土の分裂を主張してはならない」と明記されている。「国土の分裂」とは、すなわち「台湾独立」である。

だが、すぐにこの規定は有名無実化する。同年八月三十日、戒厳令下に政治犯として投獄された経験をもつ百四十三人の有志が「台湾政治受難者聯宜《れんぎ》総会」を結成し、規約に「台湾は独立すべきである」と定めた。これが要因となって同年十月に会員二人が「反乱罪」容疑で逮捕されたが、それはかえって世論を沸騰させ、多くの釈放要求の大衆運動を誘発し、それらの抗議デモで「台湾独立」のプラカードが掲げられ、それが公然と叫ばれたのである。さらに十一月三日には、二人の民進党議員が立法院で初めて「統独（統一か独立か）問題を住民投票で決定せよ」と主張した。事実上の台独主張であり、その六日後の十一月九日、民進党の第二回全国党員代表大会があり、任期満了の江鵬堅に代わり高雄事件で投獄され十カ月前に仮釈放されたばかりの姚嘉文《ようかぶん》が主席に選出され、「人民には台湾独立を主張する自由があることを強調する」という大会決議を採択するにいたるのである。

また、戒厳令解除より四カ月後の一九八七年（昭和六十二年）十一月二日、台湾住民の中国大陸への親族訪問が解禁された。はじめは厳しい制限が付されていたがたちまち通常の観光旅行にまで緩和され、解禁一年後には延べ六十万人が中国大陸を旅行した。これは人道面はむろんのこと、隔絶されていた台湾海峡両岸に交流の風穴を開けたものとなり、これが突破口となって両岸経済交流の拡大へとつながることになる。解禁より九年後の一九九六年（平成八年）末までには、延べ九百万人が大陸を訪問している。また、当初は大陸で「統一戦線工作」に遭うのではないかとの懸念があったが、逆に台湾社会の優越性が大陸住民に伝えられ、台湾には大陸の貧しさが政治宣伝ではなく実見として伝えられ、一部の人が抱いていた大陸への幻想も崩壊するという付加的効果がみられた。蒋経国の「台湾の住民が自由に大陸へ行き来するようになれば、海峡両岸の差がどれだけ大きくなっているかを実地に知ることができよう」とした判断は、まさに正解だったのである。

さらに蒋経国は戒厳令解除後の変化促進の一環として、一九八八年（昭和六十三年）一月一日、「報禁」を解除した。マスコミの自由化であるが、これも民主化への大きな一歩となり、台湾の各紙は新規参入も含め百家争鳴と自由競争の時代へと変化したのである。

この直後の一月十三日、蒋経国総統の突然の死去が報じられた。享年七十七歳、みずからの手で民主化を促進しはじめた矢先の死であった。

第12章 始まった李登輝の時代

本省人総統の誕生とその波紋

憲法第四十九条の規定にしたがい、李登輝副総統が総統に昇格した。この波紋は大きかった。かつて厳家淦副総統が蒋経国の総統就任までのつなぎとして蒋介石のあとを継いだのとは異なる。だから李登輝副総統が総統に就任したとき、民進党の姚嘉文主席は「中国人（外省人）が台湾を支配する時代は終わった」と叫んだものである。だが一方、民進党はこれまで「国民党は外省人の政党であり、民進党こそ本省人の政党である」と呼号していたのだが、本省人総統が誕生したことにより、この論法がかえって根拠を失うところとなった。それだけに国民は台湾が根本的に変化するであろうことを感じ取り、新総統による変化への期待は高まった。

一方、国民党内部ではストロング・マンの死と党内にさしたる基盤を持たない本省人総統の出現によって、一時的にいわゆる「四頭立馬車」体制に移った。つまり党・政・軍・特の各支配構造を一つにまとめる核が消えたが、その四大権力の各頂点には、国民党秘書長（幹事長）として李煥《りかん》（湖北省出身）、行政院長に兪国華《ゆこっか》（浙江省出身）、参謀総長に郝柏村《かくはくそん》（江蘇省出身）、国家安全局長には宋心濂《そうしんれん》（安徽省出身）と、いずれも蒋経国側近であった外省人が座っていたのである。この外省人四本柱を本省人の李登輝総統がいかに統御するか、彼のいわばバランサーとしての手腕にも人々の関心は集まった。

時代は李登輝に味方していた。「革命政党」として自己を位置づける国民党政権下では、つねに国家元首である総統の地位を党主席が凌駕《りょうが》していた。したがって蔣介石夫人であった宋美齢《そうびれい》や外省人長老勢力は、李登輝の総統昇格はしかたないとしても、国民党主席への就任には「党歴が浅い」ことを理由に反対していた。そこでかれらは、かつて蔣介石の死後、蔣経国主席のもとに厳家淦総統をあてたように、党主席と総統を分離し、李登輝を「ロボット総統」に仕立てようとした。

しかし経済の発展により国民の、とくに本省人の権利意識が高まっており、社会的背景も李登輝の失言は黙過するが、外省人が李登輝を非難しようものなら社会の非難はその外省人に向けられ、かえって李登輝の人気を高めるといったような状況になっている。こうした社会を背景に、結局主席・総統分離では政局の運営がかえって困難になるとの判断がはたらき、一月二十七日の国民党中央常務委員会はひとまず李登輝総統を党主席代理にし、そして同年(一九八八年)七月七日の第十三回党員代表大会で正式に党主席に選出した。だが、これで李登輝総統の国民党内での基盤が整ったわけではない。

李登輝総統、就任を宣誓。立ち会い人は林洋港司法院長（当時）

五・二〇事件と民進党の動き

では、この時期の社会はどう動いていたか。

まず大規模な大衆行動としては、一九八八年（昭和六十三年）三月二十九日、民進党の主導で台北市内を四千人が宣伝カー四十五台をつらねて「国民改革」を求めるデモを打ち、ついで国民党の「万年議員」（すべて外省人）の宿舎がある郊外の大湖山荘に押しかけ、退陣を要求するという「三・二九デモ」があった。さらに台北で五月二十日から二十一日未明にかけ、当初二千人であった参加者が日暮れとともに五千人に膨れ上がり、警官隊が放水で規制しようとするなかに車両焼き打ち、列車の進行妨害などを展開するといった「五・二〇農民デモ」が発生した。この事件は、表面上はコメの政府買い上げ増加や農産品の輸入自由化反対などを掲げた農民運動とされているが、全逮捕者九十六人のうち農民はわずか四人であり、かつ学生十五人がいたことからも分かるように、それはすでに農民運動に名を借りた本省人の反体制活動であったことは明白である。それだからこそ、与党国民党内の外省人グループは、本省人の李登輝を楯として前面に立てる必要に迫られたのである。

反体制側の民進党は李登輝総統の出現後、本省人の李登輝を国民党内で孤立させないために急進的な活動はひかえるべきだとする意見と、反体制の活動を強化すれば国民党は本省人総統を楯として前面に立てなければならなくなり、逆に国民党内本省人の立場を強化することになるとする意見に分かれていた。このときの二種類の意見が、その後民進党内の二大派閥を形成することになるが、このときの民進党主席は姚嘉文で、初代主席の江鵬堅同様、後者の強硬派に属した。ここに「三・二九デモ」や「五・二〇農民デモ」が発生した背景の一端があるのだが、この両事件の中間にあたる四月に民進党は台湾独立問題を討議し、「台湾の主権は独立しており、中国に属するものではない」とする明確な独立路線を打ち出している。

しかし、同年十月の第三回全国党員代表大会では、七九年に高雄事件で逮捕され八七年五月に仮釈放されていた黄信介を第三代主席に選出した。黄信介はかねてより、台湾独立に反対はしないとしながらも「国民党と中国共産党を刺激しないために、独立を前面に打ち出すのは得策でない」と主張していた。つまり国民党の柔軟派と協調しながら台湾の民主化を推進しようという穏健路線派だが、その黄信介主席の誕生によって、「独立以外に台湾の真の民主化はない」とする強硬派が反発し、民進党内での両者の亀裂はいっそう深まることになる。

李登輝の手腕と現実路線のスタート

一方、李登輝総統は国民党内での自己の政治基盤確立に着手していた。幸いなことに特務機関を握る宋心濂は開明的な軍人で、民主化の第一歩である「情報と治安」の分離に率先協力し、国民が党・政・軍・特から受けていた圧迫感をやわらげるのに尽力した。その分、国民の権利意識が高まったのだが、同時にそれは李登輝人気の高まりともなった。そして一九八八年（昭和六十三年）十月には、蔣経国総統以来の総統府秘書長（幹事長）であった沈昌煥《ちんしょうかん》を更迭し、後任には「沈黙の人」といわれる元法務部長（法相）の李元簇《りげんぞく》を据えた。更迭された沈昌煥は、蔣介石総統の衣鉢をつぎ、蔣経国総統からも厚く信任され、外交部長（外相）を二度もつとめ外交権を握る人物であった。この更迭の意義は大きく、台湾の外交が「中華民国体制」という旧来の建前論から「実務外交」（弾力外交、現実外交ともいう）へ移行する端緒となるものであった。

李登輝はそれの第一歩として翌一九八九年（平成元年）三月六日にシンガポールを公式訪問したが、このときシンガポールは「中華民国総統」の呼称を使用せず、「台湾から来た総統」と表現した。これについて李登輝は記者会見で「中華民国は一つの独立した主権国家である」としながらも、「われわれにとって呼称の問題を云々するのは不必要であり、またしなければならないことでもない。この呼称に私は満足していないが受け入れる」と表明した。つまり、国名や呼称にこだわらない実務外交の始動である。これに外省人保守派は強く反発したが、李登輝は黙殺した。また、一九九〇年（平成二年）一月には関税貿易一般協定（GATT）への加盟申請に際し、「中華民国」ではなく「台湾・澎湖・金門・馬祖」（後に「中華台北」）の呼称を使用し、九一年（平成三年）十一月には「中華台北」の名でアジア太平洋経済協力会議（APEC）に加盟している。

さらに李登輝総統は政治基盤の確立に関し、一九八九年（平成元年）六月には行政院長の兪国華を更迭し、後任に国民党秘書長（幹事長）の李煥を据え、その後任の秘書長には副秘書長の宋楚瑜《そうそゆ》を昇格させた。これらはいずれも外省人であり、いわば李登輝は外省人同士の競争確執をうまく操作したわけだが、とくに宋楚瑜は李登輝の国民党主席就任を当初から強く推し、外省人のなかにおける李登輝支持派の中心人物であった。この人事は外省人「四頭立馬車」体制の一角である「党」を切り崩し、その主導権を掌握するための布石であった。また同年十二月には、これまで八年間も参謀総長の任にあって軍を掌握していた郝柏村を国防部長（国防相）に転出させた。李登輝が総統に就任した当初、総統府の衛兵にすら命令することができなかったのだが、この人事は軍の実力者を行政部門に移行させ、中華民国憲法第三十六条の「総統は全国陸海空軍を統率する」との規定どおり、総統が三軍総司令官としての当然あるべき地位を確立するための布石であった。その後李登輝は一九九一年（平成三年）十二月に、外省人ながら反郝柏村派の劉和謙《りゅうわけん》（安徽省合肥市出身）を参謀総長に登用し、これを通じて軍を掌握するにいたる。

政党政治確立に向けて

こうした人事の進むなか、一九八九年（平成元年）一月二十日に李登輝総統の強い意向であった「動員戡乱時期人民団体組織法」が、国民党改革派と民進党の協力によって立法院を通過した。「動員戡乱時期」といういかめしい名がついているのは、この時期まだそれが解除されていなかったからだが、同法は政党を含む結社の自由を認めるもので、その通過は「党禁」の解除を意味する。この時点で民進党は非合法黙認政党から合法政党となり、さらに民進党の一部が工党（労働党）を組織し、さらに民主統一党、平和統一党、緑党などといった六十以上の群小政党が結成された。

そして同年十二月二日、立法院の部分選挙と統一地方選挙があった。これは戒厳令解除後、初の選挙であるばかりか、国民党が合法的に野党の批判にさらされる最初の選挙でもあった。つまり国民党による一党独大を否定した、台湾における政党政治の第一歩である。

選挙結果は改選立法委員百一議席（前回選挙は七十三議席）のうち、国民党七十二議席（四議席増）、民進党二十一議席（九議席増）、その他八議席であった。民進党が議席数にもまた得票率においても前回二二・二％から今回二七・二％へと、大躍進といえないまでも一応の伸びを示したのが注目され、批判政党としての地位をなおいっそう強くした。また国民党が改選議席数においても絶対多数を維持したのは、李登輝人気に加え、すでに国民の七〇％が中産階級意識をもつにいたり、着実に進む民主化のなかに極端な変化は望まなくなっていたことによろう。

一方、この年の四月七日、台独派の鄭南榕が月刊『自由時代』に「台湾共和国憲法草案」を掲載して「反乱罪」に問われ、召喚に応じず焼身自殺するというショッキングな事件があったが、その夫人の葉菊蘭《ようきくらん》がこのときの立法委員選挙に「台湾独立」を掲げて立候補し、当選している。さらに民進党二十一議席のうち、八議席が党内急進派で「台湾独立」を公然かつ明確に主張するグループであったことも、時代の変化を示すものといえよう。

なお、二十一県市の地方首長選挙では国民党十四、民進党六、無所属一で、とくに当選者の全員が本省人で、さらに大都市に近い台北県と高雄県の県長（知事）を民進党がとった点が特徴的であり、台北県の当選者は独立派の闘志として知られる尤清《ゆうせい》であった。

国民党分裂の危機に直面

本省人勢力の高まるなか、社会はすでに少数派が多数派を屈服させうる時代ではなくなっている。つまり民主化の進展であるが、そうしたなかに国民党は旧来の権威体制からの脱皮のため、一度は通過しなければならない分裂の危機に見舞われていた。

蔣経国の死去による総統継承の任期終了が近づく一九九〇年（平成二年）一月三十一日、国民党中央常務委員会は次期（第八代）総統候補としても李登輝を推すことを決議した。李総統は党主席としてもすでに相応の党内地盤を築いていたのだが、ここに彼が副総統候補に誰を指名するかが大きな争点となった（総統候補は副総統候補を明示しなければならない）。

このとき有力視されていた現行政院長の李煥や前行政院長の兪国華のほか、自薦他薦を含めさまざまな名前が交差し、そのなかで蔣経国の弟である蔣緯国《しょういこく》・国家安全会議秘書長と、本省人として李登輝のライバルとなっている林洋港・司法院長の動きが注目を浴びた。かつて蔣経国は「蔣家の者が総統選に出てはならない」と表明したのであるが、蔣緯国はそれの信憑性を否定したり、「私を副総統候補に推す人がおれば拒絶しない」などと語りはじめ、そこへ林洋港が「蔣緯国氏や李煥氏が名乗りを上げるのなら、私も推薦を受け入れる準備がある」と積極姿勢を示したのである。この両者はいずれも反李登輝陣営であり、そのようななかに李登輝は外省人の感情を考慮し、総統府秘書長で温厚な李元簇を指名する意向を洩らした。

最初の正面対立は二月十一日、国民党臨時中央委員全体会議においてであった。まず総統・副総統候補決定の方式について、林洋港、李煥、蔣緯国らの反李登輝陣営は、従来の起立方式は非民主的だとして投票の自由を保障する秘密投票方式を主張した。皮肉なことに、起立方式は国民党が権威主義の象徴として採用していた方式である。党秘書長の宋楚瑜ら李登輝支持グループは、それを論戦による挑発から権力闘争に持ちこむ反李派の戦術とみてとり、慣例どおりの起立方式を主張し、すぐに決をとった。結果は起立方式賛成九十九票、投票方式賛成七十票であった。この票数がそのまま李登輝・李元簇を党推薦の正副総統候補に決定するところとなった。李登輝支持派の勝利である。

また、このときの両派の正面衝突によって、国民党内部における李登輝、李元簇、宋楚瑜らを中心とする「主流派」と、郝柏村、李煥、蔣経国、林洋港らを中心とする「反主流派」の色分けが鮮明となり、かつ対立構造も明確となった。

反主流派はまだあきらめていなかった。正副総統を決定するのは国民大会である。しかも七百人を越す国民大会代表のうち、台湾で新たに選出されたのは八十四人のみで、他は大陸で選出されたまま居座っている「万年議員」たちである。これら「万年議員」のなかには「われわれを大陸につれて帰れるのは蔣緯国だけだ」とする個人的理由を中心に考える者が少なくなかった。このことから反主流派は、国民大会で党決定に対抗することをもくろんだ。かれらは社会における本省人勢力の台頭にかんがみ、本省人の林洋港を総統候補に立て、そして副総統候補に蔣緯国を推し、選挙対策本部まで設けた。もしこのまま国民大会で両派から正副総統候補が立てば、すなわち国民党の分裂となる。

「老賊」たちの宴と反主流派の敗退

主流派は反主流派に対し「党の団結と前進のため、個人的な意見は放棄されたい」と説得しはじめるとともに、国民大会代表への戸別訪問による多数派工作を展開した。反主流派も同様に多数派工作をする。その機に乗じ、国民大会の「万年議員」たちは自分たちの任期延長や報酬引き上げ、権限拡張など、お手盛りの利益誘導を図りだした。まずかれらは大会出席の報酬を従来の五万二千元（約二十六万円）からいっきょに二十二万元（約百十万円）への引き上げを賛成多数で可決し、つぎに「動員戡乱時期臨時条款」を改定して国民大会代表の任期を一期六年から九年とし、今後の補充選挙は全体の三分の一を越えてはならないと主張した。さらに必要時における不定期開催であった国民大会を毎年一回定期開催とし、従来の憲法制定・改憲の権限のほかに一般法律の制定・否決権まで賦与せよと要求しはじめたのである。

社会は一斉にこうした「万年議員」たちを「老賊」と非難し、全員民選による地方議会はつぎつぎと国民大会代表非難決議をしはじめた。この雰囲気のなかに林洋港は、当選してもかつての厳家淦同様、実権のないお飾りの総統にされることを自覚して李登輝対抗への信念を喪失し、蔣緯国も兄・蔣経国の言葉に背いたとして蔣家からも非難され、社会的人望も失った。事態は主流派に有利へと進み、結局反主流派は候補擁立を断念、国民大会の「老賊」たちも雪崩《なだれ》現象を起こし、一九九〇年（平成二年）三月二十一日の国民大会で李登輝・李元簇の第八代正副総統就任が確定した。ここに主流派は党分裂の危機を乗り切り、李登輝は正式な国民大会選出による総統として党内に基盤を築いたのであるが、このとき明確となった主流派―反主流派の対立は、今後の国民党の問題点としてのこされた。

威力を発揮した学生パワー

「老賊」と呼ばれた国民大会代表たちの貪欲さは、思わぬ副産物を生んだ。かれらがまだお手盛り活動を展開していた三月十四日、台湾大学の学生数十人が①国民大会の解散、②臨時条款の廃止と動員戡乱時期の終結、③国是会議の開催という三項目の要求を掲げ、国民党本部に押しかけた。三項目とも国民絶対多数の声といってよい。「国是会議」というのは、国民大会も立法院も「万年議員」が居座り、国民の声を反映したものではないため、現実の台湾の各界代表が一堂に集まって今後の国の基本的なあり方を討議するというものである。

学生たちは警官隊に排除された。だが、これが契機となっておよそ百人の学生が台北市内の中正(蔣介石)紀念堂広場で抗議集会を開き、一部の学生はハンガー・ストライキに入った。それが日を追うごとに一千人、三千人へと膨れ上がり、市民たちは広場に差し入れをし、なかにはそのまま集会に加わる者もいた。わずか九カ月前には北京で「六・四天安門事件」(一九八九年六月四日)が発生し、学生の民主化運動が戦車で踏みつぶされ、多数の死傷者を出したばかりである。事態を懸念した李登輝総統は三月十七日、テレビで緊急談話を発表し、国民大会代表には「慎重な討論をして民意に反しないようにしてほしい」と呼びかけ、学生や市民には「民主の目標のためわれわれがこれまで培《つちか》ってきた努力を壊さないでほしい。政府は皆さんの願望を反映したい。皆さんは理性を保ち、社会の繁栄と安定に協力してほしい」と異例の訴えをした。しかし事態は収まらず、広場には持久戦を構える学生たちのテント村ができ、三月十九日には参加人数も一万人を越し、これと並行して民進党はデモ隊を組んで市街地を行進し、最高時にはそのかず二万人に達し、台北市内は革命前夜を思わせる騒然たる雰囲気に包まれた。マスコミは親国民党系紙も含めこれを連日「起義」として報じ、各大学の教授たちも現場に駆けつけ、慰問とともに学生たちを激励した。その三月十九日に政府は毛高文・教育部長（文相）を広場におもむかせ、説得とともに学生の要求を聞きとるという措置をとった。学生たちは前記の三項目を掲げると同時に、李登輝総統との直接会見を要求した。

こうした雰囲気のなかに、李登輝は国民大会の選挙で第八代総統に当選するのだが、その三月二十一日の夜、彼は総統として五十人の学生代表と会見した。学生たちとの質疑応答のなかに、総統は「政府は改革への決意を変えない」と述べ、さらに自分自身すでに構想をもっていたことから、「国民の総意を得るため国是会議を開く」ことを約束した。学生たちはこの「元首の約束」に納得、翌二十二日に台湾における初めての自発的な大規模学生運動は一連の活動を終了した。「台湾の天安門事件」ともいわれたこの事件は、双方とも冷静であったとともに、国民党の内紛や「老賊」たちの私欲行為も含め、その後の李登輝総統による民主改革を加速させる素因ともなるものであった。

巧妙な軍人宰相の起用

こうした大きなうねりのなかに、つぎの焦点は行政院長（首相）の人選に移った。巷間には主流派外省人の蔣彦士《しょうげんし》や反主流派本省人の林洋港らをはじめ、さまざまな名があげられるなか、おおかたの予想は反主流派とのバランスから、現院長である李煥の留任であった。だが李登輝は、下馬評をまったく覆《くつがえ》した。李煥を更迭し、李煥とおなじ反主流派に属し、かつ軍人中の軍人であり、しかも旧権威主義を代表するとみられる郝柏村国防部長を指名したのである。

発表は一九九〇年（平成二年）五月二日、激震は台湾全土を走った。翌日のある新聞は巨大な活字で「幹」

（しでかした）の一字を印し、またある新聞は「意外な人選」、「軍人宰相に反対」、また別紙は「軍人の政治干渉」、「民主化の後戻り」等々と報じ、巷間にも「どうしていまさら?」といった声があふれた。学生たちはふたたび中正紀念堂広場で抗議集会を開き、一部は首班人事への同意権を持つ立法院前に座りこみ、この人選に同意を与えないよう要求した。さらに立法院が国民党議員の絶対多数で郝柏村の組閣に同意を与えた五月二十九日には、台北市内で民進党が「軍人内閣反対」のデモを打ち、警官隊の放水車のなか、投石や火炎ビン闘争の騒ぎにまで発展した。

リベラル派の李登輝が、なぜこのような選択をしたのか。軍人宰相はアイゼンハワー米大統領にも前例があるとおり、民主国家にもありうることである。郝柏村もテレビ・インタビューで「私は軍人の身分で組閣するのではない。文人として行政院長に就任するのだ」と語り、「もし私に野心があったなら、行政院長になる前に軍事支配を行使している」とも語った。これは別に彼がスゴミをきかせたわけではなく、李登輝総統への協力の表明であった。

李登輝総統には遠謀深慮があった。まず政略的には、郝柏村を終身職である一級上将（元帥）から退役させて軍職復帰の芽を摘み、将来におけるみずからの軍掌握を容易にし、また李煥とおなじ派閥からの登用によって反主流派の結束を撹乱する。行政的には、郝柏村の協力をえて民主改革の推進を容易にする。さらに社会的には外省人や反主流派に偏見のないことを示すとともに、一連の民主化で乱れをみせていた社会治安の立て直しや犯罪の多発を防止するといった思惑があった。

これらのもくろみは、やがて的中することになる。だからこの当時にも、非難の声の一方に李登輝の「器量の大きさ」を認め、「李登輝は政治の分かる人物だ」と評価する声もあった。李登輝は郝柏村指名の翌日、この人事の目的を「政治の安定を招来し、憲政改革の推進と乱れた社会の治安回復を図るため」と述べ、「もちろん郝柏村氏に軍人色が強く、経済部門の経験に乏しいことも十分考慮したが、行政首長に最も重要な条件とは、才能ある人材を用いて任務を完遂することだ」と語ったものである。つまりこの人事は、彼の徹底した実務主義の一環でもあったのだ。マスコミや民進党、学生らの強烈な反応は、かつて抑圧された戒厳令体制への反動であったといえよう。

今後の方針示した「国是会議」

李登輝総統自身にもその構想があったとはいえ、学生に「国是会議」の開催を約束したのは、当時の雰囲気から国民への公約とおなじ重みを持つものであった。またそれは、法的根拠は持たないものの、参加者が各界より超党派で選ばれれば、「万年議員」が絶対多数を占める立法院や国民大会よりも、明らかに現実の民意を反映したものとなる。まず蔣彦士・総統府秘書長を招集人とし、二十五人の準備委員が選ばれた。もちろんそのなかには民進党からも黄信介主席をはじめ四人が入り、平均的なバランスがとられた。そして民意代表、学界代表、政党代表、経済界代表、学生代表、海外華僑代表ら百五十人が選抜された。それらのなかには高玉樹、許信良、余陳月瑛、姚嘉文ら野党系はもとより、国民党の政策と最もかけ離れた台湾独立運動の関係者も含まれていた。台独論者のうち五人ほどが招待されながらも出席をボイコットしたが、これは民主を唱えながら民主への機会をみずから閉じる行為であろう。その「国是会議」は、開催約束よりおよそ三カ月後の一九九〇年（平成二年）六月二十八日から一週間にわたり、台北・円山ホテルにおいて開催された。

そこでは国会改革、地方自治制度、中央政治体制、憲法改正、大陸政策などの五項目が討議され、出席者の発言は党派や思想上の立場でなんら制限されず、また法的拘束力はなく、議事は「発言の記録をせず」、「採決せず」の方式で進められた。自由討論のすえ、各項目についておおむねつぎのようなコンセンサスが確認された。

一、国会改革‥第一期非改選の民意代表（万年議員）は早急に退職しなければならない。
二、地方自治‥台湾省主席および台北市、高雄市の市長は市民の直接選挙で選出する。
三、中央政治体制‥総統は国民の直接選挙で選出する。
四、憲法改正‥「動員戡乱時期臨時条款」を廃止し、憲法改正を進める。
五、大陸政策‥大陸政策と両岸関係の調整は、台湾二千万住民の安全と権益を最優先し、海峡両岸の仲介機関を設立する。

いずれも台湾の民主化を進めるうえに必要な事項である。閉会式に出席した李登輝総統は、超党派の会議開催とそこで得られた合意事項について、「政府の政策決定と全国民の選択の参考となるものであり、高度の意義と価値がある」と表明し、民進党の黄信介主席もまた「この会議がわが国民主政治の発展の力になることを信じる」と会議の成果を評価した。やがてこれらの合意事項はすべて実現に向かい、台湾における「静かなる革命」が進行することになる。

国家建設六カ年計画と伸びる経済

国民の多くは超党派の「国是会議」開催とその合意事項の内容に大きな期待を持ったが、その二カ月後には軍人出身行政院長への懸念を払拭するような発表があった。郝柏村が行政院長として一九九〇年（平成二年）九月一日、「国家建設六カ年計画」を発表したのである。台湾経済は超スピードの高度成長を果たしたため、そのアンバランスが都市部の交通渋滞、騒音、居住環境の悪化、ゴミ問題、さらに環境汚染、治安の悪化、文化レジャー施設の不足といった方面にあらわれ、「豊かだが貧しい」といった社会をつくり出していた。今回の計画はそれを是正する一方、いっそうの経済発展を果たし、先進国の仲間入りを果たそうとするものであった。したがってその内容は国民所得の向上、産業の潜在力強化、均衡のとれた地域発展、国民生活の質的向上といった四大項目に分かれ、当初予定された総予算は三千三十億ドルで、項目別のおもな内容はつぎのとおりである。

国民所得の向上　国民一人当たり所得を一九九〇年の七千九百九十七ドルから九六年には一万三千九百七十五ドルに引き上げる。そのため通信、情報処理、電子、半導体、精密機器、宇宙工学、化学、薬品、医療、汚染防止器材の部門を十大新興工業として生産過程のオートメ化、専門技術者の養成、品質管理の向上を図る。技術集約型工業の製造業全体に占める比率を九〇年の五六・二%から九六年には六二%に引き上げる。

産業の潜在力強化　農地やその周辺の土地二万八千ヘクタールを商業地、宅地、交通用地に変更する。新たに四カ所のダムを建設し、都市給水と下水道を改善する。台北、桃園、新竹、台中、台南、高雄の六大都市に大量高速輸送システムを整備する。鉄道の高速化を促進する。この項目に一千二十億ドルを投入する。

均衡のとれた地域発展　各地の図書館や文化センターなどの建設を加速する。高等学校を増設するとともに、小・中学校の小人数クラス制を促進する。各地に病院を増設し、医療保険制度を完備する。住宅融資を強化する。

国民生活の質的向上　各地の下水道を拡張するとともに、ゴミ焼却炉二十一基、堆肥場一カ所を新設し、埋立地七十八カ所を設け、河川四十四カ所の整備を進め水道水の飲料化を図る。大気汚染防止への投資を拡大する。蘭嶼島と雪覇(中央山脈の一角)に国立公園を開設する。この項目への投資総額は一千六十億ドルとす

表⑫ 中華民国台湾各種経済統計

年別	経済成長率(%)	GNP(億米ドル)	国民一人当たりGNP(米ドル)	輸入(億米ドル)	輸出(億米ドル)	外貨準備高(億米ドル)	産業構造変化(%)		
							農業	工業	サービス業
1953	9.34	15	167	2	1	—	34.46	19.39	46.15
1960	6.44	17	154	3	2	—	28.54	26.87	44.59
1970	11.37	57	389	15	15	4.8	15.47	36.83	47.70
1980	7.30	414	2,344	197	198	22.1	7.64	45.75	46.57
1985	4.95	631	3,297	201	307	225.6	5.78	46.28	47.94
1986	11.64	773	3,993	242	399	463.1	5.55	47.11	47.34
1987	12.74	1,036	5,298	350	537	767.5	5.30	46.68	48.02
1988	7.84	1,262	6,379	497	607	739.0	5.04	44.83	50.13
1989	8.23	1,526	7,626	523	663	732.2	4.90	42.31	52.79
1990	5.39	1,641	8,111	547	672	724.4	4.18	41.23	54.59
1991	7.55	1,837	8,982	629	762	824.1	3.79	41.07	55.14
1992	6.76	2,163	10,470	720	815	823.1	3.60	39.86	56.54
1993	6.32	2,262	10,852	771	851	835.7	3.66	39.00	57.34
1994	6.54	2,439	11,597	854	931	924.5	3.57	37.35	59.08
1995	6.06	2,636	12,439	1,036	1,117	903.1	3.53	36.30	60.17

(中華民国行政院経済部統計)

る。

この膨大な計画の実施を危ぶむ声もあったが、郝柏村行政院長から李登輝総統への最大の「贈り物」になったことは事実である。また、この「国家建設六カ年計画」の推進は翌一九九一年（平成三年）七月からであったが、途中一部変更されながら期間の終了しないうちに、この計画とも関連し国際経済を見据えた「アジア太平洋オペレーション・センター」計画が開始されることになる。だが、この計画の推進によっても表⑫にみるとおり、台湾経済はさらに大きく飛躍する。また、その発展とともに政治の民主化もいっきょに進むのである。

第13章 「静かなる革命」の進行

テクニックを駆使した大陸政策

すでに大陸との関係は、反攻や対立ではなく台湾の安全を第一義に考慮することに国民的合意が得られている。北京は一九七九年（昭和五十四年）元旦に「台湾の同胞に告ぐるの書」を発表して以来、台湾に「三通」（直接的な通商、通航、通信）を呼びかけるようになったが、台湾は「三不政策」（接触せず、交渉せず、妥協せず）の立場をとりつづけ、香港を経由した間接「三通」が開始されてからも直接「三通」は拒否しつづけた。北京は「平和攻勢」をかけながらも、つねに台湾を「中国（中華人民共和国）の一省」と見なし、統一のためなら武力使用も辞さない、つまり台湾併呑の姿勢をとりつづけている以上、台湾が「三不政策」を堅持してきたのも台湾の尊厳と自主性および安全に意義あることであった。だが、大陸への親族訪問解禁によって人的往来も開始され、また両岸間接貿易も往復総額八八年—二十七億ドル、八九年—三十五億ドル、九〇年—四十億ドルと年々着実に増えているなか、旧来の武力対峙の関係は不自然であるとともに、台湾の安全にとっても好ましくないことも明白である。

そこでまず李登輝総統は一九九〇年（平成二年）十月七日、総統府の諮問機関として「国家統一委員会」を設立し、さらに同月十七日には政府機関として行政院に「大陸委員会」を開設した。また政府の「三不政策」

から、翌九一年（平成三年）一月二十八日には民間組織として大陸側との交渉窓口となる財団法人「海峡交流基金会」（略称：海基会）が設立された。これに対し大陸側も同年十二月十六日に財団法人「海峡両岸関係協会」（略称：海協会）を設立し、台湾側の動きに応じた。以後、この海基会と海協会が両岸交流と交渉の窓口となる。「三不政策」からの大きな前進ではあるが、北京は依然として台湾への武力使用を放棄せず、台湾を「中華人民共和国の一省」とみなすことに根本的な変化は示さなかった。

こうしたゆるやかな動きのもとに、総統府国家統一委員会は一九九一年（平成三年）二月二十三日、「国家統一綱領」を採択した。その「前言」には「中国の統一は国家の富強と民族の長期的な発展を図るにあり、国内・海外の中国人に共通する願望でもある」と述べ、「目標」を「民主・自由・均富の中国を打ち建てる」としている。なるほど中華民国政府と与党・国民党の建前が「中国統一」であり、その目標にいたる過程を、短期―交流互恵の段階、中期―相互信頼と協力の段階、長期―統一協議の段階といった三段階に分けている。そして短期における条件を「平和的な方式によって一切の紛争を解決し、国際社会で相互に尊重し合い、互いに排斥せず」とし、中期には「国際的な組織および活動に参加することを助け合うべきである」とし、長期には「政治の民主、経済の自由、社会の公平および軍隊の国家化」を条件としている。

だが、北京は台湾を対等の政治実体と認めず、国策として国際社会でつねに台湾を圧迫し排斥しつづけている。それを中止せよとするのが、短・中期における交流と信頼促進の条件である。また長期における条件は、極度な中央集権である共産主義体制の否定を意味する。つまり、北京側が政策はむろん体制も根本的に変革しなければ「統一」はありえないということであり、ここに「統一」の姿勢をとりながら現状維持を図ろうとする李登輝・中華民国総統の深謀がうかがえよう。

民主化推進の「動員戡乱時期」終結宣言

これとおなじ時期の一九九〇年（平成二年）十二月二十五日、李登輝は大陸政策と一見関連したような重大発表をした。「九一年五月に動員戡乱時期を終結する」と表明したのである。だが、それにともなう「動員戡乱時期臨時条款」の廃止決議は、改憲決議とともに国民大会以外のいかなる機関もできないことになっている。そこで李登輝総統を中心とする改革派は、「国是会議」で得られた強い世論を背景に、「万年議員」たちを中心とする第一期国民大会に臨時会議を翌九一年四月に召集させ、憲法の一部を改正して「戡乱（反乱平定）機構」であった国家安全会議や国家安全局の存在を確たるものにしたうえで、「万年議員」たちみずからに任期満了の宣言をさせた。同時にこのとき、民意代表の全面改選となる第二期国民大会代表、第二期立法委員の選挙日程も決議させた。民意の大きな勝利である。つまり、北京・共産党政権を敵視した「動員戡乱時期」終結の表明は、大陸政策の変化というよりも台湾民主化の大きなステップだったのである。

この国民大会の決議を受ける形で、李登輝総統は一九九一年（平成三年）四月三十日、「動員戡乱時期を一九九一年五月一日午前零時をもって終結する」と宣言し、同時に「臨時条款」の廃止を声明した。ここに中国共産党との半世紀にわたった「内戦」状態は法的に消滅し、北京政権は「反乱団体」ではなくなり、台湾の非常時体制は解除されたのである。また、さきの戒厳令とともに人権抑圧の権化であった「懲治反乱条例」も、民進党の大衆を動員した強い圧力で廃止され、台独運動などで「反乱罪」として投獄されていた政治犯たちもこのとき釈放、係争中の「反乱罪」事件も免訴となった。

国民党の変化と台湾の政治実体

この一連の過程において、四十二年間も非改選のまま居座りつづけ台湾民主政治の最大の障害となっていた「万年議員」たちが、一九九一年十二月末をもって全員退職した。まず十二月十一日、監察院の十五人が、十六日には国民大会の四百六十九人が、そして二十五日には立法院の八十人が、それぞれ平均五百万元(約二千五百万円)の多額の退職金と勲章をもらってその地位を去っていった。これの意義は大きい。

台湾の体制変革における「無血革命」である。これら議員は一九四七年に大陸で選出されたままであったのだ。国民党政権が台湾に移ってからも「中国の正統政府」を主張し、一九四九年に成立した中国共産党の政権を、非合法な暴力革命による「反乱団体」として「動員戡乱時期」を敷きっぱなしにしておくことができたのは、これら大陸選出の議員を温存していたからである。そこでいま、台湾の意志として「戡乱時期」を終結し、「万年議員」たちを「老賊」として全員退職させたということは、台湾が建前からも本音からも旧来の「中華民国体制」を放棄し、中華人民共和国政府による中国大陸統治の「正当性」を認めたということを意味し、同時に台湾における中華民国政府の統治範囲は台湾・澎湖・金門・馬祖に限定されていることも認めたことになる。同時にそれは、「台湾における中華民国政府」が大陸の中華人民共和国政府と対等の政治実体であるという現実を認めよ、と北京に迫る根拠をつくったことにもなる。

総統と行政院長の対立

しかし「中華民国体制」からの脱却は、外省人保守派の容認できないところである。まして台独運動家が無罪となって公然と活動する状況においては、かれらの憤懣はなおいっそう高まる。そこで「動員戡乱時期」の終結が近づいた一九九一年(平成三年)四月二日、郝柏村行政院長は立法院で「台独分子の帰国は台湾二千万人民の福祉を破壊する」として「台独関係者の帰国は認めない」と答弁し、さらに「懲治反乱条例」の廃止後も、出入境(国)管理局長が台独運動の関係者は「武装革命を意図している」として、その帰国を認めないとの談話を発表した。はたして民主化の進むなか、国民党内部における李登輝支持の主流派、郝柏村支持の反主流派の確執はふたたび表面化したのである。

こうした一九九一年(平成三年)七月三日、李登輝総統は反主流派の反対を押し切り、国外に亡命あるいは海外で台独運動に加わって「ブラック・リスト」に載っていた人々の帰国を認めると発表し、さらに台独推進の言論も「反乱罪」を構成すると定められていた刑法一〇〇条の見直しに着手し、九二年(平成四年)五月十六日にこれを改正施行し、言論の自由がここに完成した。これによって出獄し、また免訴になった台独理論家や活動家も多い。「政治犯の存在は民主国家の恥辱である」とする李登輝の政治信念の貫徹であり、これらの措置に国民党主流派、民進党、それに多くの本省人らは喝采したが、国民党反主流派や外省人保守派は、李登輝を「台独の同調者」として非難し、ますます態度を硬化させた。だが事態はなお進んで海外台独運動の幹部クラスも帰国するようになり、ここに台湾における「ブラック・リスト」は消滅する。なお、彭明敏が九二年十一月に帰国したのはこの過程のなかにおいてであり、民進党系の「台湾人権促進会」が九三年の台湾人権白書として「台湾にはすでに政治犯は存在しない」と発表したのは、一九九四年(平成六年)一月十八日のことである。

郝柏村は軍職を退いていたものの、行政院長の身分で主要な軍幹部を国防部に定期的に招集して「軍事会議」を開催し、あるいは軍上層部の人事に介入するなど、李登輝の総統としての権限を犯していた。これに対し李登輝は九一年（平成三年）七月三日、総統府におもだった軍幹部を招き、「軍人は国家に忠実でなければならず、特定の個人に忠誠を向けてはならない」と訓示するにいたる。郝柏村に対する不快感の明確な表明である。

国民党の現実路線と民進党の台独条項

さらに国民党内の確執を表面化させたものに、外交路線の相違がある。一九九一年（平成三年）七月八日、行政院新聞局が米『ニューヨーク・タイムズ』に「諸外国が中華人民共和国と中華民国の双方を承認することを歓迎する」との意見広告を掲載した。この「二重承認」政策はこの一、二年に北京と国交のあったグレナダ、リベリア、ベリーズ、レソト、ニカラグアなどと国交を結んだとき以来の中華民国・台湾の既定方針となっていたが、北京はそれを「『二つの中国』、『一つの中国、一つの台湾』を作り出す陰謀」として非難し、即刻それらの国々と断交した。この意見広告掲載の日に中華民国・台湾は中央アフリカとも国交を樹立したのであるが、やはり北京は同日、同国とも国交を断絶した。

このように北京に押し潰されながらも、国民党主流派は「二重承認」政策を両岸に二つの政治実体が存在するという現実外交の推進の一環として堅持するのであるが、反主流派はあくまでも「統一」を主張し、北京と足並みをそろえるかのごとく李登輝の外交路線を非難しつづけた。この非難のなか、李登輝は同年九月二十九日、「台湾は主権の独立した国家であり、国名は中華民国なのだから、統一も独立も必要ではない」と表明する。たくみな現状維持の表明であるが、民進党や国民党反主流派は、これを「李登輝の大陸政策は曖昧」として非難した。ここに中華民国・台湾外交の困難さがある。もちろん民進党と国民党反主流派の反対の立脚点は百八十度異なる。

民進党は同年十月十二日に第五回党員代表大会を開き、穏健派である美麗島系の許信良を次期主席に選出した。だが中央執行委員の当選者は急進派である新潮流系の方が多かったため、翌十三日の党大会では「国民主権の原理に基づく主権の独立した台湾共和国の建設と新憲法制定は、台湾住民の投票によって決定すべきである」との台独条項を党綱領に盛りこむ案を採択した。これに対し、国民党反主流派は「民進党は台湾独立党になった」と非難し、北京もまた「民族を分裂させ、国土を売り渡す陰謀」と非難し、「決して座視しない」などと恫喝した。北京の要人は何回となく「台湾への武力使用を排除しない」との発言をくり返し、そして「台湾が独立を宣言した場合、外国勢力が介入した場合、長期間交渉に応じない場合には武力を発動する」と台湾を恫喝するのであるが、民進党は「もし中共が武力を発動したなら、米国や日本が黙っていない」として楽観論をとっている。だが、台湾住民にこの北京の恫喝が精神的に重くのしかかっていることは否定できない。また、国民党主流派も民進党の暴走によって両岸関係(中台関係)が悪化し、台湾海峡がふたたび緊張に包まれるのを警戒している。

台独に不安示した国民大会全面改選

国民党主流派が現実路線を進め、民進党が台湾独立を鮮明にするなか、第二期国民大会代表選挙がおこなわれた。一九九一年(平成三年)十二月二十一日、「万年議員」が全員退職したあとの国民大会全面改選であり、前回の部分改選で選出され今回非改選となる七十三議席(国民党六十四、民進党九)を除き、争われる議席は選挙区二百二十五議席、比例代表区百議席である。臨時条款も反乱条例もないなか、選挙ムードは盛り上がった。とくに野党・民進党は党綱領に台独条項を入れたばかりであり、「台湾共和国樹立」をスローガンに戦い、これに対し与党・国民党は「団結・繁栄・安定」をスローガンに、現状を基盤とした発展を訴えた。当日台湾北部はあいにくの雨となったが有権者の出足は順調で投票率六八・三％を記録し、結果は以下のとおりとなった。

	選挙区	国内比例代表区	海外華僑比例代表区	計
国民党	一七九	六〇	一五	二五四
民進党	四一	二〇	五	六六
諸　派	三			三
無所属	二			二

民進党は得票率で前回八九年立法委員部分改選の二八・三％を下回る二三・六％しか取れず、結党以来はじめての後退をみせた。とくに許信良主席の出身地や地盤とみられた高雄市などでも敗れ、「台湾独立」の理論的指導者で当確とみられていた林濁水（台北二区）も落選した。つまり台湾の選挙民は、大多数が中産階級意識をもち、国際紛争を惹起《じゃつき》する恐れのある「台湾共和国」よりも、現状維持による安定した成長を望んだのである。経済発展とともに民主化も推進している国の有権者の堅実な選択といえようか。一方、国民党は得票率七一・二％を獲得し、非改選部分を合わせて三百十八議席となり、憲法改正に必要な四分の三を大きく上回り、安定政権の地位を確保した。選挙民の安定指向に加え、政府主導の一連の民主化が評価されたのであろう。諸派で比例代表選出ライン五％の得票率を得た政党はなく、民進党以外の野党はすべて泡沫政党であることが顕著となった。

また、この全面改選で選出された三百二十五人のうち、外省人は六十三人にすぎず、八〇％を越す二百六十二人が本省人であった。ここに台湾の新しい時代の始まったことが感じられる。なお、一九九二年(平成四年)十一月二十七日に内政部が発表した統計によれば、九一年末の人口区分は総人口二千三十九万三千人のうち、本省人八六・八%、外省人一三・〇%で、先住民は三十四万五千五百人であった。また一方、台北市全選挙区定員二十八議席のうちで国民党が二十二議席を獲得したが、このうち十二人が外省人であった。このことは、都市部ではすでに外省人・本省人の区別が消えつつあることを物語っていよう。

世界からの賓客来訪と韓国との断交

民意代表の全面改選決定によって民主化が一段と進んだ翌一九九二年(平成四年)、台湾の外交は複雑な展開をみせた。まず五月二十日、台湾の駐日代表機関である「亜東関係協会東京弁事処」が「台北駐日経済文化代表処」に改称された。従来の「亜東関係協会」では国籍も性格も不明瞭だとして、台湾側が改名を強く希望したことによる。当初台湾は「台北駐日代表処」を提示したのだが、日本側が台湾との関係は経済と文化に限定し、政治は含まれていないとの理由から難色を示し、そこで「経済文化」の名称が挿入されたしだいである。こうした点にも、日本の北京に対する極度のおよび腰がにじみ出ている。この日、当時の許水徳《きょすいとく》・中華民国駐日代表は、日本の立場尊重の見地からこの名称について「必ずしも満足ではないが、受け入れる」と表明したものである。

また八月二十四日には、韓国が突然中華民国・台湾に国交断絶を通告し、中華人民共和国との国交樹立を宣言した。韓国としては「北京経由で平壌に働きかける」いわゆる朝鮮半島統一政策と大陸市場をにらんでのものであろうが、これに関してソウルから台北に対して事前の通知やシグナルはなんらなかった。台韓間の貿易量は年間往復三十億ドル（一九九一年）と少なく、台湾にとってのその存在感は日米の比ではないが、なにぶん正式国交のある三十カ国前後はアフリカ、中南米に集中しており、アジアにおけるソウルの「背信行為」にはショックを隠せなかった。

だが一方、この年には世界主要国の元首脳、現閣僚、次官クラスの訪台が相次いだ。たとえば、二月（英）レッド・ウッド貿易産業次官、三月（独）シュミット元首相、四月（伊）ブランディーニ公共事業相、（日）福田赳夫元首相、（加）キャンプベッド外務次官、五月（独）シュワルツシリング郵政通信相、（スウェーデン）オデル貿易相、（仏）ジスカールデスタン前大統領、七月（仏）ロカール元首相、八月（英）サッチャー前首相、九月（加）ウィルソン貿易相、十月（豪）グルフィス観光相、十一月（独）メレマン副首相兼経済相、（米）ジョンソン運輸次官、（米）ヒルズ通商代表などである。こうした国々が、徐々に台湾との関係強化を積極的に図りはじめたのである。さらに九月にはロシアと相互に代表所を開設することに合意し、ウクライナ、ベラルーシ、ラトビアなどＣＩＳ諸国との関係強化にも弾みがついた。台湾がモスクワに代表所を開設したのは一九九三年（平成五年）九月、ロシアの駐台北代表部設置は九六年（平成八年）十月である。

いずれも正式国交のない国ばかりだが、この頻繁さは、直接的には民主化への評価とともに「国家建設六カ年計画」による外需の増大が呼びこんだものである。それだけに経済分野における台湾の国際的地位が高

表⑬　歴年の外交関係状況

年末別	外交関係樹立国
1960年	52
1961年	55
1962年	59
1963年	63
1964年	59
1965年	59
1966年	62
1967年	64
1968年	67
1969年	67
1970年	66
1971年	54
1972年	39
1973年	37
1974年	31
1975年	26
1976年	26
1977年	23
1978年	21
1979年	22
1980年	22
1981年	23
1982年	23
1983年	24
1984年	25
1985年	23
1986年	23
1987年	23
1988年	22
1989年	24
1990年	28
1991年	29
1992年	29
1993年	29
1994年	29
1995年	30
1996年	30

まったことを示していよう。とくに米国の現閣僚(ヒルズ通商代表)の台湾訪問は、両国の断交以来十三年ぶりのことであり、同国の対中国政策の変化として注目すべきものがある。またサミット加盟国で断交後、台湾に現閣僚を送りこんだことがない国は、元首相が訪問しているものの、日本だけであることも特筆に値しよう。だが、その日本も同年(平成四年)二月に通産省の長藤史郎審議官を団長とする政府公式ミッションを台北に派遣し、若干の変化がみられるのだが、他国にくらべればまだまだ格段に北京に対しおよび腰であることは否定できない。

民進党躍進の立法院全面改選

世界が台湾の経済力を認識し、民主化の推進を評価するなか、国民大会全面改選に一年遅れた一九九二年(平成四年)十二月十九日、第二期立法委員選挙すなわち立法院の全面改選がおこなわれた。これの選出により、台湾における中華民国の民意代表は、すべて台湾の範囲内で選ばれることになる。

この選挙に、国民党は前回勝利を収めた国民大会全面改選のときとほぼおなじ「安全・繁栄・進歩・改革」をスローガンとしたのに対し、民進党は前回勇み足でかえって選挙民の不安を買った「台湾共和国樹立」を降ろし、現実に近づけた「一つの中国・一つの台湾」を前面に押し出し、かつ福祉の強化を強調する戦法をとった。結果は、まず得票率からみれば国民党は前回国民大会選挙の七一・二%から五三・〇%へと落ちこみ、民進党は同二三・六%から三一・〇%へと上昇した。各獲得議席数はつぎのとおりである。なお、総定数は百二十五議席から百六十一議席へと拡大されている。

選挙区　国内比例代表区　海外華僑比例代表区　計

国民党	八〇	一九	四	一〇三
民進党	三九	一一	二	五二
無所属・諸派	六			六

この民進党の上昇は戦術の賜物《たまもの》といえるが、それよりもすべての民意代表改選となる今回の選挙において、選挙民は国民党の「一党独大」を容認しないとの意思表示をしたと解釈すべきであろう。この観点からすれば、台湾における政党政治の基盤がこれによって固まったといえる。象（国民党員二百五十万）と蟻（民進党員四万）の戦いといわれた戦いにおいて、蟻が象にかなり善戦し、批判政党としての地位をいっそう強固にしたのである。

また、この全面改選の二つの選挙をへて、民進党から「外来政権」と非難されていた国民党政権は、確実に台湾統治の正当性を確保したことになる。この意義もまた、今後の台湾の進路にとってきわめて大きな意義をもつ。その一方、国民党は今回の選挙戦で反主流派が党公認として十二人の候補を立て、主流派とは異なった独自の戦い（中国統一を強く主張）を展開して十一人を当選させ、反主流派で党公認を得られないまま無所属で出馬した前環境保護署長の趙少康《ちょうしょうこう》と、土地税制改革問題で辞任した前財政部長（蔵相）の王建煊《おうけんせん》が無所属で出馬して高位当選、その一方、反主流派によって党を除名された主流派有力者の陳哲雄も無所属出馬で当選するなど、党内の軋轢《あつれき》をいよいよ露呈させた。

郝柏村更迭し連戦内閣発足

国民党反主流派はこの選挙で結束と効率のよさを示したが、民進党の上昇はかれらにとって痛手であった。

民進党は選挙期間中、公然と郝柏村を攻撃し、国民党主流派もそれに同調していた。そうした立法委員選挙のあと、李登輝は選挙後の内閣改造に際して、完全な党掌握のため郝柏村に行政院長辞任を迫った。が、郝柏村は応じない。この雰囲気のなか一九九三年（平成五年）の年明けとともに広がったのが、軍事クーデターのうわさである。むろん目的は李登輝打倒と郝柏村による政権掌握である。その信憑性はともかく、うわさは一月二十九日に劉和謙・参謀総長が「軍人の政治介入を禁じる」と異例の命令を発する事態にまで発展する。

民進党と国民党主流派の郝柏村への嫌悪感はいっそう増大した。中華民国憲法第十五条には「行政院長は総統の指名により、立法院の同意を経て任命される」とある。もし郝柏村が留任を固持した場合、第二期立法院は同意権の行使（院内選挙）に際し民進党と国民党主流派が連合し、郝柏村内閣は頓挫し政局の混乱は免れなくなる。郝柏村に対するこの無言の圧力は大きく、ついに彼は一月三十日、行政院長辞任を表明するにいたる。その後任に李登輝が指名したのは、大陸生まれながら本籍台南の本省人である連戦《れんせん》・台湾省主席であった。この人事は二月三日に国民党中央委員会を通過し、同十日には立法院での同意を得、ここに総統についで本省人首班の内閣が誕生した。

連戦は陝西省西安市生まれ（一九三六年八月）で戦後台湾に戻り、李登輝とおなじ学者としての道を歩んだが、一九七五年（昭和五十年）に駐エルサルバドル大使として派遣されたのを皮切りに政界入りし、蔣経国時代の八一年（昭和五十六年）十二月に交通部長（運輸相）となり、八七年（昭和六十二年）五月には行政院副院長となった。さらに李登輝時代の八八年（昭和六十三年）七月に外交部長（外相）となって総統の実務外交を推進し、李登輝の信任を得た。そして九〇年（平成二年）六月からは台湾省主席として内政に従事するようになっていた。李登輝総統の腹心中の腹心である。

さらに李登輝は、国民党中央委員会秘書長（幹事長）に駐日代表で連戦とともに腹心である許水徳（一九三一年生まれ、高雄市出身）を据えた。ここに党は許水徳、政は連戦、軍は劉和謙、特は宋心濂という「新四頭立馬車」が完成し、李登輝体制が確定した。だが、党内から反主流派が消滅したわけではない。

国連参加活動の始動

李登輝の新体制が成立するとともに、中華民国・台湾の外交は新たな領域に踏みこんだ。民進党は以前から「台湾の国連復帰」を主張していたが、一九九三年（平成五年）二月九日、李登輝は民進党立法委員団との会見でそれに言及し、「時間はかかるが忍耐強く、必ず実現しなければならない」と語り、「二～三年のうちに国連復帰の申請をする」と表明した。これが李登輝総統が台湾の国連復帰に言及した最初である。ここに中華民国・台湾は、一九七一年（昭和四十六年）に国連を脱退して以来二十二年ぶりに復帰の活動を開始することになる。この九三年五月十七日、外交部は『中華民国と国連』と題する各国語によるパンフレットを作成し、国際間での理解を求める活動を起こすとともに、六月二十五日には超党派の「全国各界国連加盟支援行動委員会」が設立され、国内での雰囲気を盛り上げた。

その『中華民国と国連』は、まず台湾海峡の両岸に二つの対等の政治実体が存在する事実を説明し、一九七一年に国連総会を通過したアルバニア案（第二七五八号決議）は、中国大陸十二億人を代表する議席問題は解決したが、台湾における二千百万人の権利は無視したままであると主張する。さらに中華民国・台湾の経済実力と政治の民主化推進を説明し、民主国家として国際義務を果たす意思も能力もあることを訴えるとともに、すでに国内に「海外経済協力発展基金」を設立（一九八八年）し開発途上国への援助をおこなっていることを紹介する。また中華民国・台湾の国連参加は国際社会にとってプラスとなるばかりか、台湾の二千百万人が国連をはじめ多くの国際機構から除外されているのは国連が採択した「世界人権宣言」、「経済・社会・文化の権利の国際条約」などに違反するものであると指摘。そしてアルバニア案の通過は冷戦時代の産物であり、ポスト冷戦の今日はすでに平和共存と経済協力の新たな時代に入っており、そこには国際新秩序があって然《しか》るべきだと説き、分裂国家である東西ドイツが同時加盟し、それが統一の実現につながった例をあげている。

だがこの国連参加活動は、総論では超党派となったものの、名称については国民党は「中華民国」もしくは「台湾における中華民国」での復帰を主張し、民進党は「台湾」での新規加盟を主張して譲らない。双方とも党の基本姿勢にかかわることであり、その後も歩みよりのないまま論争は継続されているが、ともかく国連参加は中華民国・台湾の長期外交目標となった。

初めての両岸接触「辜汪会談」

台湾の国連参加への動きを、北京は「二つの中国」、「一つの中国、一つの台湾」を作り出す策動として非難し、「絶対許さない」との姿勢を表明した。この姿勢をその後も北京は堅持するのだが、台湾がそれに向かって動き出した年の四月二十六日から三日間、台湾を代表する海峡交流基金会の辜振甫《こしんほ》会長と、大陸を代表する海峡両岸関係協会の汪道涵《おうどうかん》会長がシンガポールで会談をおこなった。いわゆる第一回「辜汪会談」であるが、両会とも民間組織の形式をとっているため政策性に関する案件は話し合われず、議題は密航者の送還問題、海上密輸の取締協力、漁業紛争の処理などの実務的なものであった。

この会談は双方上層部による初の接触ということで国際的な関心を呼んだが、結局調印されたのは経済・科学・文化交流の促進、公証文書の相互認定、書留郵便物の相互補償、両会の定期協議のみであった。第一回目の会談とあってみれば、接触したこと自体が重要ということになろうか。この会談を、北京は台湾を平和交渉のテーブルに着かせたと評価し、台北もまた海峡両岸が対等の政治実体であることを国際間にアピールできたとして評価した。

国民党の一部が新党結成

台湾の国連参加は超党派の活動になったが、そのなかに国民党反主流派は含まれていなかった。実務外交を北京とともに「散財旅行」、「金権外交」と非難し、台湾をあくまで中国の一部として「統一」を主張する反主流派が、独立した政治実体としての国連加盟活動に加わらなかったのは当然といえよう。また、李登輝が国連復帰をはじめて公言した翌三月十日、立法院は二・二八事件の犠牲者の名誉を回復するとともに、犠牲者に一定の補償をする「二・二八事件賠償条例」を採択した。これも外省人グループを中心とする国民党反主流派にとっては、実ににがにがしいことであった。

そうした一九九三年（平成五年）八月十日、さきの選挙で無所属出馬し高位当選した王建煊と趙少康を中心に、国民党反主流派七人の立法委員が「新党」を結成した。だがこれは、人数的にみて国民党の分裂とはいえず、一部の分派活動というべきものであろう。選挙のときには国民党の票をかなり食うことは確実だが、国民党主流派の「台湾土着化」を非難し、人口比の少ない外省人を地盤としている以上、一定限度を越える伸びは期待できない。また、反李登輝派の重鎮である郝柏村や林洋港らは国民党にとどまり、依然党内で反主流派を維持し、あなどりがたい勢力を形成したままである。

だから新党結成のすぐあと、八月十六日から国民党第十四回党員代表大会が開催され、党主席の選挙で李登輝は一千七百七十六人の出席者中、八二・五％の得票という圧倒的な信任を得たが、反主流派は副主席のポスト新設を提議して巻き返しを図った。むろん郝柏村をそこに据え、李登輝主席を牽制するというもくろみである。これは主流派の多数によってあえなく否決されたが、李登輝は反主流派の反発をやわらげるため、四人の副主席ポストを提案、李元簇（副総統、主流派）、郝柏村（総統府顧問、反主流派）、林洋港（司法院長、反主流派）、連戦（行政院長、主流派）を指名、拍手による満場一致形式でこの四人による副主席就任が承認された。つまり、副主席ポストの骨抜きである。ここにも李登輝のたくみさがみられるが、郝柏村と林洋港はその有名無実な肩書にますます不満を募らせることになる。

銭復《せんふく》外交部長（浙江省杭州市出身）が同年九月二十三日に立法院で国連加盟問題に関し、「『中国は一つ』の政策に変更はないが、国連に加盟するにはこれを標榜してはならない。すでに国連には『一つの中国』が加盟している」と答弁したとき、反主流派は北京同様「二つの中国」あるいは「一つの中国、一つの台湾」を作り出すものだとして強い反発をみせたものだった。

変化する李登輝の国民党

まだ国民党内に反主流派がのこっているとはいえ、その一部が抜けたことは李登輝に党の体質改造をおこないやすくさせた。その年（一九九三）十一月二十七日の統一地方選挙に向けた応援演説のなかで、李登輝は国民党主席としてユーモアたっぷりに、「国民党は百年の老舗《しにせ》であるが、いまや内装を一新し、売る物も店員もすべて変わり、サービスも優れ品質もよくなり、信用もある」とその変化を強調していた。国民党がこれからも台湾で政権党でありつづけるには、かつての権威主義から完全に脱却し、民主的な「台湾化」が必要との認識による発言である。反主流派や新党はこの発言に猛烈な反発を示したが、一般本省人には上々の評判であった。なお、選挙結果は二十三の県市長のうち国民党十五、民進党六、無所属二、新党〇と国民党勝利（増二、無所属二も国民党系）であったが、全体の得票率では国民党は前回（八九年）の五三・五％から四七・五％へと下落し、地方選挙とはいえ、台湾選挙史上はじめて国民党が得票率五〇％を割った。一方、民進党は前回三七・六％から四一・〇％へと上昇した。この国民党の下降は、無所属が有力だったことと新党の選挙参入によるものであろう。

また、中央民意代表の全面改選によって台湾住民による総統直接選挙は既定の方針となり、争点は米国式の間接選挙かフランス式の候補者への直接投票かといった方法論のみになっていた。李登輝も同年十一月十六日、この総統直選に関し現地有力紙『中国時報』のインタビューに応え、「私が国民党員であることに違いはないが、国民党もまた外来の政権である。みずからが指導者を決めようとすることは、ここ（台湾）で育った者の願いであり、台湾住民が百年二百年と闘ってきた願望である」と述べ、総統直選実現への強い意欲を示した。

この「国民党外来政権」説には、国民党反主流派や新党はさきの「老舗の新装開店」論以上に反発を示し、郝柏村などは「総統直選は形を変えた台湾独立である」と声を高め、「絶対反対」を公言したほどである。だが、このながれはもはや誰にもとめ得ないものとなっている。なお総統直選の方式については、一九九四年（平成六年）七月二十九日の第二期国民大会第四回臨時会議において、米国式でもフランス式でもなく、選挙民の候補者への直接投票で投票総数の過半数に達しなくても最多得票の一組（正副総統）を当選とすることが決定された。同時に、任期は従来の六年であったのが直選される第九代正副総統から四年に改め、再選は一

民主化とともに総統府もしばしば一般市民に開放されるようになった（写真は1995年８月７日）

回のみとすることも採択された。いずれも憲法の改正である。

本格化した実務外交

こうした台湾の根本的変化は、外交面にも確実にあらわれた。中華民国ではなく台湾そのものを基盤とした実務外交の積極推進である。一九九三年（平成五年）十二月三十日すでに年の瀬、連戦行政院長は四日間の日程で事前発表もなくマレーシアとシンガポールに飛び立った。年末年始の休暇という日時の選定や突然の外遊は、北京の妨害を警戒してのものであり、名称こそ非公式訪問で「休暇外交」といわれたものの、蕭萬長・経済建設委員会主任委員（経済閣僚）が同行していたことからも推察できるように、台湾経済の大陸投資熱と対米依存度を軽減するための経済「南向政策」始動を意味するものであった。マレーシアではマハティール首相、シンガポールではゴ・チョクトン首相と会見するなど、いずれも国賓待遇で経済協力と投資について具体的な討議がかわされた。さらに連戦は一九九四年（平成六年）一月二十四日、李登輝総統の特使としてホンジュラスのカルロス大統領の就任式に出席し、ついで二月一日までエルサルバドル、ニカラグア、パナマ、バハマを歴訪、中南米諸国との友好関係を強化した。台湾の経済を基盤とした現実的実務外交の一大攻勢である。

連戦行政院長が中南米歴訪から帰国したすぐあと、こんどは李登輝総統が二月九日にフィリピン、インドネシア、タイの三カ訪問の途についた。帰国は同十六日であったが、これも私的に旧正月の休暇を利用するという「休暇外交」の形をとったが、とくに今回は北京の外交包囲網を打破するという意味から「破氷《はひょう》の旅」と称された。非公式とはいうものの、ラモス・フィリピン大統領、スハルト・インドネシア大統領、プミポン・タイ国王らと会見するなど、いずれも国賓待遇であり、さらに銭復・外交部長、蕭萬長・経建会主委の主要閣僚をはじめ民間財界人ら総計四十人以上が随行し、これによってフィリピン、インドネシアの地域開発やタイへの投資など、台湾の「南向政策」に大きく弾みがついた。

実務外交はさらにつづく。「破氷の旅」から三カ月後の五月四日から十三日間、李総統は中米のニカラグワとコスタリカ、アフリカの南アフリカ共和国とスワジランドの四カ国へ、延べ四万二千五百キロの外遊を敢行した。これは公式訪問でいずれも国家元首同士の公式会談をし、帰国途次シンガポールに給油のため立ち寄った際にゴ・チョクトン首相、リー・クァンユー上級相とも会見した。この外遊にも銭復・外交部長、蕭萬長・経建会主委、謝森中・中央銀行総裁らが同行したが、この過密スケジュールには驚嘆すべきものが感じられる。

さらに同年五月二十九日から連戦行政院長一行が中南米のエルサルバドル、グアテマラ、メキシコを十三日間にわたって訪問し、また八月二十八日には李元簇副総統がバジャダレス・パナマ大統領の就任式出席のため同国を訪問した。このとき、連戦も李元簇もロサンゼルス、マイアミを経由しており、米国政府が二度つづけて正式国交のない台北首脳部の「米国通過」を認めたことは、やがて国家元首たる李登輝総統の訪米に道を開くものとして注目された。

まさに一九九四年（平成六年）は台湾にとって、北京の包囲網を打破し国際社会での活動の場を開拓する出撃の年となった。当然、北京からの強い妨害があり、とくに東南アジア三国に対しては、李登輝を受け入れるなと脅迫めいた圧力がかかったが、三国とも敢然とそれを跳ね返した。これは台湾の「南向政策」を東南アジア諸国が相互利益の観点から歓迎し、さらに中華民国・台湾が建前を捨て質的変化を示したことによろう。こうした外交の場の開拓は、旧体制下ではとうてい成し得ないところであり、また今後の経済は、外交の場の開拓なくしてその発展は望めないのである。

この外交出撃の最中である三月二十日から二十五日まで、ロシアのゴルバチョフ前大統領が台湾を訪問し、「台湾の民主化の推進と、政治改革を高く評価する。台湾の発展はアジア太平洋地域に大きな影響をおよぼすことになろう」と語ったが、これは国交のあるなしにかかわらず、台湾に対する各国の共通した見方といってよいだろう。

第14章　大きな変化の時代

両岸遠ざけた千島湖事件

台湾の主権を強調する外交出撃がつづいているなか、台湾海峡両岸をいっそう遠ざける事件が発生した。一九四四年（平成六年）三月三十一日、浙江省の景勝地・千島湖《せんとうこ》で台湾人旅行者二十四人と現地ガイド、船員八人を乗せた遊覧船「海瑞号」が火災を起こし全員焼死体で発見された。現地公安当局は当初これを単なる「事故」と発表し、台湾旅行業界代表者の詳しい現場検証や撮影を禁じた。これがかえって疑惑を呼び、そこへ業界代表者の初歩的な報告がもたらされた。三十二人の遺体はすべて三層ある船室の最下層である狭い船員休憩室で発見され、しかも全員上半身のみが焼け焦げ、下半身はほとんど損傷がなかったという。台湾の海峡交流基金会は事情調査を申しこんだが、北京は遺体の引き渡しや撮影さえも拒否し、かつ現地茶毘《だび》を強行した。業界代表はこれを「強盗殺人」、「中共当局の隠蔽工作」と判断、台湾の世論はこの事件を大陸当局の台湾全体に対する冒瀆《ぼうとく》として沸騰した。それは共産中国の体制非難にまで発展する。

そうしたなかに李登輝総統も四月九日、「中国共産党は悪党の集団であり、まさに『土匪《どひ》』同様であり、このような政府は人民から見捨てられるべきである」と北京当局を強烈に非難し、「中国史上、王朝時代から今日まで人民に自由意思はなく、すべて政府のいいなりになり、王朝であれ共産党であり、さらに過去のわれわれの権威体制のもとでも、人民に自由意思はなかった」と非難を政治の根本的原因論にまで広げ、さらに「民主改革の最も重要な目標は、国民一人ひとりが自由な意思を持てるようにすることであり、民主政治の基本とは権力が政府ではなく国民にある、つまり主権在民である」と、国家としてあるべき政治理念の表明にまでいたった。

また行政院大陸委員会も四月十三日、海瑞号の行方不明から火災を起こしている同船発見まで二十七時間もかかっているのはなぜか、犠牲者がすべて船底の狭い船室に集中しているのはなぜか、火災事故なら水に飛びこんで逃げるべきところ全員焼死したのはなぜか、死体の状況から火勢は上から下に移っているがこれは何を意味するか、現地当局発表の遺留品と遺族が承知していた金銭の額に大きな開きがあり財布がまったく見つからなかったのはなぜか、なぜ海基会の現地検証を拒否したのか、船体から弾痕らしきものが発見されているがこれは何を意味するか、なぜ海瑞号を早急に修理塗装してしまったのか等々、十五項目の疑問を提示し「合理的な説明こそが事件の真相をはっきりさせることになる」と表明した。その翌日、李登輝は再度「中共は文明国家ではない」とその共産党独裁体制を非難する。

これに対し四月十七日、北京の『新華社』はともかく事故説を否定し、浙江省公安庁の発表として千島湖事件は「強盗、放火、殺人死体遺棄事件であり、三人の犯人を逮捕した」と報じた。当然台湾の大陸委員会は納得せず、共産中国非難の世論もいよいよ激高した。犯人とされた三人の裁判は六月十日から始められ、なんと同十二日には結審、いずれも死刑判決、しかも七日後の六月十九日に刑が執行され、真相は闇のなかに包みこまれた。こうした事件の処理は、まさに北京の政治体質と台湾冒瀆を象徴するものであり、これが台湾住民大多数の大陸共産主義体制に対する嫌悪感をいっそう増大させるものとなった。

「台湾人に生まれた悲哀」

千島湖事件で台湾の世論が沸騰している最中、日本の作家・司馬遼太郎氏と李登輝総統の「場所の苦しみ—台湾人に生まれた悲哀」と題する対談が『週刊朝日』(94年4月30日)に掲載され、それがすぐ台湾で全訳されて大きな反響を呼んだ。そこに李登輝の心情がいかんなく吐露され、総統として今後の方針を示唆するものが明瞭に看てとれたからである。

まず李登輝は「台湾人」の境遇について、「たとえば、いまボスニア(内戦中)で生まれたら大変だが、ボスニアで生まれたら努力してよくするのが人間の荘厳さだと思う」と前置きし、「台湾人として生まれ、台湾のために何もできない悲哀がかつてあった」と語る。もちろんこの「かつて」には、日本統治時代も含まれていようし、また旧国民党の一党独大と権威主義による旧体制の時期も含まれていよう。つまりこの言葉のなかからは、これからの台湾の方針は台湾人が決めるとする意志が汲みとれるのである。そして北京がつねに台湾を圧迫しつづけ、武力行使をもほのめかしていることに対し、「江沢民さんと会う機会があれば、私は彼にこう言いたい。『台湾政策や国家統一という問題をいう前に、台湾とは何かということを研究してみてはどうか。昔流に台湾の人民を統治するという考えでは、別の二・二八事件が起こりますよ』と……」と、北京当局者を牽制する。これについて司馬は「中国のえらい人は、台湾とは何ぞやということを根源的に世界史的に考えたこともないのだろう。中国がチベットをそのまま国土にしているのも、内蒙古を国土にしているのも、住民の側からみれば実におかしい。内蒙古もチベットも、住民は大変苦痛なようだ。それをもう一度台湾でやるなら、世界史の上で人類史の惨禍になりそうだ」と述べ、李登輝は「台湾が独立すると必ず攻めて叩く、そういう類の話は絶えない」と北京を非難する。

さらに教育の面について、司馬が「台湾の青年たちと話していて驚いた。小学校や中学校で、古代の三皇五帝から清朝の最後の皇帝、宣統帝までの名を暗記する教育をやっている。皆さん全部暗誦している。むだだと思う」と指摘したことに対し、「そうだ。あまり役に立っていない」と明確に述べ、「いまは郷土の教育が多くなってきた。台湾の歴史、台湾の地理、それから自分のルーツなどをもっと国民学校（小中学校）の教育に入れろと言ってる。台湾のことを教えずに大陸のことばかり覚えさせるなどは、ばかげた教育だった」と、今後の教育改革の目的がどこにあるかを示唆した。学校教育の本土化である。

そして国民党の改革についても、「いままでの台湾の権力を握ってきたのは、全部外来政権でした。最近私は平気でこういうことを言う。国民党にしても外来政権だ。台湾人を治めにやってきただけの党だった。これを台湾人の国民党にしなければいけない」と、あらためて明言した。この「外来政権」の範疇には、オランダ時代、鄭氏政権、日本時代も入る。つまり台湾は、いま歴史的にも「新しい時代に出発した」ことを強調しているのである。

この内容に本省人のほとんどが共鳴し、かつ溜飲を下げたものであるが、外省人とくに国民党反主流派や新党は、これを「李登輝の台湾独立の自白書である」として猛烈な反発を示した。北京当局もまた、同年六月十四日『新華社』を通じて「李登輝は率先して台湾独立を扇動し、祖国の分裂を吹聴し、中国共産党を罵倒し、中国人民の重大な関心を呼んでいる」と論評し、その後も李登輝を「隠れ台独派」として非難しつづけていくのである。

また、このころすでに台湾社会では「本省人」「外省人」という区別は好ましくないとする意見が高まっていた。むろんそれは双方の融和の必要性や、外省人二世の「台湾化」によるものだが、なかには民主化による思想の多元化から、これを「台湾人」「中国人」として区別すべきだという、台湾の「台湾化」をいっそう強調する意味から、「本省人」や「外省人」という表現は台湾の社会を正確に表すものではないとする意見も強まっている。

変化みせない日本政府の対応

李登輝総統の言葉どおり、教育部（文部省）が教育改革の一環として一九九六年（平成八年）から地理、歴史教育において台湾中心の「郷土教育」を実施すると発表し、考試院（人事院に相当）はこれまで公務員試験に必修であった孫文思想の「国父遺教」と「三民主義」を同九六年から廃止すると発表（九四年七月）するなど、台湾における中華民国が台湾化を進め、さらに実務外交を猛然と進めるなかにおいて、台湾に旧態依然とした対応をする国があった。日本である。同時にそれは、日本政府の北京に対する軟弱ぶりを世界に示すものでもあった。

発端は一九九四年（平成六年）八月、この年の十月に広島で開催される第十二回アジア大会開会式にアジア・オリンピック評議会（ＯＣＡ）のアーマド会長（クウェート）が、李登輝総統を貴賓として招待したことに始まる。みずから「親日派」を名乗る李登輝は、かねてより訪日の希望を表明していた。しかし、そのつど国交がないという政治の壁に実現を阻まれてきた経緯がある。今回ＯＣＡの招待は、場所は大阪だが日本からのものではなく、かつ政治とは直接かかわりのないスポーツの場だけに、大きな期待がもてるものとなった。しかし「台湾問題は国内問題、武力行使もありうる」とつねに言いつづけている北京の江沢民国家主席が、日本側に「台湾の最高指導者の受け入れには賛成しない」と発言。北京がひとたび「反対」を表明すれば日本政府は金縛りになることを見越しての牽制である。しかも当時の首相（自民・社会・さきがけ連立政権）は社会党の村山富市である。北京は日本政府に対してはむろんのこと、OCAに対しても「広島アジア大会ボイコット」をほのめかすなど、さまざまな政治的圧力を加えた。その結果、九月に入ってからアーマド会長は李登輝への正式招待を事実上取り消す声明をし、台湾側も中華台北オリンピック委員会と総統府スポークスマンが九月十七日、李登輝総統の出席断念をOCAに伝達し、幕となった。

この間、村山内閣は政府見解として「政治はスポーツに介入せず、日本はOCAの主催するアジア大会に場所を提供しただけで、日本政府はこれに関与しない」と逃げの一手をうち、その一方において外務省は「いかなる人といえど、どのような目的であっても日本に入国するには、日本政府の同意が必要である」との姿勢をとり、江沢民の金縛りの一言が奏功していることを裏付けた。このような日本を台湾各紙は「経済は一流、政治は三流」、「日本、中共に屈服」等々と非難し、「家主（日本政府）は店子（OCA）にすでに家を貸しているのに、店子が客（李登輝）を招くのをなぜ妨害するのか。しかも隣家（北京）の脅しで」と苦言する声もあった。開会式には徐立徳・行政院副院長（副首相に相当）が李登輝に代わって出席した。だが、これで落着したわけではない。同年十月二十二日にアジア太平洋経済協力会議（APEC）中小企業担当相会議に出席するため来日した江丙坤《こうへいこん》・経済部長は、翌九五年秋に大阪で開催されるAPEC非公式首脳会議に「李登輝総統の出席を働きかけたい」と語ったのである。

問題ある日本の軟弱姿勢

北京の顔色をおもんぱかり、閣僚はもちろん公務員と名がつけば国立大学の教授の訪台まで禁じているところに、日本政府の北京に対する姿勢があらわれているが、それを示す事件がアジア大会のすこし前にもあった。同年七月二十四日、河野洋平外相はタイのバンコクで開かれるＡＳＥＡＮ地域フォーラムに出席して中華人民共和国の銭其琛《せんきしん》外相とも会談するため、韓国ソウル経由でバンコクに向かった。その飛行機が途中で台風にあい、台湾の桃園中正空港に緊急避難した。翌二十五日、河野はいち早く銭其琛に会い、開口一番「台北に寄ったのは台風のためであり、私はずっと機内にいて台北の誰とも接触せず、日中共同声明を確実に遵守しました」と報告した。河野の北京に対する忠誠心に、銭其琛はただ笑っていただけであった。

確かに「日中共同声明」（一九七二年）第三項には「中華人民共和国政府は台湾が中華人民共和国の領土の不可分の一部であることを重ねて表明する。日本国政府はこの中華人民共和国の立場を十分理解し、尊重する」とある。だが当時の大平正芳外相は共同声明調印のすぐあと、この字句について「理解し、尊重することであって、承認したわけではない。両国が永久に一致できない立場を表明したものだ」と明言している。北京政府は一日たりとも台湾を統治したことがなく、一銭の税も徴収したことがないという現実を重視した解釈であり、その後この現実はいっそう明確となり、国際間でもそれを強く認識するようになってきている。ところが日本政府は、逆に歳月をへるとともに「一致」し「承認」したごとくに振る舞い、それを日本政府の基本姿勢として定着させてしまったのである。

こうした日本政府の姿勢と現実とのギャップは、ますます拡大している。たとえば人的往来の面では、表⑭にみるとおり、台湾との断交当時一九七二年（昭和四十七年）の日本からの訪台者は二十八万人だったのが、その後年々増えつづけ一九八八年（昭和六十三年）には九十一万人を突破し、台湾からの訪日者も増加の一途をたどり、九〇年は五十九万人となり、この年は往復百五十万人の往来を記録するにいたっている。また経済面においては表⑮のとおり、一九九五年の日本の対台輸出は三百二億七千万ドル、輸入百三十一億七千万ドル、往復四百三十四億四千万ドル、日本側の黒字百七十一億ドルとなっている。この額は大きい。つまり

表⑭　日本と台湾相互訪問統計

年別	台湾→日本	日本→台湾	合計人数
1971		263,396	
1972		280,631	
1973		437,821	
1974		438,911	
1975		419,259	
1976		516,449	
1977		561,166	
1978		624,868	
1979		693,671	
1980	173,581	654,413	827,994
1981	218,486	592,682	811,168
1982	260,414	575,686	836,100
1983	256,102	595,042	851,144
1984	292,127	632,481	924,608
1985	312,173	615,584	927,757
1986	253,524	696,868	950,392
1987	295,007	807,736	1,102,743
1988	340,488	917,161	1,257,649
1989	474,245	962,179	1,436,424
1990	591,495	914,484	1,506,279
1991	653,242	825,985	1,479,227
1992	748,112	795,018	1,543,130
1993	737,100	697,916	1,435,016
1994	676,944	819,290	1,496,234
1995	498,565	911,563	1,410,128
1996	600,146	917,890	1,518,036

台湾の海外渡航自由化は1979からで、したがって正式な統計は1980から。（台湾観光協会日本事務所）

日本にとって台湾は総額で米国、中国、韓国に次いで第四番目の貿易相手国であり、輸出入別にみれば、輸出相手国として台湾は米国、香港、韓国につづいて第四位、輸入相手国としては米国、中国、オーストラリア、韓国、ドイツについで第六位である。一方、台湾からみれば日本は総額で米国に次いで第二位の貿易相手国であり、輸出相手国としては米国、香港につづいて第三位、輸入相手国としては第一位である。このように両者のきづなは強い。

台湾海峡をはさみ北京政権と台北政権に分立、もしくは台湾が大陸から分離し、それぞれの地域を実質統治するようになってからすでに半世紀がたつ。昭和四十七年に中華人民共和国政府を「中国を代表する政府」として承認したことが現実にそった外交なら、今日台湾に中華民国が存在することを認め、硬直した姿勢から脱却するのもまた、現実にそった外交といえよう。また、台湾の対日貿易赤字の大きさは表⑮の示すとおりであるが、これについて台湾は「根本的には台湾経済の日本に対する依存度が高すぎることにあり、したがって赤字の発生は経済の発展過程における必然的な結果」（九六年五月四日、経済部）としながらも、「対日貿

表⑮　中華民国台湾貿易統計

輸出上位20ヵ国

単位：100万ドル、％

1993年			1994年			1995年		
国(地域)名	金　額	シェア	国(地域)名	金　額	シェア	国(地域)名	金　額	シェア
米　国	23,477.7	27.6	米　国	24,345.0	26.2	米　国	26,410.2	23.7
香　港	18,454.9	21.7	香　港	21,263.0	22.8	香　港	26,121.1	23.4
日　本	8,975.5	10.6	日　本	10,227.3	11.0	日　本	13,168.0	11.8
ドイツ	3,505.1	4.1	シンガポール	3,360.6	3.6	シンガポール	4,407.1	3.9
シンガポール	2,877.4	3.4	ドイツ	3,252.2	3.5	ドイツ	3,839.7	3.4
英　国	2,166.4	2.6	タ　イ	2,440.3	2.6	オランダ	3,209.5	2.9
オランダ	2,110.9	2.5	オランダ	2,378.8	2.6	タ　イ	3,072.2	2.8
タ　イ	2,017.2	2.4	マレーシア	2,224.2	2.4	マレーシア	2,900.5	2.6
マレーシア	1,671.5	2.0	英　国	2,172.9	2.3	韓　国	2,574.6	2.3
カナダ	1,535.8	1.8	韓　国	1,740.7	1.9	英　国	2,408.7	2.2
オーストラリア	1,446.7	1.7	オーストラリア	1,632.5	1.8	インドネシア	1,870.1	1.7
インドネシア	1,284.5	1.5	カナダ	1,458.2	1.6	オーストラリア	1,755.6	1.6
韓　国	1,271.6	1.5	インドネシア	1,433.3	1.5	フィリピン	1,653.5	1.5
フランス	1,075.6	1.3	フィリピン	1,222.5	1.3	カナダ	1,429.6	1.3
フィリピン	1,030.8	1.2	フランス	961.3	1.0	フランス	1,204.9	1.1
イタリア	767.2	0.9	イタリア	813.1	0.9	ベトナム	1,013.7	0.9
アラブ首長国連邦	647.7	0.8	ベトナム	742.7	0.8	イタリア	1,004.1	0.9
南アフリカ	595.3	0.7	南アフリカ	712.3	0.8	南アフリカ	848.2	0.9
スペイン	553.0	0.7	アラブ首長国連邦	612.6	0.7	ブラジル	775.5	0.7
ベルギー	550.0	0.6	メキシコ	557.0	0.6	ベルギー	622.7	0.6

（資料：中華民国行政院財政部「進出口貿易統計月報」）

輸入上位20ヵ国

単位：100万ドル、％

1993年			1994年			1995年		
国(地域)名	金　額	シェア	国(地域)名	金　額	シェア	国(地域)名	金　額	シェア
日　本	23,195.8	30.1	日　本	24,791.0	29.0	日　本	30,270.6	29.2
米　国	16,722.2	21.7	米　国	18,042.8	21.1	米　国	20,769.1	20.0
ドイツ	4,220.3	5.5	ドイツ	4,784.3	5.6	ドイツ	5,683.3	5.5
韓　国	2,537.1	3.3	韓　国	3,015.2	3.5	韓　国	4,327.4	4.2
オーストラリア	2,097.3	2.7	シンガポール	2,412.3	2.8	中国大陸	3,091.4	3.0
マレーシア	1,939.4	2.5	マレーシア	2,326.9	2.7	シンガポール	2,958.0	2.9
シンガポール	1,866.2	2.4	オーストラリア	2,225.1	2.6	マレーシア	2,953.7	2.9
香　港	1,728.1	2.2	インドネシア	2,112.0	2.5	オーストラリア	2,575.3	2.5
インドネシア	1,627.5	2.1	中国大陸	1,858.7	2.2	インドネシア	2,150.4	2.1
サウジアラビア	1,504.3	2.0	香　港	1,533.0	1.8	香　港	1,842.5	1.8
南アフリカ	1,319.8	1.7	英　国	1,529.1	1.8	フランス	1,784.2	1.7
イタリア	1,299.9	1.7	イタリア	1,464.4	1.7	サウジアラビア	1,763.4	1.7
フランス	1,268.2	1.6	フランス	1,456.7	1.7	英　国	1,643.2	1.6
英　国	1,192.5	1.5	サウジアラビア	1,331.6	1.6	ロシア	1,628.0	1.6
カナダ	1,119.2	1.5	カナダ	1,250.7	1.5	カナダ	1,593.8	1.5
オランダ	1,002.3	1.3	オランダ	1,146.0	1.3	イタリア	1,565.3	1.5
タ　イ	973.0	1.3	タ　イ	1,108.8	1.3	タ　イ	1,485.2	1.4
スイス	920.0	1.2	ロシア	1,096.3	1.3	オランダ	1,320.1	1.3
ブラジル	757.2	1.1	スイス	1,077.3	1.3	スイス	1,316.7	1.3
ロシア	637.5	0.8	南アフリカ	912.4	1.1	南アフリカ	1,022.3	1.0

（資料：中華民国行政院財政部「進出口貿易統計月報」）

易赤字の拡大は、わが国の貿易発展のうえで大きな問題となっている」(同)として、つねに日本側に格差是正を求めている。

変化した米国の台湾政策

日本政府の硬直性にくらべ、米国は着々と現実重視の政策を進めていた。それの具体的な表明としてクリントン大統領は一九九四年(平成六年)九月七日、中華民国政府との断交(一九七九年)以来十五年ぶりに、対台湾外交を大幅に見直し、「一つの中国」政策を堅持するものの、経済関係を中心に台湾との実務関係を強化すると決定した。おもな内容は、①経済・技術交流を目的とする米政府高官の台湾訪問を解禁し、②中華民国総統をはじめとする台湾首脳の米国通過を認可し、③台湾の在米常設機関の名称に「台北」の文字を入れ「台北駐米経済文化代表処」に改名するといったものである。この措置は台湾が現実に存在するとともに、その経済実力と民主化の進展を評価したものであるが、北京はさっそく米国政府に、この政策変更は「中米共同コミュニケに違反する重大な内政干渉であり、中国の主権を踏みにじるもの」と強く抗議した。

だが米国政府はこれに屈することなく、同年十月二十七日にはさらにロード国務次官補(アジア太平洋担当)が上院聴聞会において「中国は最近大規模な軍事演習を繰り返しているが、米国は北京の軍事力に変化があって台湾に対する軍事的脅威が高まることを決して認めない。米国はすでに、北京が台北との意見の違いを平和的に解決することを望むと明言している」と語り、中華人民共和国への強い姿勢を示した。同時にロードは「台湾との防衛協定停止後、米国は台湾が自衛に必要な能力を維持するため、台湾関係法にそって必要な武器を提供している。もし台湾に対し軍事行動をとったなら、米国はむろん日本をはじめとするアジア諸国やその他の国々との関係に重大な影響をおよぼすことを知っているはずだ」と、実質的に「台湾関係法」が北京との国交樹立に関する「米中共同コミュニケ」より優位にあることを表明した。

そして同年十一月六日、ベーカー前国務長官が台湾を訪問し、「中華民国が台湾で創造した経済奇跡に強烈な印象を受けている。積極的に民主改革を推進し、平和的に民主改革を推進しているのは政治面での奇跡といえる」と台湾の政治経済の発展を高く評価し、さらに同年十二月四日には現職閣僚のペーニャ運輸長官が第十八回「米台工商連合会議」に出席するため台湾を訪問し、翌五日には同会議の貴賓としてブッシュ前大統領が台北入りした。

『一九九五閏八月』と金門・馬祖撤収論

日米両国が台湾に対する対応の差を如実に示した一九九四年（平成六年）の八月、台湾内部では鄭浪平《ていろうへい》というペンネームの外省人二世が『一九九五閏《うるう》八月』と題する書物を刊行し、数カ月でたちまちベスト・セラーとなっていた。内容は一九九五年閏八月に台湾が独立宣言をし、総統直接選挙の混乱に乗じて中国共産党政権が台湾を武力制圧するという近未来小説である。非科学的なシミュレーションであり、「閏八月」というのも太陰暦では年により一年が十三カ月になる「閏月」があり、とくに八月のつぎに閏八月がくる年には大災害が発生するという迷信を根拠としている。それに「台湾が独立を宣言すれば、中国はかならず軍事行動を起こす」という、北京と国民党反主流派と新党の論法にそった仕立てとなっており、「いたずらに恐怖感を煽るもの」との声も多く聞かれた。だが、こうした本がベスト・セラーになるということは、台湾社会が中国大陸からの圧迫をひしひしと感じていることを如実に物語っていよう。

施明徳氏・左（1941年、高雄県出身）

閏八月が話題となり、そこへ年末の台湾省長（知事）と台北、高雄市長選挙が社会的話題となっていた十月中旬、施明徳・民進党主席が立法院で「金門、馬祖から駐屯軍を撤退させ、海峡両岸の緊張緩和を図るべきだ」と発言し、おりからの「統独論争」（統一か独立かの論争）の火に油をそそいだ。独立志向派はそれを支持したが、連戦行政院長は十月二十八日、立法院で「金門、馬祖は台湾、澎湖と運命共同体の関係にあると同時に国家安全の盾であり、その地位は重要である」と答弁、李登輝総統も十一月十一日、「金馬撤兵論」に言及し「国土の安全を保障し国民の幸福な生活を守るのは国家の至上の責務であり、これを放棄することはできない」と民進党主席の発想を非難した。

この論争は、台湾社会の世論の断層を明らかにし、それをいっそうきわ立たせるものとなった。現実重視をしながらも表面上「一つの中国」を指向し、将来の「中国統一」を主張する国民党と、「一つの台湾、一つの中国」を主張し「台湾独立」を指向する民進党との論争である。そこへ、あくまで「大中華思想」による「統一」を主張する新党の声がかさなる。これら論争の一環として同年（一九九四年）十一月十四日、立法院で民進党の蔡同栄委員が「国際間で『一つの中国』といえば、大陸が中央で台湾は地方と解釈されている。もし政府が『一つの中国』の立場に拘泥《こうでい》するなら、中共のいう『一つの中国』と気脈を通じるものとなるのではないか」と質したのに対し、房金炎・外交部次長が、「政府の『一つの中国』に対する立場は、中国はあくまで一つであるが、現在は分裂・分治の状態にあるというものだ。国際間が一般的に『一つの中国』すなわち『中華人民共和国』といった妄想をいだいていることに対し、われわれはこれを打破するよう努力しなければならない」と、政府の基本姿勢を示している。こうした論争のなかに台湾は省長、二大市長選挙へと突入していく。

台湾省長、台北・高雄市長選挙

行政院直轄により中央任命制であった台湾省主席と台北・高雄両市長の民選が正式に決定されたのは、一九九四年（平成六年）七月七日公布による「省県自治法」と同七月八日公布の「直轄市自治法」においてである。この三大地方自治首長の民選実施は、台湾の民主化が一段と進んだことを意味する。さらに国民大会代表による間接選挙であった正副総統も直接民選に改める憲法改正案が国民大会を通過したのは同年七月二十九日であり、これの実施によって台湾の一連の民主化は総仕上げの段階を迎えることになる。

台湾省長（民選により「主席」から「省長」に改名）と台北・高雄両市長の選挙は一九九四年十二月三日、告示は十一月八日であったが、実質的には各党とも法令発布のときよりすでに選挙戦に入っていた。国民党は省長に現台湾省主席の宋楚瑜《そうそゆ》を立てて中央と省の連携を強調し、「安定」と「安全」をスローガンに有利な戦いを展開していた。これに対し民進党は立法委員の陳定南《ちんていなん》を立て、「台湾人の力を発揮し、十二月三日を台湾の真の光復節にしよう」と訴えていたが、公共建設や総合的な開発プロジェクトなど具体的な施策においては国民党におよぶものではなかった。新党も立法委員の朱高正を立てていたが、省全体が選挙区とあっては泡

選挙運動中の宋楚瑜氏とその夫人

沫の域を出なかった。

台北市長戦では、国民党は現職市長の黄大洲《こうだいしゅう》を立てていたが、これがかえって台北市内の交通渋滞、新交通システムの設計ミスや工事の遅れ、入札に関する収賄などを自陣営の悪材料としていた。一方、民進党は立法委員で四十代後半と若さと新鮮さとクリーンなイメージをもつ陳水扁《ちんすいへん》を立て、これまでの国民党の失点を鋭く突いていた。また新党も立法委員で台北市で知名度が高く、パフォーマンスも派手な趙少康《ちょうしょうこう》を立て、これまでの国民党の固定票をかなり奪う勢いを示し、また台北市には外省人の割合が比較的多いことから、情勢は混沌とした。高雄市は、国民党は現職市長の呉敦義《ごとんぎ》、民進党は立法委員の張 俊雄《ちょうしゅんゆう》、新党は弁護士の湯阿根《ゆあこん》を立て、戦いは省長戦と同様の展開を見せていた。

十二月三日の投票結果はつぎのとおりとなった。

台湾省長

			得票数	得票率
当選	宋　楚瑜	（国民党）	四、七二六、〇一二票	五六・二二％
次点	陳　定南	（民進党）	三、二五四、八八七票	三八・七二％
	朱　高正	（新　党）	三六二、三七七票	四・三一％

台北市長

当選　陳　水扁（民進党）　六一五、〇九〇票　四三・六七％
次点　趙　少康（新　党）　四二四、九〇五票　三〇・一七％
　　　黄　大洲（国民党）　三六四、六一八票　二五・八九％

高雄市長

当選　呉　敦義（国民党）　四〇〇、七六六票　五四・四六％
次点　張　俊雄（民進党）　二八九、一一〇票　三九・二九％
　　　湯　阿根（新　党）　二五、四一三票　三・四五％

国民党にとって台湾省と高雄市では順当であったが、台北市で新党にも敗れたのは大きなショックとなり、党内で党改革を叫ぶ声をいっそう強めた。また、台湾省長に当選した宋楚瑜は外省人であり、この点本省人の陳定南に対し不利な材料となっていたが、中央との連携と過去の実績が奏功した。宋楚瑜は選挙期間中みずからを「台湾のコメを食べて育った外省人」と表現していたが、この当選は省籍矛盾（本省人と外省人の対立）が過去にくらべかなり緩和されたことと、有力候補でも外省人なら台湾との結び付きを強調しなければ票が得られないという二種類のことを示していよう。

台北市では民進党の市長が誕生したことから、市長室から孫文の肖像画が消え、さらにこの翌年一九九五年（平成七年）十月二十五日には、台湾全土で「台湾光復五十周年」が祝われたが、台北市主催の式典では「光復」（祖国復帰）の語句は使われず、「終戦五十周年」と銘打たれるなどの変化がみられた。民進党はこの変更を「十月二十五日は光に復した日ではなく、日本の植民地統治から離脱したものの、国民党外来政権の統治に陥ったことを意味する」と説明していた。さらに一九九六年（平成八年）二月二十八日には、台北市民の最大の憩いの場である台北駅前の「新公園」が「二・二八和平公園」へと改名され、同三月二十一日には、蒋

1995年２月28日に台北・新公園内に「二二八記念碑」が落成し、李登輝総統夫妻も献花。

介石の長命を祝して命名された総統府前の「介寿路」が、かつて台北盆地に居住していた先住民の部族名をとって「凱達格蘭（ケタガラン）大道」へと改名されるという変化もあらわれた。

「大台湾経営、新中原樹立」

台湾省長、台北・高雄両市長の民選実施で台湾の民主化を一段と進めた李登輝は、選挙より十日後の一九九四年（平成六年）十二月十三日、『大台湾経営』と題する一書を刊行した。今後の「大台湾の壮大なパノラマ」を示し、「偉大なる台湾を経営し、その台湾に新たな中原を樹立する」という内容のものである。これより李登輝は台湾各地での講演や国会での演説などで、つねに「大台湾経営、新中原樹立」と「生命共同体」の理念を国民に訴えることになる。

李登輝は「台湾発展の原動力は無窮である」として、「新たな時代を迎えるにあたり、地域社会の人々が共同で政府を支援し、各方面の建設推進に尽力することを期待する。とくに精神、倫理面の建設(充実)においては、地域の旺盛な生命力が一つにまとまり、生命共同体へ成長することを望む」と語る。つまり台湾の総合的および地方の開発と一致団結を求めているわけだが、その「生命共同体」については、「台湾が平和的に政治改革を推進したことは、世界の注目を浴びている。経済奇跡と政治改革を実現したあとは、尊厳があって、文明がある国家を樹立することが、国民全員が努力すべき共同の目標である」と述べる。ここに「大台湾経営」の理念が位置づけられるのだが、それの青写真として「民主的で行政効率のよい台湾を経営する。産業が発達し科学技術の進んだ台湾を経営する」と語り、さらに「国民が自由な意思を持ち、行政効率を高めると同時に、司法改革と教育改革を推進し、生活水準の高い近代的文明国家を建設しなければならない」と結ぶのである。まるで誕生したばかりの新興国の息吹を思わせるが、この台湾を「静かなる革命」を遂行したあとの新国家と解釈すれば、この理念を語る李登輝の心情も理解できよう。

アジア太平洋オペレーション・センターと中国大陸

「大台湾経営、新中原樹立」が今後の方向への理念とするなら、これが提示されたすぐあとの一九九四年(平成六年)十二月三十日、経済建設委員会(経済企画庁に相当)、大陸委員会(大陸政策省に相当)、交通部(運輸省に相当)、経済部(通産省に相当)、財政部(大蔵省に相当)、新聞局(対外広報省に相当)の合同会議において、連戦行政院長(首相)がゴー・サインを出した「アジア太平洋オペレーション・センター」建設計画は、経済面における理念の具体策といえよう。概略をいえば、中途で計画変更された「国家建設六カ年計画」を包括し、さらにその規模を大幅拡大したもので、台湾全島にそれぞれまんべんなく拠点を設けて国際的な金融、航空、通信、メディア、製造、海運の六大センターを開設し、台湾をアジア太平洋地域におけるヒト、カネ、モノ、技術、情報の一大集散地にするというものである。

むろんこれには経済・貿易の自由化、各種の法整備、既存の桃園中正空港や高雄国際空港、高雄港や台中港、基隆港などの港湾拡大および各センターの新設用地の確保といった事前にクリアしなければならない多くの問題が横たわっているが、連戦がゴー・サインを出した時点におけるタイム・テーブルはつぎの三段階に分けられている。

第一段階　一九九五年から九七年までとし、この期間中にまず小規模な各オペレーション・センターを建設する。

第二段階　一九九七年から二〇〇〇年までとし、第一段階で建設した各センターの規模を拡大するとともに、全面的な経済構造の転換を推進する。

第三段階　二〇〇〇年以降とし、経済の自由化を確実に遂行するとともに各センターの大規模建設を完成し、台湾のアジア太平洋地域におけるオペレーション・センターとしての地位を確立する。

この経済発展構想がこれまでの建設計画と決定的に異なるのは、構想自体が国際的である以上、大陸側との連携が当初から想定されており、台湾海峡両岸における相互連動がなければ機能しないという点である。大陸と台湾の経済関係を一九九三年（平成五年）の統計を例にとってみれば、台湾資本による中国大陸への投資は八十一億ドルに達し、中国大陸において三百万人の就業機会を作りだし、さらに百五十億ドルの輸出を創造している。さらに一九九五年（平成七年）における台湾の貿易総額における中国大陸に対する依存度は九・八％で、中国大陸からの台湾に対する依存度は六・四％を占めている。このように台湾海峡両岸の経済はもはや切っても切れない関係にあり、人的往来に関しても年々その数は増えている。この「アジア太平洋オペレーション・センター」建設計画には、今後こうした背景を基礎に、北京との政治的かけひきが重要な要素となっているのである。

中国大陸からの働きかけ・江八項目

その北京が一九九五年（平成七年）一月三十日、『新華社』を通じて台湾に八項目の提案を示した。中華人民共和国の国家主席であり中央軍事委員会の主席でもある江沢民が、旧正月を祝う新春茶話会の席で中国共産党総書記の身分をもって提案したもので、そこに北京の基本姿勢がうかがえる。台湾との交渉は国と国の交渉ではなく、あくまで内政問題であって党と党の交渉にしようというものである。要旨はつぎのようなものであった。

一、「一つの中国」の原則を堅持し、「台湾独立」を意図するいかなる言論や行動にも断固として反対する。

二、台湾と外国との間における民間の経済・文化関係の発展に異議をはさまない。ただし「国際社会における生存の場の拡大」活動には反対する。

三、両岸の敵対状態終結の交渉推進を建議する。

四、武力行使を放棄しないのは、外国勢力による中国統一への干渉あるいは台湾独立の計画に対するものであり、同時に「中国人は中国人を打たない」ことを宣言する。

五、海峡両岸の経済交流と協力関係を強化し、台湾企業からの投資を保障する協議をおこなうことに同意する。

六、両岸同胞はともに中華文化を継承し、発揚しなければならない。

七、われわれは台湾同胞の生活方式を尊重する。そして台湾各界との意見の交換を願う。
八、両岸の指導者による相互訪問を提案する。ただし国際舞台での会見には同意しない。

二にいう「国際社会における生存の場の拡大」とはつまり実務外交のことであり、七は香港形式の「一国二制度」の主張であり、八の「国際舞台での会見」を避けようとするのは、台湾との交渉をあくまで「国内問題」として処理しようとする意図のあらわれである。また北京は毎年二〇％を越す軍備増強のほか、この「江八項目提案」と同時期に、第二砲兵部隊（ミサイル部隊）のM級ミサイルの基地を江西省から福建省に移動し、台湾をその射程距離内に入れた。ここに北京の本心がある。

台湾の応答・李六項目

この「江八項目提案」に対し台湾はさっそく同年二月九日、行政院大陸委員会の蕭万長・主任委員が「江沢民は国家主席や中央軍事委員会主席の名称の使用を極力避けている」と指摘しながらも、「この提案について深く分析する」と述べ、連戦行政院長は「この八項目に対し段階的、重点的、内容別に分けて対応していく」と表明するなど、正面切って受けとめる姿勢を示した。

だが、ただ単に言葉で受けとめたのではない。八項目提案の裏における軍備増強やミサイル部隊の移動という北京の本心に応える行動を起こした。同年四月一日から四日まで、李登輝はアラブ首長国連邦とヨルダンを訪問した。中東との経済交流強化のためだが、李登輝は帰国記者会見で「中華民国は主権をもった国家である。中共は中華民国の主権を否定しようとしているが、これは正式外交以外の外交によって打破できる」と明言した。つまり、台湾の主権を求める実務外交の推進である。

李登輝はこの外遊から帰国した四日後の四月八日、「江八項目提案」に対する「李六項目提案」を行政院国家統一委員会の会議において談話のかたちで発表した。つぎのような内容であった。

一、両岸分治の現実に立脚した中国統一を追求する。
二、中華文化の基盤に立つ両岸交流を強化する。
三、経済貿易交流の増進と相互補完関係の構築を図る。
四、平等な立場で国際組織に参加し、国際舞台における両岸指導者の会談の実現を求める。
五、平和方式による一切の紛争解決を求める。
六、両岸の協力による香港、マカオの繁栄と民主の促進を望む。

中国は分裂し、その一方が台湾に存在しているという現実を出発点とし、双方はあくまで対等でなければならないとするのが、台湾の基本原則である。ここに台北当局を「中国の一地方政府」と見なす北京当局との根本的な相違点がある。だが経済交流の強化に関しては双方一致している。根本的立場を異にしながらも両岸指導者が一応意見を表明し合ったのだから、その一致点の推進に関する双方の話し合いが進むかにみられた。しかし、事態は逆の方向に展開する。

米国内で盛り上がる李登輝歓迎の声

台湾における中華民国について、李登輝はつねに「存在するところに希望があり、存在するところに価値がある」と主張している。それを国際的に示すのが実務外交なのだが、そのうち最もインパクトの強いのはやはり米国訪問である。李登輝は京都大学より帰国後、米国のコーネル大学に留学している。そのコーネル大学が李登輝の母校訪問を招請したことから、李登輝訪米が現実問題として浮上してきた。一九九四年(平成六年)五月に李登輝が中米とアフリカを訪問したおり、米国政府は中華民国総統の国内通過を拒否し、李登輝はハワイの空港で機内から一歩も出られなかったという経緯があるが、米国内の風向きはすでに変化し、一九九五年(平成七年)二月にはマカウスキ上院議員(共和党)らが「李登輝総統の訪米許可」を政府に強く求め、またコーネル大学のロッジ学長が同年四月十日に訪台し「李総統への訪米要請はまだ有効で、実現に向けて最後まで努力する」と語るなど、雰囲気を盛り上げていた。

そして九五年五月二日に下院がクリントン政権に李登輝の訪米を認めることを政府にうながす決議案を三百九十六対〇の満場一致で可決し、ついで上院も一週間後の五月九日に九十七対一で同様の決議案を採択し、翌十日には『ワシントンポスト』が「台湾総統にビザを発給せよ」と題する社説を掲げ「台湾は、経済はもとより政治においても中国をはるかにしのいでおり、その指導者の訪米を認可しない理由はどこにもない」と現実重視の主張を展開した。さらに『ニューヨークタイムズ』や『シカゴレビュー』の有力各紙もまた、同様の社説を掲げた。

そして五月二十二日、米国政府は北京の重なる抗議をはね返し「台湾の李登輝総統の私的な訪米にトランジット(通過)ビザの発給を認める」と発表、翌二十三日には「観光ビザを発給する」と表明した。これを台湾側は「単なる通過ではなく『総統の正式な母校訪問』である」として歓迎し、『ニューヨークタイムズ』などはこのニュースを一面トップで報じた。

インパクト強かった李登輝の訪米

こうして李登輝総統夫妻は一九九五年（平成七年）六月七日、桃園中正空港より米国に向け飛び立った。私的なものとはいえ、中華民国建国以来最初の国家元首の訪米であるとともに、断交以来十七年の空白を埋めようとするものでもある。随行員である行政院新聞局の胡志強《こしきょう》局長はその前日、記者団の質問に応え「今回の訪米は総統の私的なものに属するとはいえ、台湾二千百万同胞の存在を世界に知らしめ、われわれの声を世界に聞かせる好ましい機会である」と、その主要目的の所在を示した。

李登輝の訪米は全米マスコミの話題となり、そのハイライトは六月九日のコーネル大学における記念講演であった。そこで李登輝は「民の欲するところ常にわが心にあり」と題し、まず戦後の米国の支援を「雪中送炭」（苦しいときの支援）と評価し、台湾の経済発展と民主化の過程、今後の青写真を説明するとともに、海峡両岸関係については、「私はこれまで北京の指導当局に、イデオロギーの対立を放棄し台湾海峡両岸の中国人が平和競争と統一の新時代を開くべきだと繰り返し呼びかけてきた。双方納得できる方策によってこそ中華民族の最も好ましい利益を維持でき、また相互尊重によってこそ民主・自由・均富の制度における中国統一の目標も漸進的に達成できる」と中華民国政府の従来からの公式見解を語り、さらに「海峡両岸の指導者が国際会議などの際に自然に会見することを歓迎する」と「李六項目提案」の一部を再度表明した。さらに世界における台湾の地位については、「世界各国が公平かつ合理的な姿勢でわが国に対応し、わが国が提示する意義と価値および効果を軽視しないよう望んでやまない」、「台湾の中華民国における近年来の経済と政治、社会の発展を観察し、それによってポスト冷戦とポスト共産主義の世界において、わが国にふさわしい地位が与えられるべきである」と訴えた。これは中華民国政府がつねに世界に向かって呼びかけていることであ

コーネル大学で歓迎される李登輝総統

るが、それを台北からではなく、米国内から呼びかけるところに、今回訪米の意義がある。

六月十二日の桃園中正空港での帰国記者会見において、李登輝は「わが国が目下遭遇している困難を国際社会に伝えることは、非常に重要な突破口となる」と語り、「わが国は十分な国際活動の場を必要としており、私の今回の訪米が、諸外国による中華民国への理解と期待を促進し、中華民国の進歩と発展の一助になるはずだ」、「いま中華民国にとって必要なのは、主権を有する国家としての地位であり、中華民国の主権は諸外国から肯定され、国際社会から認められなければならない」と強調した。

米国の有力週刊誌『タイム』(六月十九日)は、李登輝訪米を「一国の元首としての公式待遇はなかったものの、米国が一九七九年に台湾と断交して以来、台湾が獲得した最も重要な外交の勝利である。李総統のコーネル大学訪問は、彼自身と台湾を世界の舞台に押し上げた」と論評した。台湾内部の民進党においても、李登輝のコーネル大学における講演を「国際社会に台湾の主権問題を新たに認識させるもの」と評価し、同党の陳水扁台北市長も「党派を越えた全国民一致による外交的困難突破の助けになる」と表明。まさにその講演内容は題名の示すとおり、台湾の国民の最大公約数といえるものであった。また、この時期から台湾の政府関係者の講演や演説において、自国を称する場合、単なる「中華民国」ではなく、「台湾の中華民国」あるいは「台湾における中華民国」が使用されるようになった。現時点では適切な呼称であると思われる。だが、こうした動きを「北京の反発を招き、両岸関係を後退させるもの」として非難する声も一部にはあった。国民党反主流派と新党である。この声は、台湾を「中国の一部」とし、台湾が国家的な主権を持つということ自体に反対し、大陸との合体(統一)をあくまで至上とするものである。

北京からの「文攻武嚇」

これによって台湾の実務外交は勢いづき、李登輝帰国の一週間後、こんどは連戦行政院長がオランダ経由でオーストリアとチェコに飛び立った。だがインパクトの強いのは、やはり李登輝の訪米である。その強さは、北京の大げさな反応が如実に証明している。まずそれは、中国共産党の機関紙『人民日報』と国営通信社『新華社』の論調にあらわれた。李登輝訪米やコーネル大学での講演を「台湾独立の言行」として猛然と非難しはじめたのである。たとえば「祖国の分裂を鼓舞した自白書」、「中華民族の千古の罪人」（七月二十四日）、「国際社会に台湾独立の場はない」（七月二十五日）、「台湾独立を推進する政治的な麻薬」（七月二十六日）、「李登輝は両岸関係を破壊した歴史的な罪人」（七月二十七日）、「李登輝は台湾独立の総黒幕」（八月三日）、「生命共同体を吹聴し、分裂意識を助長する」（八月五日）、「台湾経験を口実に祖国の統一に抵抗する」（八月七日）、「祖国の分裂を策する好戦主義者」（八月九日）等々である。これらはほんの一例で、それを長論文や放送でながながとやる。いずれも李登輝のみに対する個人攻撃であり、これまでの外遊では相手国にひそかに圧力をかけるか、台湾を「金権外交」と非難する程度であったが、今回は常軌を逸していた。しかも、こうした北京の論調は台湾内部における国民党反主流派や新党による李登輝非難の論調と酷似している。こうした台湾内部における勢力を、台湾郷土色の強いマスコミは「中共以上に悪質なグループ」として「身は台湾に置きながら中華人民共和国に肩入れしている勢力」（高雄『民衆日報』九五年五月三十日）と非難していた。

さらに北京は、七月二十一日から二十四日まで台湾北部の海域にM級ミサイル六発を撃ちこんだのを皮切りに、八月にも同様のミサイル実射演習をおこない、十月と十一月には台湾上陸を想定した陸海空三軍合同による大規模な上陸演習を台湾海峡の島嶼で敢行した。いずれも台湾を文書による攻撃と武力による威嚇、すなわち「文攻武嚇《ぶんこうぶかく》」で民心を李登輝から離反させるとともに、台独派勢力に圧力を加えようとするものであるが、これが台湾にどのような効果をもたらすかは翌一九九六年（平成八年）三月の総統直接選挙の結果にあらわれる。なお北京のミサイル演習に対し、豪州の『オーストラリアン・ポスト』（九五年十一月二十五日）は「中国の軍事膨張を示すとともに、日本にとっても脅威を構成するものであり、日本には継続して米国の『核の傘』が必要である」と論評した。なるほどミサイルは角度を変えれば、日本も簡単に射程範囲に入る。だが、日本のマスコミでそこに言及する論評はみられなかった。また米国務省は十一月二十九日、「中国が最近おこなった上陸演習は、当該地域の平和と安定になんら役立つものとはならず、緊張を高めるのみである。米国は台湾海峡地域の平和と安全、安定を望んでおり、そのための一貫した長期政策を持っている」と表明した。この米国の姿勢も、やがて具体的なものとなる。

「新台湾人」の理念

北京の「文攻武嚇」のつづくなか、台湾での話題はそこに同年（一九九五年）十一月のAPEC大阪会議での李登輝参加問題、十二月の第三期立法委員選挙、それに翌年三月の総統選挙がかさなっていた。そのような騒然としたなかの九月十六日、李登輝は国民党主席の身分をもって今後の台湾のあり方を示した。国民党の党活動研究会議において「国民党は中華民国八十四年の歴史において、大陸にあった時と台湾にあった時とどちらが長いか」と問いかけ、台湾の民心把握に向けた党改革の必要性を強調し、つぎのように主張した。
「台湾にアイデンティティを持ち、台湾を惜しみ、台湾のために努力し、奮闘しようと願う人のみが台湾人であり、われわれはこうした『新台湾人』の概念を提唱しなければならない。民族感情を心に持ち、中華文化を尊び、中国統一の理想を忘れない人が中国人である。つまり、中国人と台湾人の概念は相対するものではない。われわれは中国人であるとともに、台湾人なのだ」

将来の「中国統一」をおもてに出しながらも、この台湾人意識の高揚には、新党はむろん国民党内でも反発の声はあった。中国国民党の「正統」を自認する反主流派である。李登輝はそれらの声をはね返し、同年十月二十五日の「台湾光復五十周年」の式典（台北市主催は「終戦五十周年」）では、中華民国総統の身分をもって「われわれは狭い観念を捨て『新台湾人』の観念によって、台湾のためさらに繁栄し進歩した第二の五十年を切り拓かねばならない」と全国民に呼びかけた。また李登輝はこの日、新党や国民党反主流派の反対を押し切って台北市主催の「終戦五十周年」式典にも出席した。この式典のテーマは「落地生根《らくちしょうこん》」（住んでいる土地に根付く）であった。

第15章　確立した民主体制

出揃った総統候補

この時期の話題はなんといっても正副総統直接選挙であった。この選挙を実施すれば、台湾では村長から国家元首まですべて台湾住民の直接選挙で選んだことになり、民主体制の確立となるばかりか、まさに台湾における「落地生根」の行政基盤が樹立されたことになる。北京の焦りもまたそこにある。

国民党では党内予備選挙が近づき、当然ながら李登輝・現総統を立て挙党一致体制を確立しようとする気運が高まるなか、一九九五年（平成七年）八月十五日、林洋港・総統府資政（顧問）が『誠心』と題する李登輝批判の書籍を発行して立候補宣言をし、党公認が得られなかった場合は無所属で「公民連署」（一定数の選挙民による推薦）によって出ると表明した。さらに外省人で反主流派の陳履安《ちんりあん》・監察院長が八月十七日、国民党を離党したうえ「公民連署」で出馬すると表明し、党の結束に波紋を投げかけた。国民党の予備選挙は八月三十一日の党代表大会でおこなわれ、有効投票数一千七百九十五票のうち、李登輝は一千六百三十七票、得票率九一・二%を獲得し、副総統候補には連戦・行政院長を指名した。この党内予備選に林洋港と郝柏村は棄権し、両名は国民党本流を自認しながら李登輝批判を展開するとともに、やがて立候補届け出の始まった一九九六年（平成八年）二月に党除名処分となった。林洋港が副総統候補に指名したのは郝柏村である。また陳

左から林洋港氏（1927年、南投県出身）
と郝柏村氏（1919年、江蘇省出身）

左から許信良氏（1941年、桃園県出身）
と彭明敏氏（1923年、高雄市出身）

履安も予定どおり早くから離党し、副総統候補には監察委員の王清峰《おうせいほう》（女）を指名した。国民党主流派にとっては、この内紛はかえって反主流派の整理につながり、党の結束を固める転機となった。

一方、最大野党の民進党は一九九五年（平成七年）六月十一日、許信良、林義雄、尤清、彭明敏といった四人の有力候補を、党内予備選挙で前主席の許信良と亡命帰りの彭明敏の二人にしぼりこみ、七月十日から各地巡回による一般選挙民自由参加による党公認選出選挙を開始した。戦いは終始彭明敏が有利に進め、最終日の九月二十四日、彭明敏―十七万七千四百七十七票、許信良―十二万九千八百十六票となり、彭明敏の民進党公認が決定し、副総統候補には立法委員の謝長廷《しゃちょうてい》を指名した。だが、彭明敏には亡命帰りの反体制学者という知名度は抜群であったが、行政手腕は未知数なうえ、ながらく海外住まいで民進党に入党したばかりの人物に、結党以来の党員からの反発もあった。

新党は立法委員の王建煊《おうけんせん》に一時決定したが、結局国民党を割った林洋港―郝柏村を支援し、党公認擁立は見送った。また民進党の高玉樹・総統府資政も無所属による立候補を表明したが、「公民連署」（総有権者の一・五％、二十万一千人）が整わず断念した。

APEC大阪会議に李江会談ならず

台湾の各紙が総統選挙関連の世論調査をしきりとおこない、雰囲気を盛り上げているなか、紙面に「大阪」の名も出るようになっていた。アジア大会のおりに江丙坤・経済部長が予告したとおり、李登輝は一九九五年（平成七年）四月八日、「台湾海峡の両岸が平等に国際組織に参加すれば、双方の指導者が自然と国際的な場所で顔を会わすことになろう」と表明した。その年十一月に大阪で開催されるAPEC非公式首脳会談を意識した発言である。さらにこれに応えるかのように台北駐日経済文化代表処の林金莖《りんきんけい》代表（大使）が翌九日、「本年十一月、大阪でAPEC非公式首脳会談が開かれるが、両岸指導者が顔を合わせる絶好のチャンスである」と語り、「私としては本国政府および外交部の指示にしたがって、李総統がAPEC大阪会議に参加できるよう全力を尽くしたい」と表明した。

しかし、同年六月の李登輝訪米に対する北京の反応の大きさに恐れをなした村山内閣は、「台湾との関係は非政府間の関係としてきており、この基本的枠組みを守ることが安定的な日台関係を維持していくうえで不可欠」と、夏のうちにはやばやと秋のAPEC大阪会議に台湾の李登輝総統を招請しないことを決めてしまった。貿易や投資の自由化を話し合う場に、ある国の圧力である国の首脳が参加できないというのはおかしなことであり、またホスト国でありながらそこに自主性を発揮できない日本もなさけないが、政府首脳が村山首相と河野外相であってみれば、仕方のないことであったかも知れない。しかし当然、台湾各紙の紙面には広島アジア大会のときと同様、腰の定まらない日本への非難の論調が多くみられた。

結局十一月十六日からのAPEC大阪会議には、辜振甫《こしんほ》・行政院経済建設委員会委員を団長兼総統代理とし、江丙坤・経済部長、林振国《りんしんこく》・財政部長、孫明賢《そんめいけん》・行政院農業委員会主任委員らの経済閣僚が参加した。

一行はAPEC参加のほか、大阪でボルキア・ブルネイ国王、マハティール・マレーシア首相、スハルト・インドネシア大統領、ゴー・チョクトン・シンガポール首相、ラモス・フィリピン大統領らとアジア経済について二国間会談をおこなった。また村山富市首相との個別会談も予定されていたが、はたして江沢民が村山ににらみをきかしたため、実現しなかった。

国民党辛勝の第三期立法委員選挙

総統選挙が話題の中心となっているなかに、年末が近づくにつれ一九九五年（平成七年）十二月二日に実施される第三期立法委員選挙の記事が紙面を埋めるようになった。かつて国民党を割った新党が立法委員選挙に初参加するため、焦点はもっぱら国民党が過半数を維持するか、それとも過半数割れで台湾初の連立内閣の素地が出来上がるかである。また、李登輝・現総統が初代民選総統に当選しても、国民党が国会で過半数を割っていたのではその基盤は軟弱なものとなる。しかも、このときまだ国民党員であった反主流派の林洋港や郝柏村らは、国民党よりもむしろ新党の側に立った活動を展開していた。十月中旬に現地有力紙『中国時報』がおこなった世論調査によれば「どの政党の候補に投票するか」に対し、国民党一七・五％、民進党六・五％、新党三・二％、人物本位四〇・四％、未定二〇・四％であった。

こうしたなか、国民党は「過半数を制する政党がなければ責任の所在が不明確となり、国家社会に災難をもたらす」と叫び、李登輝の「顔」を前面に立てた選挙戦を展開した。民進党は「国民党の失敗が国家の失敗となるものであってはならない。これまでの国民党と国家の区別が不明瞭という現象を除去しなければならない」と国民党非難を展開するとともに、「三党が過半数に達しない状況が、台湾が最も発展する状況である。民進党に機会を与えることは、台湾に機会を与えることになる」と、連立政権の一角に食いこむ姿勢を示した。新党も「三党とも過半数に達しない状況によって、国家も民心も安泰となる」と主張し、李登輝の政治基盤を切り崩そうとした。そこに中国大陸側からの「文攻武嚇」がかさなっている。結果はつぎのとおりであった（総定数一六四議席）。

	選挙区	国内比例代表区	海外華僑比例代表区	計	（前回）
国民党	六七	一五	三	八五	（一〇三）
民進党	四一	一一	二	五四	（五二）
新　党	一六	四	一	二一	
無所属	四				（六）

やはり国民党は新党の分離が響いた。議席数では過半数を維持したものの、それもわずか二議席を上回るだけであり、とくに台北市選挙区（定数十八議席）では、民進党八、新党六、国民党四と惨敗している。しかも総得票率でも国民党は四六・〇六％、民進党三三・一七％、新党一二・九五％と、国政選挙ではじめて過半数を割ったのである。

この結果について、国民党の許水徳・秘書長（幹事長）は記者の「勝ちか負けか」の質問に対し「勝ち負けは考慮の範囲外だ」と応え、議席減には「新党が選挙戦に加わったから」、台北市での惨敗には「多元化社会への移行は都市部が最も進んでいる。国民党の執政期間は長く、それだけ問題も多い。都市部の不満は農村部よりも比率が高く、世界中どこでもそうだ」と歯切れの悪い弁明に終始した。民進党は「執政党になるまでには至らなかったが、団結を示すことができた」と語り、国民党に連立内閣組閣を迫る姿勢を示した。新党は「結果に満足している」と国政選挙初参加で一応の成果を得たことを誇示した。このあとの内閣改造で連立政権の誕生がささやかれ、民進党からの入閣がうわさされたが、結局翌年二月二十三日、国民党は連立をきらい、連戦首班の国民党単独内閣が成立した。

高まる総統選挙の熱気

立法委員選挙が終わり、話題は総統選挙に集中した。同時に第三期国民大会代表選挙も実施されるのだが、このほうは総統戦の熱気に埋もれていた。一九九六年（平成八年）の年が明け、期限を一月十三日とした「公民連署《れんしょ》」で林洋港・郝柏村陣営は六十五万人、陳履安・王清峰陣営は四十万人を集め、新聞紙上をにぎわした。法定選挙運動期間は二月十四日からであるが、各陣営の活動はすでに前年の夏から始まっている。

それぞれの陣営の選挙スローガンはつぎのとおりである（前が総統候補、後が副総統候補）。

◎国民党　李　登輝（現総統）

　連　戦（現行政院長）

「尊厳、活力、大建設」

◎民進党　彭　明敏（元台湾大学教授）

　謝　長廷（現立法委員）

「台湾独立、反統一、愛台湾、外来政権の終結」

◎無所属　林　洋港（前司法院長）

　郝　柏村（元行政院長）

「新たな指導、新たな秩序、新たな希望」

選挙運動中の連戦行政院長（左）と李登輝総統

◎無所属　陳　履安（前監察院長）
　　　　　王　清峰（前監察委員）
　　　　　　「サービス性の国家、サービス性の政府」

李登輝・連戦陣営は大台湾の建設と国際社会における台湾の尊厳確立をうたい、彭明敏・謝長廷陣営は台湾を愛し台湾の独立を前面に立てた。両陣営とも「台湾」を基盤としているという意味においては、一般に同根とみられた。一方、林洋港・郝柏村陣営は、あくまで中国人意識を主軸とした大陸との統一を標榜し、陳履安・王清峰陣営は福祉の充実にマトをしぼった。焦点は、李連陣営の優位は動かないものの、得票率五〇%を越すか越さないかであった。泡沫候補は一人もおらず、いずれも知名度の高い人物ばかりであり、このなかで現職といえど得票率五〇%を越すのは容易ではない。つぎに第二位に、独立派の彭謝陣営と統一派の林郝陣営のどちらが入るかである。この二つの焦点の、今後の台湾の進むべき方向に与える影響は大きい。一九九六年（平成八年）一月現在における各種世論調査は、各陣営への支持率を、李登輝・連戦―三五～四〇％、林洋港・郝柏村―一〇～一五％、彭明敏・謝長廷と陳履安・王清峰―各一〇％前後、未定―約三五％とはじき出していた。

北京の焦りとその愚策

選挙運動の過程において、李登輝はつねにこの総統直選の意義について「本年を期して国民が国家の主人となり、国民がみずからの手で国家の指導者を選ぶのである」、「主権在民を具体化し、民主制度を確実なものにしてこそ、国民多数が尊厳をもち活力を発揮することができるのである」と表明していた。ここでいう「国家」の統治権がおよぶ範囲とは、台湾・澎湖・金門・馬祖であることはいうまでもない。その地域の指導者をその地域の住民みずからが選び、民主体制を確立する。それが北京には気に入らなかった。

一九九六年（平成八年）一月三十日、北京での「江沢民八項目提案一周年記念集会」で李鵬首相は、「台湾指導者の選出方法がどう変わろうとも、台湾の指導者は中国の一地方指導者にすぎない」と台湾の民主化を牽制した。さらに三月、おりしも北京では今後の国政方針を決める第八期全国政治協商会議と第八期全国人民代表大会第四回会議が召集される時期であった。李瑞環《りずいかん》・政協会議主席は三月十三日、その政協会議の閉幕式において「台湾の一部指導者たちによる『二つの中国』、『一中一台』、『台湾独立』の画策には断固反対する。この画策に対し明確に反対の旗を掲げ、戦い抜こう」と打ち上げた。全人代では、李鵬首相が三月五日に発表した「政府業務報告」のなかで、「われわれは平和統一を主張し、そのために一貫して力を尽くすが、武力の使用を放棄することは承諾できない」とすごみをきかせ、「台湾が中国の一部であるという地位を変更することは絶対に認めない。中国政府と人民は、国家主権の維持と領土保全の決意と能力を有しており、台湾が祖国から分裂することを絶対に許さず、いかなる祖国分裂の画策も達成することはできない」とうたった。さらに三月十七日の「大会決議」では、「台湾問題は純粋に中国の国内問題であり、外国勢力はいかなる形式をもっても、いかなる方法をもっても干渉することはできない」と強調するのであった。

こうした「文攻」に並行し、台湾の総統選挙をなんとか攪乱して李登輝・連戦陣営と彭明敏・謝長廷陣営の票を押さえ、統一促進派の林洋港・郝柏村陣営の票を伸ばし、選挙後の李登輝の政治基盤をすこしでも弱めておこうと、あるいは選挙そのものを中止に追いこもうと、前年に引きつづき「武嚇」も実行した。選挙二週間前の三月八日、南部では高雄の西八十一キロ、北部では基隆の東三十七キロという台湾本島至近距離の海域にＭ９地対地ミサイルを撃ちこんだ。さらに選挙十日前の三月十二日からは、台湾海峡の大陸沿岸部で陸海空三軍合同による大規模上陸演習を実施し、台湾を威嚇した。

だが、北京にとってこの「文攻武嚇」は裏目に出た。この常軌を逸した北京の行為は、世界の目をたちまち台湾に引きつけた。投票日が数日後に迫ったころから、台湾には世界各地の主要メディアの記者やカメラマンなど六百四十余人が押しかけ、北京の砲弾の脅威下に国家元首を選出しようとする台湾の姿を世界に伝えた。行政院新聞局の統計によれば、一九九五年（平成七年）十二月十二日から投票前日の九六年（平成八年）三月二十二日までに、世界のメディアは総計三千九百九十五編の大型記事や特集、評論を載せて台湾の総統選挙を紹介あるいは論評し、投票日の三月二十三日から同二十七日までのわずか五日間においても、二千五百六十二編もの選挙結果と評論、その影響などに関する大型記事や評論文がみられた。北京は「国内問題」とする「台湾問題」を、みずからの手で「国際問題」に押し上げてしまったのである。

それればかりではない。台湾近海に撃ちこむミサイルの映像は、北京の覇権主義を世界にまざまざと印象づ

北京の「文攻武嚇」で総統選挙はかえって盛り上がった（1996年３月21日・台北）

けた。しかも米国はこの「武嚇」から台湾海峡の安定を守り、台湾の民主主義を擁護するため、横須賀から空母インディペンデンス、中東から原子力空母ニミッツの二組の空母艦隊を台湾海域に派遣した。この米国の決意の表明に、北京は国際非難を浴びたのみで「文攻武嚇」のトーンを下げざるを得なかった。しかもそれが逆効果であったことは、台湾の選挙民の票にも明確にあらわれるのである。

また、今回の東シナ海や南シナ海へのミサイル撃ちこみ、それに台湾海峡での大規模軍事演習は、北京はいつでも日本のシーレーンや航空路線を遮断し、日本を干し上げることができるぞという意思表示でもあった。これは日本経済の船舶や航空機の航路図をみれば、一目瞭然に分かる。だがこの時期、日本のマスコミも「台湾問題」を多く取り上げたものだが、はたしてこの点に喚起をうながす論はみられなかった。

世界が味方した李登輝の勝利

北京の「文攻武嚇」に対し台湾の巷間《こうかん》は、「選票比飛弾強」といっていた。「選票」とは投票用紙で「飛弾」はミサイル。「投票用紙はミサイルより強い」、つまり民主主義は武力に勝《まさ》るというものである。一九九六年（平成八年）三月二十三日の投票日、はたして北京が期待した混乱はなく、かつ有権者約一千四百三十万人のうち投票率は七六・一二％という高率を示し、しかも各陣営の得票はつぎのとおりと出た。

	得票数	得票率
◎李登輝・連　戦	五八一万三六九九票	五四・〇％
◎彭明敏・謝長廷	二二七万四五八六票	二一・一％
◎林洋港・郝柏村	一六〇万三七九〇票	一四・九％
◎陳履安・王清峰	一〇七万四〇四四票	一〇・〇％

李登輝・連戦陣営は目標を得票率五〇％に据えていたが、これを突破したばかりか、いずれも知名度の高い四組林立のなかでの五四％は、圧勝以外のなにものでもない。しかも一月現在の世論調査における李登輝・連戦支持率は最大四〇％であったのが大幅に伸びている。また彭明敏・謝長廷陣営は一月の支持率一〇％前後から倍増し、支持率第三位から二位に浮上した。さらに台湾中心派の李登輝・連戦と彭明敏・謝長廷の合計得票率は七五％となり、大陸連携派の林洋港・郝柏村と陳履安・王清峰の合計得票率は二五％にすぎなかったのである。

この数値は、台湾の選挙民が北京の「文攻武嚇」に萎縮するどころか、かえって団結し「選票比飛弾強」を実践したことを意味している。北京の強圧的姿勢が、李登輝支持票を逆に伸ばしたのは事実である。この意味から、選挙期間中からすでに台湾の巷間では冗談まじりに「李登輝の選挙事務所は北京だ」、「海ではなく台北市内に一発撃ちこんでくれたら、もっと効果的なのに」などとささやかれていた。また、陳履安は熱心な仏教徒としても知られており、その方面への選挙運動もしたため、かなりの本省人仏教徒の票がそこへ流れた可能性があり、したがって台湾中心派の合計得票率は八〇％前後に達し、大陸との連携派は二〇％前後にすぎないのだとする見方もある。

台湾の選挙民がこのように「選票比飛弾強」を悠然と示すことができたのは、すでに台湾に民主主義が定着していたことに加え、北京のミサイルのおかげで世界の目が台湾に集中したことと、米国が台湾海峡の安定を維持するために毅然たる態度をとったことによろう。まさに李登輝の勝利には、世界が味方したといってもよいだろう。

なお、同日選挙となった第三期国民大会代表選挙（総議席数三三四議席）の結果はつぎとおりであった。

	選挙区	国内比例代表	海外華僑比例代表	合計	（前回）
国民党	一二九	一一	四三	一八三	（二五四）
民進党	六八	六	二五	九九	（六六）
新党	三一	三	一二	四六	
その他	六			六	（五）

過半数は制したものの国民党の議席大幅減の最大原因は、前回の立法委員選挙同様、新党の選挙初参加によるが、やはり民進党の躍進が示すとおり、選挙民のかつての一党独大を許さないという意思による点も大きかったとみられる。得票率では表⑯にみるとおり、国民党は国政選挙でまた五〇％を割ったが、前年の立法委員選挙にくらべいくぶん持ち直している。また各方面から、改憲のみが職務となっている国民大会の存

表⑯　各党の得票率一覧

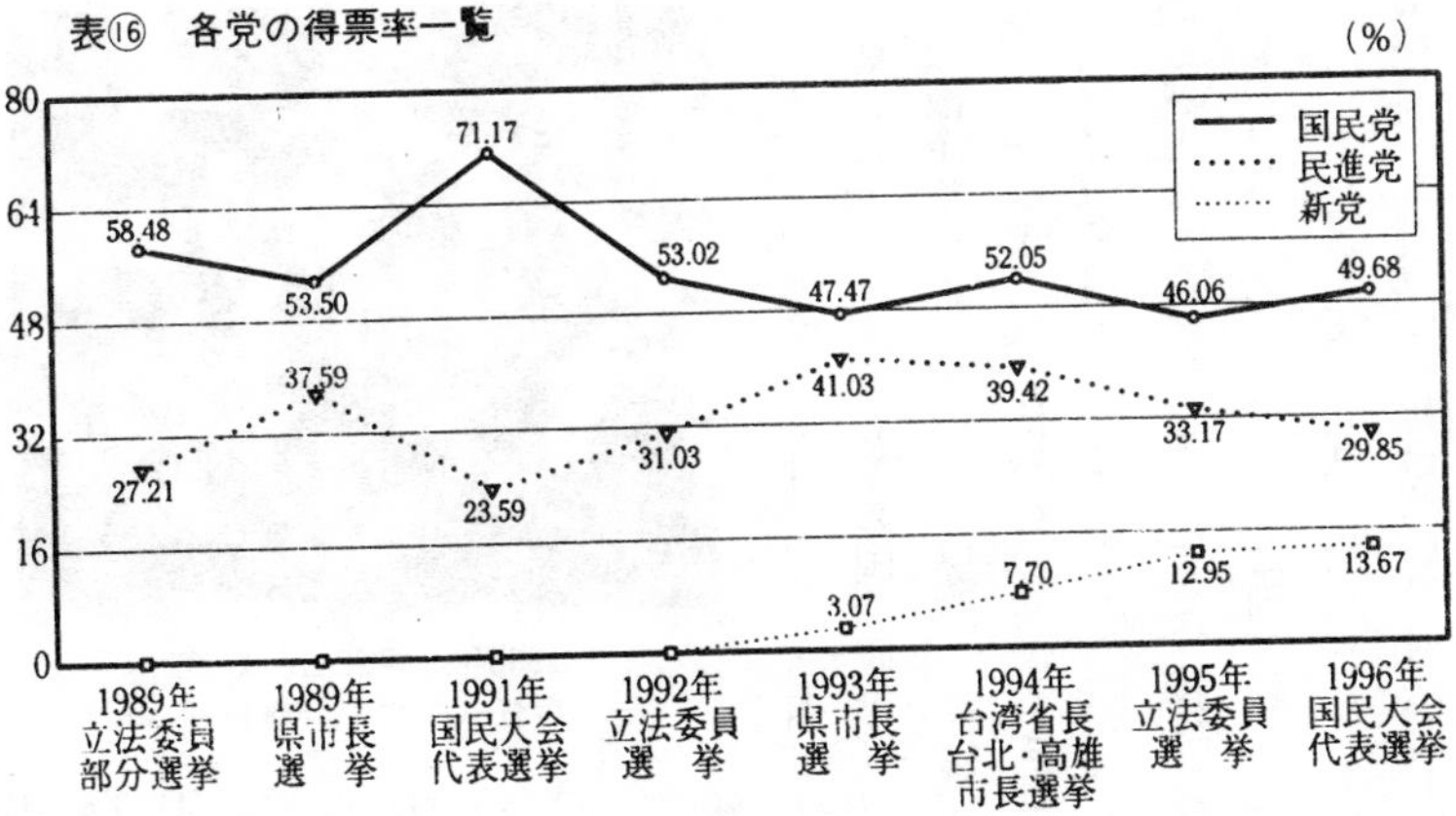

在意義を問う意見が選挙前から多く出され、今回の選挙が国民大会最後の選挙になるのではないかとの見方がある。国民大会廃止論は、今後ますます強まってこよう。

これからの台湾の課題

総統直選により民主体制が整ったわけだが、これからの施政について李登輝は選挙期間中の一九九六年（平成八年）三月九日、テレビの政見発表において「五大共通認識」と「五大改革」、「五大発展」を示していた。選挙前から李登輝の当選が確実視され、焦点は得票率のみであったことから、これは事実上の新体制における施政演説であり、マスコミも国民もそのように受けとめた。まず李登輝は「五大共通認識」をつぎのように示す。

一、大台湾を経営し、新中原を樹立する。
二、生命共同体を強固にし、全体の力を発揮する。
三、個人の自由を尊重し、社会の活力を開拓する。
四、法治精神を確実にし、近代文明を創造する。
五、国家の尊厳を追求し、国際的地位を確立する。

これまで主張してきたことの集大成であるが、「台湾はこの『五

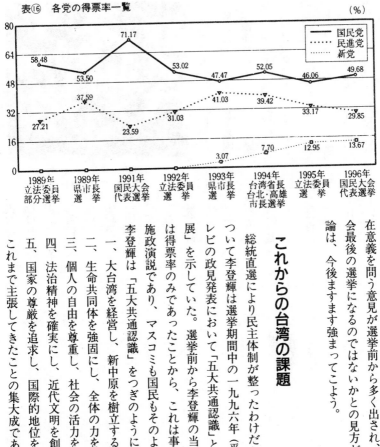

1996年5月20日、総統就任式での李登輝総統

大共通認識』を基礎に、国民が団結し『五大改革』を継続して推進しなければならない」と語り、①司法改革、②行政改革、③教育改革、④財政改革、⑤憲政改革をあげた。さらに「台湾は改革によって培った近代化への力を、経済が発展し繁栄した社会の建設に注がねばならない」として、これからの任期四年間における「五大発展」目標を、①経済の自由化と国際化、②産業のハイテク化、③両岸経済貿易関係の明瞭化、④国土利用の効率化、⑤社会福祉の普遍化の五項目をかかげた。防衛問題については、「国家の安全を維持するには国防の強化が必要であり、今後四年間『専守防衛』を原則とし、軍の士気を高め、総合作戦能力を高める」と表明した。

そして一九九六年（平成八年）五月二十日の就任演説において、「アジア太平洋オペレーション・センター」計画によって国家としての国際競争力向上をうたうと同時に、憲政改革、司法改革、教育改革に再度触れた。憲政改革では「社会治安の改善」、「政党政治の定着」などを通じて「民主政治の安定と発展を確保すべき」とし、司法改革では法治精神の高揚とともに「裁判、検察体制の清廉化と能率向上」をうたった。教育改革では「教育の多様化」の推進をかかげた。これら「五大改革」と「五大発展」について、六月四日に李登輝は副総統となった連戦をそのまま行政院長に再指名し、連戦・副総統兼行政院長の指名した新閣僚に「半年以内に具体的成果をあげよ」と訓令した。

その一例として、司法当局が八月三十日を期して社会浄化と治安確保のため大規模な暴力組織一掃作戦を展開し、九月五日には台湾版暴対法ともいうべき「組織犯罪防止条例」が行政院院会（閣議）を通過し、一掃作戦の具体的成果としては、九、十月の二カ月間で組織幹部百九十七人を召還、七十七人を拘留、うち三十二人を緑島（重要犯罪者の監獄所在地）に移送した。その後も当局の暴力団狩りはつづき、一九九七年（平成九年）一月に入ると、全国組織暴力団の自主解散が相いつぐようになった。また、一九九三年（平成五年）十月から執行された公務員の汚職摘発を目的とした粛貪（綱紀粛正）行動方案では、九六年（平成八年）九月までの三年間で起訴件数一千八百七十三件、起訴人数四千三百五十八人に達し、そこには各レベルの民意代表三百八十七人が含まれ、立件された汚職金額は総額百十七億七百四万二千八百五十一元（約四百六十八億円）に達した。この方面の摘発も、その後二波三波と実行され、庶民の喝采をあびた。

持ち越され行政院長の身分問題

だが一方、連戦副総統の行政院長兼任およびその新内閣が国民党単独であったことに、民進党も新党も共闘体制をとって反発を示した。そして立法院は一九九六年（平成八年）六月十一日、連戦副総統の行政院長兼任には立法院の同意を必要とする「同意権法案」を可決するにいたる。これに対し総統府は同十九日、「立法院の同意権行使の決議は総統への拘束力はなく、同決議は遺憾である」との声明を発表し、立法院を刺激した。国民党の立法委員にも、これを総統・副総統の「議会軽視」とする声が聞かれ、総統選挙には圧勝したものの、民主化の宿命として李登輝総統と連戦・副総統兼行政院長は、今後与野党が伯仲する立法院において、行政院長の「身分問題」がつねに噴火する可能性がある重要争点として加わり、議会対策に苦慮しなければならない事態となったのである。

この問題は副総統と行政院長の権限のあり方にかかわり、憲法問題ともなるため、野党はこの兼任は憲法違反との嫌疑を提示し、その憲法上の適格性を問う大法官会議（憲法法廷）が同年十月十六日から始まった。同会議は年内（九六年）に裁定を下すことを明らかにし、連戦・副総統兼行政院長は「その裁定にしたがう」と表明して、政界と国民の目は年末の大法官会議裁定に注目するところとなった。

一九九六年（平成八年）十二月三十一日、大法官会議はそれへの最終裁定を下した。内容は「副総統が行政院長を兼任することの可否について、憲法には明文がなく、副総統と行政院長の二者の職務は相容れないものではなく、兼任は違憲の範疇に入るとは認め難い。ただしこの兼任は、総統が欠けた場合もしくは職務遂行不能となった場合において、元首を補完する制度の効果を減少させる疑いがあり、憲法が総統、副総統および行政院長の地位にそれぞれ異なる人物が就任することを常態として制定されたことに違反する」というものであった。つまり、明快な憲法解釈を避けたのである。

はたして与野党はこの裁定に異なった解釈を示し、かえって問題は複雑化した。双方の応酬はつづき、これについて与党・国民党は一九九七年（平成九年）二月二十七日、「この問題はすでに大法官会議で『憲法に抵触せず』との解釈が出されている」との認識を正式に示し、これに対して野党の民進党と新党は「大法官会議の解釈は、副総統と行政院長の兼任は違憲であると指摘している」と反発をみせ、「国民党が適切な対応をとらなければ、連院長の立法院（国会）報告をボイコットする」と態度を硬化させるまでにいたった。ともかくこの問題は総統選挙後の内閣改造以降、台湾の国会における最大の争点のひとつとなった。

ところが同問題は、この年（九七年）四月に有名女優（白冰冰）の娘の女子高校生が誘拐殺害されるというショッキングな事件が発生し、社会の関心も高かったことから、これを機に野党を中心とする政府の治安対策をおもな理由とした内閣打倒の声が高まり、連戦が五月十二日に責任をとって憲法修正の終了する七月（後述）に行政院長を辞任すると発表し、大法官会議の解釈とは異なる面から決着がつくところとなった。

ふたつの独立党結成

また一方、総統選挙で次点となった彭明敏は一九九六年（平成八年）四月九日、「総統選挙で得た二百二十七万余票を支持基盤とし、これらの人々を糾合して台独建国の啓蒙運動をおこなう」として、台湾独立を鮮明に掲げる「建国会」を結成した。さらに同会は七月九日「本会は来年（一九九七年）初頭までに新政党を結成する」と発表し、「建国党準備委員会」を組織した。結成されれば民進党からの合流組が出るのは確実であり、民進党の首脳部は「独立勢力の分断」と明確に不快感を示した。彭明敏は九月二十日、これに対し「民主社会に新たな独立派の政党が生まれるのであって、いわゆる分裂ではない」と応戦し、十月六日には早々に正式結党を宣言した。党主席には台湾リベラル派の筆頭といわれ、台湾最大の学術団体である中央研究院院士（高級研究員）の李鎮源《りちんげん》が就任し、彭明敏は当面は民進党に籍を置いたまま啓蒙団体としての建国会を率い、「台湾独立建国運動に専念する」と表明した。建国党は党綱領の筆頭に「全国民を主体とし、台湾全土を運命共同体となして『台湾共和国憲法』を制定する」、「社会に深く浸透し民衆を組織して暴力、腐敗を根絶し、独立建国の目標を達成する」と明確にうたっている。この建国党には九七年一月までに民進党から二人の立法委員が移籍した。

さらに民進党内にはもうひとつの分派行動があった。一九九七年（平成九年）末の統一地方選挙の公認問題をめぐって党執行部とぎくしゃくしていた彭百顕《ほうひゃくけん》立法委員が中心となり、すでに脱党した立法委員一人、また彭を含め脱党表明をしている立法委員二人が、さきに民進党を脱党し建国党に移籍していた二人の立法委員も執行部に入れた「建立新国家陣線」（新国家樹立戦線）という院内会派を結成すると宣言したのである。この建立新国家陣線は彭百顕を召集人（委員長）とし、その主旨を「台湾の主権独立の理念をもってさらに多くの賛同者を募り、立法院内において台湾の新文化、新社会、新国家を樹立する活動をする」としている。この新会派と建国党との関係が今後どう進展するかはまだ未知数だが、民進党から急進的な立法委員が合流するのは確実とみられる。

これによって台湾の政界地図は現状重視の国民党、早期統一の新党、ゆるやかな独立の民進党、早期独立の建国党および院内団体の建立新国家陣戦に色分けされ、将来的にはかえって国民党と民進党の連立内閣の可能性が濃厚になったとみてよい。また、建国党の性格が強烈なだけに、今後の選挙結果によっては李登輝を「隠れ台独派」と非難している北京を、いっそう刺激する材料にもなろう。

行政改革の大課題「廃省」論議

「五大改革」の一つである行政改革では、なんといっても「台湾省」の処遇問題が最大かつ最難関の課題となっている。台湾独自の国家元首を国民の直接選挙で選出したあと、にわかに社会の各層で論議されるようになったのは、台湾省政府の行政区が中央政府とほとんど重複しているところから、これを行政の二重構造だとして「台湾省」を廃止すべきではないかという論議、つまり「廃省論」である。もっとも総統と省長の選出範囲がほとんどおなじなのだから、民主化の進展とともにこうした意見が出るのはきわめて自然なことといえよう。しかし、省廃止には憲法第十章「中央と地方の権限」および第十一章「地方制度」を全面改正しなければならず、また「台湾省」を廃止することは実質的な台湾独立につながるとみられ、あまりにも刺激的であるところから、台湾省政府を形骸化し名前だけのこしておこうとする「省政府名目残置論」が浮上した。さらにこの二論に関し政界や言論界が盛んに議論し、両者の折衷案として憲法を部分改正し「省」の行政機構を凍結せよとする「省政府凍結案」も捻出された。

この「省政府凍結案」が、総統選挙より半年あまりをへた一九九六年（平成八年）十一月四日、与野党の立法委員（国会議員）百四人もの署名を集め、議員立法案として立法院（国会）に提出されたのである。この案について代表提案者の一人である民進党の林濁水《りんだくすい》は「同案は現行憲法に条文を追加しようとするものであって、憲法の本文を改正しようとするものではない。言い換えれば『省』の部分を『凍結』するのであって、したがって現行憲法にある『省』の部分の規定については不変である」と説明した。なお、同案には民進党の全立法委員が署名したほか、国民党からも洪性栄、王志雄をはじめ五十人近くが署名し、さらに新党からも党幹部である朱高正ら数名の署名者が出た。この威力は大きいが、いずれにせよ改憲をともなう。

改憲は国民大会の専権事項だが、憲法第一七四条の規定によれば、立法院においても全立法委員（百六十四人）の四分の一（四十一人）以上が共同提案者となり、全立法委員の四分の三以上が出席する立法院院会において出席委員の四分の三以上の賛成によって改憲案を採択することができる。しかしそれは改憲案通過ではなく、これによって国民大会に送付されて審議されるわけだが、そこでの通過には国民大会代表の四分の三の同意を必要とする。

国民党は同案が提出された十一月四日、立法委員であり党文化工作会主任の蔡璧煌《さいへきこう》が国民党を代表し「党にまだ定まった方針はない」としながらも、「百人以上の与野党の立法委員が署名したということは、それがすでに無視できない『趨勢』になっているのかもしれない。それがどの程度であり、またどのように処理するかは、さらにこれから調査と討議を十分に進めなければならない」と表明した。民進党は十一月十三日、中央常務委員会において「憲法第十章、十一章を凍結し、省政府廃止の目的を達成する」ことを党の方針として決定した。新党は省政府廃止にも名目残置にも反対している。また政府関係では十一月四日、林豊正《りんほうせい》内政部長が「政府には現在定まった見解はない」と語ったものの、楊宝発《ようほうはつ》内政部政務次長（次官）は「立法委員百四人もの署名といえば、非常に大きな民意だ。政府はこれらの声を尊重するだろう」と前向きな姿勢を示した。

李登輝総統にとって、この問題をどう処理するかが今後四年間の任期における最大の課題となったわけだが、それは後述する「国家発展会議」においていっそうの前進をみることになる。

はてしなく遠い両岸問題

海峡両岸問題については、李登輝総統は就任演説で「平和と寛容は、対立と恨みを解きほぐす唯一の手段」と述べ、「中華民国は本来から主権国家である。海峡両岸は民族と文化の間に問題は存在しない。存在するのは制度と生活方式における争いのみである」と、台湾が争点とするところを示した。同時に「われわれは脅威を受けての談判は決してできない」としたうえで、「中国大陸を訪問し、……アジア太平洋地域の平和、安定、繁栄を確保するため、中共最高指導当局と会見し、直接意見を交換したいとも思っている」と表明した。ここでいう「会見」とは、あくまで対等の立場における交渉を意味し、台湾における中華民国政府はつねに「中国は現在分裂・分治の状態にあり、海峡両岸に二つの異なる政治実体が存在する」と主張しているのである。

だが北京は「一つの中国」を標榜し、台湾にも香港形式の「一国二制度」を適用すると主張し、台湾を「対等の政治実体」として認めようとせず、あくまでも台北当局を中華人民共和国の「一地方政府」と見なす姿勢を崩していない。そして台湾の実務外交や台独世論の高まりを、「二つの中国」あるいは「一つの中国、一つの台湾」への動き、つまり「祖国分裂」活動として武力の使用すらほのめかしているのである。

こうした北京の姿勢に対し、李登輝は一九九六年（平成八年）七月二十三日、訪台したブリジンスキー元米大統領補佐官に「中共が言っている『一つの中国』とは『中華人民共和国』であり、台湾は『中華人民共和国』の一省であると主張しているが、この種の論理をわれわれは絶対に受け入れることはできない」と言明し、「われわれは両岸関係の安定を望んでおり、両岸双方はそれぞれに経済発展と政治改革を含む各種の改革を進めるべきである」と強調した。この言論は台湾の首脳部があらゆる機会をつかんではつねに主張していることであり、これが台湾における中華民国の政府見解となっている。

このように国民党政権下における台湾の中華民国政府も、「一つの中国」を標榜しているのであるが、この場合の「中国」とは、あくまで「双方が納得いく方法で統一されたあとの中国」をさしている。また、この「納得がいく方法」とは、決して強圧的な上位下達をつねとする共産主義や社会主義によるものではなく、「自由・民主・平等・均富」のもとにおける統一をさす。ここに北京との埋められない相違点が存在するのである。

これについて章孝厳・外交部長は一九九六年（平成八年）十二月十六日に立法院でおこなった「外交施政報告」のなかで、以下のように指摘している。

「われわれは民主と自由、平等と均富の原則下における国家統一の決意を表明しており、台湾海峡が『ゼロサム・ゲーム』の抗争状態を解除し、共に全中国人の共存共栄を創造することを望んでいる。しかし中共当局は当初より今日まで、わが国の政策を理解することは一日としてなかった。中共当局は、わが方が両者の関係を改善しようとする善意を軽視しているばかりか、両岸の経済、文化交流が日増しに緊密化している今日においてもなお、台湾への武力侵攻の意図を放棄せず、いわゆる『中華人民共和国』が全中国を代表する唯一の合法政府であって、中華民国は存在しないとの発想に固執し、かつ台湾をその一省であるとする謬論《びゅうろん》によって、わが国が各種の国際組織や国際活動に参加し、生存の場を確保しようとする外交的努力に対して絶え間ない妨害と破壊工作を進め、いたるところで、手段を選ばずわが国の国際人格を抹殺しようとしている」

このように北京への警戒を強めるなかにおいて、李登輝総統は両岸関係における中華民国・台湾の方針を「一九九七年元旦祝辞」のなかで、「われわれは『急がず忍耐強く、穏《おだ》やかに長い道程を歩む』との信念を堅持し、大陸側と建設的な対話と交流を進め、中国の未来に自由・民主・均富・統一の理想を実現しようと努力を続けている」と述べた。

台湾海峡両岸の道程は、はてしなく遠くて険しいのである。

複雑にからむ海峡両岸経済

この本質的な対立のなかに、香港税関の統計によれば一九九四年（平成六年）には延べ百二十四万人が台湾から大陸を訪問し、九五年（平成七年）には延べ百三十三万人となり、さらに九六年（平成八年）末には百五十万人に近づき、年々かずを増やしながら一九八七年（昭和六十二年）の親族訪問解禁以来九六年末までに、累積延べ九百万人が台湾から大陸を訪問している。さらに両岸における電話と手紙のやりとりは一億件を越しているのである。

海峡両岸の経済関係もますます緊密化する傾向にあり、一九九三年（平成五年）に中国大陸に投資された台湾資本は前述したが八十一億ドルに達し、また台湾の中国大陸に対する貿易依存度は、一九八九年（平成元年）

には三・二%にすぎなかったのが、一九九五年（平成七年）には九・八%に増大し、この年の中国大陸側の台湾に対する貿易依存度は六・四%となった。台湾の大陸に対する依存度の方がかなり大きく、また大陸は台湾から多額の投資を引き込んでいることになる。一九九六年（平成八年）末における台湾から大陸への投資は、すでに百五十億ドルに達している。この状況に李登輝は警戒感を示し、一九九六年（平成八年）七月に開催された第三期国民大会第一回会議において、「大陸を後背地としてアジア太平洋オペレーション・センターを建設するという論調は検討を要する」と、大陸投資規制をにおわす発言をして経済界に物議をかもし、翌八月に政府筋はその主旨を「大陸市場は確かに台湾の経済発展にとって重要ではあるが、決して『唯一の鍵』というわけではない」と説明をつけ加えた。

さらに呉伯雄・国民党秘書長は一九九六年（平成八年）九月十二日、全国経営者大会に出席し「交流は大事だが『根はあくまで台湾に』ということを忘れてはならない」と語り、「大陸投資で利益を得るのは結構だが、中共の『商を以て官に迫り、民を以て政を囲む』という策略には注意すべきだ」と呼びかけた。同二十四日には、連戦・行政院長が立法院での施政報告で同様のことを述べ、「中共当局が中華民国に対し、政治、外交、軍事の面で敵視政策をとり、圧迫しようとしている点には、何ら本質的な変化はない」と北京の覇権主義を非難している。

さらにまた、行政院大陸委員会の高孔廉・副主任委員は一九九六年（平成八年）十一月二十六日、台湾における両岸文化交流活動の関係者らと会談したおりに、「中華民国政府の大陸政策は、一つの国家に二つの対等の政治実体が存在しているという現実を踏まえ、民主・自由・均富の中国を樹立するのが目標である。それは平和的かつ段階的に進め、徐々に双方の格差を縮め、水が低きに流れるごとく自然に統一されなければならない」と語ったうえで、つぎのように述べた。

「中共は覇権主義を固持し、中華民国が存在しているという事実を軽視しており、これが両岸関係の発展を阻害し、複雑化させている。中共の台湾政策は、政治的に台湾内部を分裂させ、国際間において台湾を圧殺し、軍事的に台湾に圧力を加え、さらに経済面では大陸内部に取りこんでしまおうというものである。前三者は誰にでも容易に分かることであるが、かれらの経済政策は表面にはなかなか見えにくいものである。つまり中共は台湾企業を大陸に取りこみ、集中的に大陸へ投資させ、これをもって台湾に対する武器にしようとしているのである。台湾資本の大陸と香港に対する投資は、すでに世界からの投資の二四%に達しており、大陸のGNPの二・三六%に達し、いずれも世界第一になっているのである」

つまり台湾における中華民国政府は、北京が経済的利益をもって台湾を揺さぶりにかけることを警戒しているのである。「商を以て官に迫り、民を以て政を囲む」というのは、軍事的威嚇とともに北京の台湾に対する「統一戦線工作」の重要な一環を形成しているのである。

ハイテクアイランドの外交攻勢

もちろん、北京の台湾に対する警戒感も強い。総統選挙中の一九九六年（平成八年）三月五日、李登輝は北京の「武嚇」に対し「中共の軍事演習は、かれらの内部がまずく、制度の欠如より生じたものである」と語り、「中共が最も恐れているのは台湾の民主化である。台湾の民主化が成功したなら、大陸の十二億の人民は『おなじ中国人でありながら、台湾にできたことがなぜ大陸にできないのか』と感じるようになるからだ」と今後への自信を示した。冷戦終結後も依然として共産主義を奉じる北京が、「和平演変《わへいえんぺん》」（平和的手段による社会主義切り崩し）を警戒しているのは、報道統制をはじめインターネットやテレビ衛星放送の受信規制強化などによって、みずから告白しているところである。

同時に李登輝は大陸の現状について、「大陸の経済は台湾に学んでもいいが、経済の開放がある一定段階まで進んだあとは、もし自由がなければそれ以上の発展はしないだろう」とも語った。台湾が巨大な中国大陸に伍していく最大の武器が、経済力と政治の民主化であることは、政府当局の最も強く自覚するところである。その両輪をすでに台湾は手中にしたわけであるが、二十一世紀経済の国際競争力で主流となるコンピュータ産業においても、一九九五年（平成七年）にはハード部門生産額＝百九十七億ドル（前年比三五％増）、ソフト部門生産額＝十六億ドル（同一七％増）に達し、ノートブック型パソコンの出荷台数は二百五十九万台となって世界シェアの二八％、さらに九六年（平成八年）には三百五十万台となって世界シェア三五％を占め、やがて日本に代わって世界最大の供給地になるのではないかとみられている。ちなみに台湾製パソコン関連製品のうち、マウス、キーボード、マザーボード、スキャナー、モニターが九五年現在すでに、世界シェアの五〇％を軽く越している。近い将来、台湾が日米に次ぐ世界の半導体王国になることはほぼ確実で、それがまた台湾経済の目標でもある。九三年以降、台湾のコンピュータ産業は毎年二〇％という高成長率を示し、九五年には生産高が百三十一億ドルに達し、日米についで世界第三位となっている。

まさに国際競争力を強める「ハイテクアイランド台湾」であるが、それゆえにいっそう北京の警戒心も高まり、同時にその締め付けも強まっている。そうしたなかに台湾は総統選挙後も、経済の繁栄と政治の民主化という両輪の武器をテコに実務外交を精力的に進めている。一九九六年（平成八年）七月にはカルロス・ホンジュラス大統領、ディウフ・セネガル大統領、八月にはフェルナンデス・ドミニカ共和国大統領、カルデロン・エルサルバドル大統領が相互関係強化のため、また九月にはサマーズ米財務副長官が米台経済関係強化のため訪台した。台湾からは徐立徳行政院副院長が八月に南アフリカを、章孝厳・外交部長が八月にハイチとパラグアイを、九月にはインドネシア、マレーシアを訪問し、また連戦・副総統兼行政院長も八月に米国経由でドミニカ共和国を、そして隠密裏にウクライナとスイスを訪問した。隠密外交となったのは、事前に訪問が洩れて北京の妨害に遭うことを防ぐためである。さらに宋楚瑜・台湾省長も九月に公共建設と遺跡保護の視察という公式行事ではあるが、私人の身分でチェコとハンガリーを訪問した。

こうした外交攻勢について連戦は一九九六年（平成八年）七月二十四日、ディウフ・セネガル大統領に「中共は以前から手段をえらばず、つねに国際社会においてわが国を圧迫してきたが、そのような中にわが国は積極的に対外関係を開拓してきた。われわれには中共がいう『台湾は中共の一省だ』とする謬論《びゅうろん》を糺《ただ》すためにも、いっそうの外交活動が必要なのだ」と語り、八月二十六日には外交部に「友好国との協力関係および無国交国との実質関係を強化し、中共の妨害工作を阻止せよ」と指示している。

ポスト鄧の両岸関係に変化なし

北京は国際社会のあらゆる場において台湾を圧迫しているのであるが、南アフリカ共和国の中華人民共和国承認宣言などは、それのこの時期における最も奏功した例といえよう。マンデラ南ア大統領は一九九六年（平成八年）十一月二十七日、「一年後の一九九七年十二月三十一日をもって中華民国と断交し、一九九八年一月一日から中華人民共和国と国交を結ぶ」と発表した。南アは台湾を承認するかず少ない国のうちでの大国であり、これの台湾への衝撃は大きかった。だが南アと台湾はその後の交渉において、断交後も実質関係を維持することで合意している。また、一九九七年（平成九年）七月一日以降の香港の中国返還も、台湾にとっては国際社会における北京との競争において不安材料となっている。中華人民共和国が香港の国際的な価値を盾にとって台湾への圧迫を強化するのは、北京が当然とりうる戦術といえよう。

北京のこうした攻勢に対して台湾における中華民国は、副総統兼行政院長の連戦が一九九七年（平成九年）一月七日から同十八日まで米国経由で中米のニカラグアとヨーロッパのバチカン市国、アイルランドを訪問し、また外交部長の章孝厳がアフリカ諸国との関係強化のため、連戦の外遊とほぼ時期をおなじくした一月十二日から同三十一日まで南アフリカをふくむマラウイ、スワジランド、ガンビア、ギニアビサウ、セネガル、ブルギナファソの七カ国を訪問し、またその他の政府関係者も積極的に実務外交を展開するなどの逆攻勢を展開している。この方針についても李登輝総統は「一九九七年元旦祝辞」のなかで、「われわれは国際活動の場を継続して開拓し、積極的に国際組織に参加し、全方位的に二国間関係ならびに多国間関係を増進し、協調と互恵互助の関係を強化するよう努力していかねばならない。わが国の方策は堅実でかつ理性的であり、実務的で実行可能なものであって、文明社会共通の価値観と規範に完全に合致したものである」と表明している。章孝厳・外交部長も一九九七年（平成九年）一月三日、香港返還によって北京の台湾に対する圧力が強まるとの見通しを示し、「わが国は決して中共の陰謀を受け入れず、実務外交をさらに展開する」と言明した。

また一九九七年（平成九年）二月十九日、北京はかれらの最高指導者・鄧小平が死去したことを発表したが、翌二十日に連戦・副総統兼行政院長は「中華民国政府の民主・自由・均富および国家統一を求める政策は不変である。われわれは全力をあげて台湾海峡の安定を維持するとともに、わが政府が逐次両岸の良好な相互連動を積み上げていこうとする基本政策もまた不変である」と述べ、台湾の対大陸政策に変化のないことを表明した。さらに行政院大陸委員会の張京育・主任委員は「鄧小平の死去と毛沢東の死去には大きな相違点がある。毛沢東死去前後の大陸は激烈な権力闘争の渦中にあり、人々の生活は困苦をきわめていた。鄧小平の場合はここ数十年来の改革開放の経済政策によって人々の生活はかなり改善され、権力闘争もかつてのように先鋭化してはいない」と、ポスト鄧における大陸情勢にさしたる変化はないとの見通しを述べ、北京の対台湾政策にも「江八項目が中共当局の総合的な見解を代表するものであり、中共はこれを基礎に両岸政策を進めてくるだろう」と、そこにも変化はないとの予測を示した。

長期展望の国際組織参加活動

強まる北京の圧迫と妨害工作を打破し、国際社会における活動の場を開拓していくのが、当面における台湾の最大の外交課題である。それの最も有力な手段が実務外交であって、その一環として経済関連の国際組織、さらに国連に加盟することが、台湾外交の長期的な展望となっている。有力な国際経済組織としてはすでにアジア開発銀行（ADB）とアジア太平洋経済協力会議（APEC）の正式加盟国となっており、世界貿易組織（WTO）ではオブザーバーとなっている。だが、すでに加盟しているADBとAPECにおいても、台湾は会議のたびに北京の圧力を受けている。そうしたなかにWTOの正式加盟を勝ち取り、さらにその他の経済、環境保護、人権などの国際組織への加盟活動を実務外交によってつづけているわけだが、その成果はしだいにあらわれつつある。

一九九六年七月十八日に欧州議会（EP）が、フィンランドの議員より提出された「国際社会の中での台湾の役割に関する報告案」を通過したのなどは、その顕著な例の一つである。同決議は台湾の経済発展と民主化を高く評価し、「人権、労働、経済、環境保護、開発協力などの分野における国際組織での台湾の代表権を支持する」、「国連が専門委員会を設け、台湾が国連関連組織に参加し、活動することの可能性を検討するよう要求する」と明記している。さらにこのEPの決議を同年九月十七日、米下院が支持すると決議した。米国の世論が李登輝の訪米を実現したように、米議会のこうした動きは台湾にとって大きな励みとなっている。アジア太平洋地域においても、ＡＳＥＡＮ地域フォーラムに台湾が参加していないことの不自然さを具体的に痛感する国の増えることが予想され、日本もいつまでも北京の圧力に屈し、形骸化した対中政策に拘泥していることが許されなくなる時代がすでに来ているのである。

台湾は一九七一年（昭和四十六年）に中華民国体制に拘泥したことから国連からの脱退を余儀なくされたのだが、その後の冷戦終結という国際情勢と民主化達成という国内情勢の大変化により、一九九三年（平成五年）から新党をのぞく超党派で国連復帰あるいは参加の国際活動を始めるようになった。この活動について章孝厳・外交部長は一九九六年（平成八年）六月二十五日、就任第一回記者会見で「わが国のこれまで四年間における国連参加に関する活動状況は、私がここで数字を列挙するまでもなく、皆さまご承知のごとく支持してくれる国がますます増え、わが国に代わって発言してくれる国も増えており、この問題がすでに国際間で重視されるまでになっております」と応えている。さらに章孝厳は、台湾の国連復帰の方途について「過去四年間のなかにおいて、わが国はまだ国連に直接加盟を申請するといういかなる措置もとっておりませんが、これは国連憲章第四条に定める加盟申請の方法とまったく異なるものです。わが国は国連の総務委員会を通じて、総会のなかに『専門委員会を設置し、わが中華民国が国連のなかにいないという問題を検討することを議題として取り上げるよう要求しているのであり、これがわが国の主要な一貫した方法であります」と述べている。つまり、まず発展し民主化された台湾が存在するという現実を重視しなければならないという国際世論を高めることが、台湾の当面の作戦となっているのである。

章孝厳がいう支持国の増加とは、国連総会において台湾の国連代表権問題を議題とし、国連に専門委員会を要求する国が一九九三年（平成五年）の第四十八回総会では七カ国であったのが、第四十九回では十二カ国、

第五十回では十五カ国、そして一九九六年（平成八年）の第五十一回総会では十六カ国になったことを指している。いずれも議事運営を審議する国連一般委員会に諮《はか》られたが、安保理常任理事国である中華人民共和国の強力な握りつぶし工作により、門前払となって議題にはならなかった。だが章孝厳のいうごとく、この問題が徐々に国際間の注視を集めるようになってきているのは厳然たる事実である。なお、第五十一回総会で「一九七一年の国連第二七五八号決議（アルバニア案）が作り出した台湾における中華民国二千百三十万人が国連に参加できない特殊事情を審議する」ことを議題として取り上げ、専門小委員会を設置するよう要求した十六カ国とは、セネガル、エルサルバドル、ガンビア、ホンジュラス、スワジランド、ニカラグア、ソロモン諸島、セントビンセント、グアテマラ、セントルシア、中央アフリカ、ギニアビサウ、ブルキナファソ、ドミニカ、ドミニカ共和国、グレナダである。このように国際的な影響力をもつ国はまだ含まれていないのだが、台湾にとっての国連参加問題とは、日本が運動している安保理常任理事国入りよりも、国家の生存をかけた何倍も深刻な問題なのである。

世界に向けた台湾の主張

国連事務局は一九九六年（平成八年）七月二十四日、この十六カ国提案の内容を公表したが、それまさに台湾の主張を台湾に代わって表明するものであった。同案はその提案理由をつぎのようにいう。

「台湾における中華民国と大陸における中華人民共和国は、二つの異なる政治実体を形成しており、台湾における中華民国の主権は、すでに一九九六年三月の総統直接選挙によって認定されるところとなった。中華人民共和国は昨年（一九九五年）六月以来、台湾に対して一連のミサイル演習をおこない、アジア太平洋地域の平和と安定に脅威を与えた。これにより、第五十一回国連総会の臨時議案として、台湾における中華民国の二千百三十万人が国連活動に参加できなくなっている特殊状況を討議するよう要求する。台湾における中華民国は安定した民主制度と活力ある経済実体を保持しており、国連に参加して国際社会の恩恵を受けるべきである。二七五八号決議は台湾住民が国際政治、経済、文化活動に参加する権利を阻害している。これは国連が一九四八年に普遍的な人類の権利に対しておこなった宣言に違反するものである。国連はこれらの状況に注目し、東西ドイツ、南北朝鮮の並行承認の例を考慮すべきである」

つまり、一九七一年（昭和四十六年）に通過したアルバニア案による二七五八号決議は、中国大陸十二億人の国連代表権問題は解決したが、台湾二千百三十万人の権利は解決しておらず、これに検討を加えて大陸の中華人民共和国と台湾の中華民国の並行代表権を認めよと主張しているのである。もちろん北京はこれを台北当局の「祖国分裂行動」、「台湾独立運動」だとして、猛然と圧しつぶそうとしている。これについて章孝厳外交部長はハイチ、パラグアイ訪問の途次、一九九六年（平成八年）八月五日にロサンゼルスを通過したさい、『ボイス・オブ・アメリカ』のインタビューを受け、つぎのように語った。

「中華民国が国連参加活動を推進するなかに、中国大陸を刺激する意思はなく、まして大陸の現有議席に挑戦するものでもない。主要な目的は、国際組織のなかで台湾二千百三十万人の基本的権利が軽視されているばかりか、否定さえされているという、非常に不合理で、かつ不公平で、さらに国際正義にもまったく合わない現象を全世界に知ってもらうためである。もし、国連参加が独立を意味するなら、中国大陸が一九七一年に国連に加盟したのも独立を意味するというのだろうか？　かれらの独立が国連加盟によって確認されたのだろうか？　東西ドイツは一九七三年に国連に加盟し、十八年間の努力をへて一九九一年ついに統一を達成した。国連参加が統一に抵触するものではなく、逆に統一に有益となることは、すでに歴史が証明しているところである」

以上が台湾における中華民国の政府見解であるが、これをさらに明確にするため、外交部は一九九六年八月二十一日、要旨つぎのような六項目の理由書を世界に向け発信した。

一、中華民国台湾地区は五十年の努力により、経済の繁栄と政治の民主化を達成し、とくに今年(一九九六年)三月には総統直接選挙を実施して確たる民主社会になるなど、国家的事情がすでに一九七一年の国連脱退時の状況とは大いに異なる。

二、一九七一年の第二十六回総会第二七五八号決議は、原加盟国の中華民国を排除したが、中華民国政府管轄下の国民が国際機構に加盟する権利を剥奪されたままであるのは、現実に符合しない。

三、中国が分裂・分治の状況になってからすでに五十年が経過するが、統一後に「一つの中国」になるのであって、それは「中華人民共和国」とは異なる中国であり、このため国連の加盟国普遍化の原則および並行代表権の形式により、中華民国二千百三十万人の権利は回復されるべきである。

四、中華民国は国連脱退後も国際経済、災害救助、発展途上国支援などで大きな国際貢献をしている。

五、海峡両岸の並行加盟は、統一問題の最終的平和解決に有益であり、衝突を事前に防ぐ措置として、ガリ事務総長の提示する「予防外交」の精神にも合致する。

六、中華民国が国連参加を推進する目的は、台湾地区二千百三十万人の基本的権利と国連における適切な代表権を求め、かつ将来の統一を希求するところにあり、中国大陸の現有議席に挑戦するものではない。

つまり、アルバニア案の通過は冷戦構造下における時代的産物であり、今日のポスト冷戦では国際協調と平和競争が時代の主流となっており、かつての産物は時代のながれにそって見直されるべきだというのが基調となっている。

その潮流を背景に台湾が国連に加わるのは、新党をのぞく台湾の与野党および官民の一致した願望となっているが、以上に述べたのは現政府における主張であり、野党陣営にはこれとは異なる方法論もみられる。東西ドイツの例は加盟時すでに百カ国以上が双方を承認しており、南北朝鮮の場合も八十七カ国が双方を承認しており、したがって東西ドイツと南北朝鮮の例は台湾と大陸の例には当てはまらないとして、あくまで「一つの台湾、一つの中国」として加盟を申請せよという意見である。いわゆる台湾独立論を基調としたもので、政府のいう「統一」をうたった上での再加盟ではなく、「台湾」としての新規加盟であり、国際社会に「台湾の主権はすでに独立している」という現実重視を求めることによって北京の反対を押さえるという論法である。これを支持する声も多いが、政府のいう二七五八号決議の見直し、つまり専門委員会の設置によってそこでの検討をまち、未解決の「台湾代表権」の審議を要求するという方策なら安保理をとおす必要もなく、北京による拒否権の行使も免れ、現実的であるとする国民の意見も少なくない。

こうした再加盟論と新規加盟論は、双方ともに異なった将来の台湾のあり方を基調としており、両者の隔たりは大きい。いわゆる「統独論争」(統一か独立かの論争)であるが、すくなくとも国連加盟運動でこの方面に関する一つの国民的コンセンサスを得るのが、これからの台湾内部における大きな課題となっている。いずれにせよ、やがて得たコンセンサスによって台湾がその主張を世界に展開し、理解を求める場面において、経済の繁栄と政治の民主化が最大の武器になることは疑いのないところである。

「国是会議」から「国家発展会議」へ

ともかく台湾が北京の執拗な圧力や分断工作をはね返して世界に伍していくためには、一般の民主主義国家以上に民意を反映し、かつ国民のコンセンサスを強固にした秩序ある国家にならなければならない。この意味において、一九九〇年（平成二年）に開催された「国是会議」は、国民の声を背景に旧来の権威体制から脱却し民主化を猛然と進めるテコとなった。その当時はまだ民意を反映しない「万年議員」が存在しており、そこに「国是会議」招集の意義があったわけだが、李登輝は国会が台湾の民意を反映したものに改組され、正副総統の直接選挙が実施されたあとにおいても、国民のいっそうのコンセンサスを構築するため、一九九六年（平成八年）一月二十二日、台北市内での講演会において「憲政改革には多くの苦しみをともない、全国民が参加しなければならないものである」と述べ、「第九代総統に就任したあとは、憲政改革を施政の中心に据えるとともに『国是会議』を招集し、各方面の意見を集め、憲政改革の壁を打破したい」と、ふたたび類似の「会議」を招集する構想を明らかにした。これが同年三月の正副総統直接選挙における李登輝・連戦陣営の選挙公約ともなった。

総統選挙が終わり、李登輝の続投が決まって正式に第九代総統に就任したあと、この構想は具体的に動きはじめ、同年六月にはその招集がすでに九〇年の「国是会議」の時代とは社会的背景が異なるところから、「国家発展会議」へと名称が変更された。さらに当初は与野党が対立するのではなくコンセンサスを得るのが中心になる会議と目されていたのが、準備が進むにつれて範囲が拡大され、連戦・副総統兼行政院長を招集人（議長）として政界・財界・官界・学界・言論界などすべてを網羅する官民合同の大規模なものとなった。十一月には参加者の人選も終わり、たとえば政党代表では国民党十三人、民進党十人、新党七人、無所属二人といったように政界での現有勢力を基礎に参加者が配分され、その他の代表も一方にかたよらない配慮がなされた。参加者総勢は政党代表四十二人、民意代表三十七人、行政府代表三十三人、学者・専門家・その他の有識者五十七人で構成される百七十八人（議長を含む）となった。当然ながらそれら「国家発展会議」への参加者がすべて各界各層を代表する人物であり、マスコミは各準備会議なども詳細に報じ、多くの国民の目はそこでどのようなコンセンサスが得られるかに集中した。

李登輝は早くから「国家発展会議」で得られたコンセンサスを、前回の「国是会議」同様に法的強制力はないものの、国民の最大公約数的総意として「今後の政策に反映させ、早期実現を図る」ことを国民に約束した。そして準備会議のひとつに出席したおり、この会議を「正副総統を国民の直接選挙によって選出した台湾がすでに新たな段階の国家建設に入り、そこにおいて如何にして国家発展の総合的な力を結集し、国家発展の新局面を開くかといった非常に重要な会議である」と位置づけた。

その「国家発展会議」は一九九六年（平成八年）十二月二十三日から二十八日まで、この会議の副招集人となった総統府秘書長の黄昆輝、国民党立法委員の蕭萬長、民進党立法委員の張俊宏らを進行役として台北国際会議センターで開催され、討議は「憲政体制および政党政治」、「両岸関係」、「経済発展」の三部会に分かれておこなわれた。

「国家発展会議」で得られたコンセンサス

会議は一週間の討議をへて「憲政体制および政党政治」では二十二項目、「両岸関係」では三十六項目、「経済発展」では百三十四項目、総計百九十二項目にわたるコンセンサスが得られた。おもな内容はつぎのとおりである。

憲政体制および政党政治

▼中央政府関連

国会発展会議の開幕式（1996年12月23日）で祝辞を述べる李登輝総統。
右は連戦副総統兼行政院長

総統の行政院長任命については立法院の同意を必要としない。

総統は必要に応じて立法院（国会）の解散を行使でき、行政院長（首相）は立法院（国会）の解散を総統に請求でき、立法院は行政院長に不信任案を提示することができる。

行政審査権は立法院に属する。

立法院は正副総統に対する弾劾権を有する。

次期国民大会代表の選挙を凍結する。

▼地方自治関連

台湾省政府の権限と組織の簡素化推進のため専門委員会を設置するとともに、次期台湾省長ならびに省議会議員の選挙を凍結する。

県と市に副県長、副市長を設置して県と市の自治権を拡大する。

▼選挙制度関連

国民大会代表の定数削減を進めるとともに、その選出は政党比例制とし、任期は現行の四年とする。

立法委員の定数は国民大会代表と省議会議員の変動に照らし、必要に応じて二百ないし二百五十名（現行は選挙区百六十四名、比例代表三十六名、計二百名）とし、任期は四年とする（現行は三年）。

中央民意代表（立法委員）選挙は選挙区および比例代表区の二票制とする。

▼政党政治関連

党営事業体は寡占的事業、公共事業、および大陸投資に従事してはならず、政府関連事業の一般入札に参加できない。

国庫による政党助成金は、各政党の政策研究および人材育成を中心とする。政党は司法に関与することはできず、司法関係者は政党を離れなければならない。

両岸関係

両岸関係はそれぞれの主要な議題について討議され、以下のコンセンサスを得た。

▼議題：両岸の相互連動に対する政策と原則

国内各層の両岸関係に対する意見を集約してコンセンサスを確立するとともに、政府の両岸関係における重要政策決定に際しては、野党および具体性のある各種民間有識者の参与を強化する。大陸政策決定に対する監督・諮問機関の設置を総統に建議する。

この議題の討議においては、一九四九年に共産党政府が樹立されてから、海峡両岸に二つの対等の政治実体が並立するようになったという現実、ならびに大陸政策と外交政策は別個のものではなく、唇歯輔車の関係にあるということが、とくに強調された。

▼議題：両岸交渉の基本問題

民間において「両岸フォーラム」の設立を推進し、具体性のある両岸有識者が個人の身分をもって両岸問題の平和解決を討議する。

辜汪会談を推進し、台湾と香港の新関係、両岸の世界貿易機関加入に関する相関問題、両岸の平和的相互連動関係の樹立を主な議題とする。

両岸関係における紛争点の処理については、歴史および政治的現実を十分に尊重し、両岸が適宜な時期に平和協定の締結に関する協議を開始する。両岸交渉は国内のコンセンサスを基礎とし、権限を付与された機関が国会の監督下におこなう。

▼議題：対外関係と両岸関係の相互連動

ここでは再度、中華民国は一つの主権国家であり、生存と発展を求めるため積極的に対外活動を推進し、国際活動の場を拡大しなければならないことが強調された。同時に、台湾は「中華人民共和国」の一部分ではなく、北京が主張している「一国二制度」の方式で両岸問題を処理することに反対するとの方針が再確認された。

▼議題：香港・マカオでの人権等を擁護する政策

九七年、九九年以降も香港・マカオで自由経済体制と高度の自治が維持されるとの前提下に、この両地区はその他の大陸地区と異なる特別区域とみなす。

中華民国政府は北京が香港とマカオを接収したあと、適宜な時期に声明を発表し、香港・マカオの自由、人権、繁栄、安定に関心を持っていることを表明する。また政府は香港とマカオの状況について、国会に定期的に報告しなければならない。

政府は香港・マカオにおける中華民国国民の権利と利益について北京と交渉するとともに、香港・マカオにおける中華民国国民に対するサービス業務を強化し、また状況に応じて香港・マカオに駐在機関を置かなければならない。

台湾と香港との航空および船舶の航路について、九七年七月以降も直航路線として維持するとともに「特殊航路」として位置づけ、その処理は国際航路に準拠する。

経済発展

「経済発展」については、「台湾の永続的な発展」を主目標とし、各界から財政、経済政策などについて多くの議題が提示され、最多である百三十四項目にわたる具体的なコンセンサスが得られた。

▼政府財政の改善

中央政府の予算は二〇〇一年度に収支のバランスを回復することを目標とし、国債を逐次減少させる。

公共投資の増減は財政計画と効率面から検討する。

軍事教官費用、民意代表および政府高官の免税措置などを取り消す。

「財政収支区分法」を早期に改正し、地方財政の改善を促進するとともに、営業税は国税となして中央が全額を地方に配分する。

早期に地方税法の立法化を図り、地方財源を拡大して地方財政の自主性を高める。

▼インフラ建設と民間の参加促進と国営企業の民営化

インフラ建設は地域のバランスがとれた発展を目標とし、かつ民間の投資を奨励する。

エネルギー関連の台湾電力公司と中国石油公司の独立採算性あるいは事業分割を実施し、民営化移行を加速する。

その他の公営事業の民営化については、五年以内の完成を目標とし、達成できなかった場合は、責任者の更迭、あるいは交替を管轄機関に勧告する。

▼金融の自由化と国際化の強化

金融の自由化と国際化を促進、強化するための超党派による専門委員会を設けて関連機関と協議し、その完全な自由化と国際化を西暦二〇〇〇年までに達成する。

▼行政効率の向上と立法の迅速化

行政効率を高めるため、「小さくて能率のよい」新政府を樹立する。

立法および法修正を迅速におこなうため、年間百項目の議案通過を目標とする。

▼環境保護の強化

都市部の下水道整備を加速するとともに、産業廃棄物の処理施設の建設および監督を強化する。

コンセンサスの実現に向けて発進

実現にはほとんどが法改正を必要とするものであり、憲法そのものを改正しなければならないものも少なくない。そこに李登輝のいう「憲政改革」の意義がある。また、会議においてつぎつぎとコンセンサスが成立していくなか、その内容に不満をもった新党の代表団が「国家発展会議は六年前の国是会議の焼き直しで両岸関係も経済課題もおなじことの繰り返しにすぎない」として、閉会前日の十二月二十七日に退場するという一幕があった。これは後日、退場した代表団が新党内部においても批判され、党の内紛を表面化させるところとなった。

各コンセンサスのなかで最も国民の話題を呼んだのは、以前から論議の沸騰していた台湾省政府の凍結を明確に打ち出したことである。これは台湾における中華民国行政機構の憲法改正を基礎とした大改造を意味するものであるが、現任の台湾省長である宋楚瑜が十二月三十一日に「初代民選省長として、みずからの手で省凍結の作業に着手するのは耐えられない」として辞意を表明し、一九九七年（平成九年）一月一日から数日すがたをくらますという事件が発生した。これには李登輝も連戦もあわて、「これは制度の問題で人の問題ではない」と懸命な慰留工作をおこない、宋楚瑜は一月二十一日に「辞意は変わらない」としたうえで「省の業務停滞は望まない。辞任が認められるまで」と職務に復帰した。この一連のなかで、次期総統選挙をめぐって宋楚瑜は連戦のライバルとみられていたことから、観測筋は「国家発展会議」が「省凍結」を打ち出した時点で宋楚瑜の芽はなくなったと判断したものだが、辞表提示によって同情が集まり、宋の国民的人気は逆に高まった。また、この「省凍結」指向に関して北京が「台湾独立につながるもの」として批判の「文攻」を展開したが、これに対して連戦は一九九七年（平成九年）二月一日、「この問題について北京に発言する権利はない」と一蹴し、「行政組織の簡素化は絶対必要である」と強調した。

李登輝総統は会議終了翌々日の十二月三十日に「国家発展会議で得たコンセンサスを政策に反映し具体化するよう希望する。それが国家発展の契機になる」と改めて表明し、「総統府に国家発展諮問機構を設立する」との構想を明らかにし、黄昆輝・総統府秘書長がさっそく一九九七年（平成九年）一月四日、今後とも十分な討議を必要とする「憲政体制と政党政治」および「両岸関係」に関する諮問機関を、「総統府内に早急に開設する」と表明した。すでに分かるとおり、「国家発展会議」で得られたコンセンサスには「省凍結」以外にも、「国民大会代表選挙の凍結」など変則的な二院制から立法府スリム化の一院制に移行するという直接的な憲法改正につながる項目が多く、民進党は一九九七年（平成九年）一月五日から、国民党は一月七日から、それぞれ党所属の国民大会代表による検討会の逐次開催に入り、両党とも改憲に向け始動した。しかしその一方、新党は依然「国家発展会議」のコンセンサスへの反対を唱えており、憲法改正に向かって動きはじめた国民党と民進党においても「党営事業」の問題などに関して対立点がないわけではない。だが李登輝は二月一日に「国家発展会議」のコンセンサスについて「今年が開始の重要な年になる」と改めて決意を述べ、さらに憲法改正完了の時期を「一九九七年七月まで」とするタイム・テーブルまで表明した。この改憲を目的とした国民大会は九七年五月上旬から召集されて討議に入り、さらに改憲作業の終了をまって、連戦副総統は兼任している行政院長からの辞任を表明しているところから、七月には新内閣が誕生する。

すでに「国是会議」を民主化へのテコとしてそれを実現しており、そしてまた「国家発展会議」でのコンセンサスを具体化したなら、台湾は世界に向かってそこに住む国民の総意としての自己のすがたを明確にあらわすことになり、同時にそれは、国際社会における台湾の地位のあり方をみずから示し、それの基礎を確たるものにしたことになる。そこにいたるまで、台湾内部にまだ多くの陣痛をともない、外部（北京）からの妨害工作や圧迫もあろうが、それを克服するのもまた台湾内部のコンセンサス（団結）の強弱如何にかかっていよう。日本と一衣帯水の関係にある台湾は、新たな国際社会における新たな自己の体制に向け、まだ「静かなる革命」の進行中なのである。

あとがき

ポスト冷戦における国際的な新語で、最も歓迎すべきものは〝サイレント・レボリューション〟ではなかろうか。つまり「静かなる革命」だが、一滴の血も流さず、社会的混乱もなく粛々と、しかも短期間で権威主義から民主への体制変革を成し遂げた国は、人類史上おそらく台湾の中華民国以外にはないであろう。この意味からも台湾を知ることの重要性が感じられるのだが、ましてそこは日本にとって一衣帯水の国であり、経済的にも安全保障の面においても非常に重要な地域であり、積極的に見つめ研究しなければならない対象となっていることは論をまたない。たとえば今日（平成八年）、台湾は日本にとって第四番目の貿易相手国であり、日本の経済や外交にとって最も重要なアメリカから見た場合でも、そこは第八番目の貿易相手国なのだ。ましてシーレーンを含む地理的な面における台湾の日本に対する重要性は、地図を開ければ一目瞭然であろう。その台湾が戦後の一時期、日本のマスコミ界から忽然と消えたことがある。無論それは、日本のマスコミ界の多くが特定のイデオロギーによって、中華人民共和国の北京におもねることを「日中友好」だと錯覚し、故意に台湾を各種メディアから隠蔽していたための現象であるが、その所作はまさしく現実をみずから忌避し、それによって日本の自主性を喪失し、日本国民から「知る権利」を奪ってしまっていたという愚行でしかなかった。国際社会においてそうした変則的行為を繰り返しながらも、日本の社会が安泰であり得たのは、冷戦構造における日米安保条約の保護下にあったからにほかならない。しかしポスト冷戦を迎えた一九九〇年代の世界は大きく変化し、日本は日本自身の手で国際社会に伍し、現実を踏まえた観点から自己を主張しなければならなくなってきている。自己を喪失し現実から逃避した建前論の先行は、国家的責任論からも、もう許されないのである。

このことから、日本にとって重要な地位を占める台湾が、ポスト冷戦においてかなりマスコミに登場するようになったのは喜ばしいことである。だがそれは、多くのマスコミがかつての愚行に気づいたからではなく、やはり「台湾報道」といえばまだ大陸の「中国」を主体とし、国際関係においてそこに付属しているかあるいは相対している「台湾」としての観点からのみ見ている色彩が濃い。もちろんそうした観点も無意味とは言えないが、それはあくまでも数ある観点のなかの一つにすぎない。台湾には台湾として独立した主権を持つ、独自の立場と尊厳が確としてある。したがって日本から台湾を見る場合、まずその対象を視点の中心に据え、そして日本にとっての台湾、国際社会における主体性を持った台湾という観点から見つめなければならない。そうでなければ事象の本質を見失い、国際社会における日本の立場をも喪失することになってしまう。もしそれを依然として「日中友好」にマイナスだと言う人がいるなら、その人はいまだに世界の変化を理解せず、無意識のうちに日米安保という安全地帯にひたったままの非自主的で消極的な国際感覚から抜け切れていない人と言わねばならない。とくに一九九〇年代における台湾の変化と地位ならびに実力向上というものは、日本にとってことさら現実重視の目をもって見つめなければならないものとなっているのだ。

積極的に、ある国もしくはある地域のあり方を理解するには、いくぶん回り道のように見えるかもしれないが、やはりその国その地域の一貫した歴史から見つめることが必要であり、かつその観点は、基礎知識として客観的なものでなければならないと私は思っている。この意味において、台湾に関してこれまで史書登場の時代から清朝までのもの、あるいは日本統治時代のものと、断片的な書を上梓してきたが、やはり古代の石器時代から二十世紀末の民主化にいたるまでの台湾の全史を一冊の本にまとめ上げるのが、私の長年の夢となっていた。既刊の弊書について、ある研究者から「あなたの本は淡々と書きすぎている。自己の主張がない」と批判されたことがある。非常に嬉しかった。これこそ歴史を書く上において、私が最も主張したい立脚点だったからである。今回もそれを忠実に守ったつもりである。したがって本書は、一定のイデオロギーによるある種の啓蒙や宣伝といおうか、そうした政治的な主張を目的としたものではなく、あくまでも台湾を知る上においての基礎を形成するものとして、「台湾」そのものの営みを「淡々と」書き著わしたものである。このため本書の内容について、もの足りなさ、あるいは一定の立場からみた場合の不満をお感じになる方もおられると思う。私はそうあって欲しいと願っている。それが歴史の書き方だと確信しているからである。

末筆になったが、本書の出版にこころよく相談に乗って下さった原書房の成瀬恭氏、奈良原真紀夫氏、成瀬雅人氏、また常に励ましてくれた日台双方の研究者仲間、また台北駐日経済文化代表処の方々、それに統計資料の件で何度も手を煩わせた日華資料センターの黄東生さん、陰に陽に力となってくれた『中華週報』スタッフの玉置充子さん、慶田桃子さんらに、心より感謝の意を表明したい。本書が日本における台湾研究の不備を埋める一端になってくれたなら、この上ない喜びである。

平成九年五月一日　埼玉県新座市の寓居にて

喜安 幸夫

台湾史年表

西暦	台湾	世界
前四、三世紀	東部に旧石器時代	日本、縄文時代
前三、二世紀	中・南部に新石器時代	日本、弥生時代 世界四大文明栄える
一、二世紀	「後漢書」に台湾を夷洲として記述？	倭の奴の国王、後漢に遣使
三世紀	「三国志」に再度、夷洲として記述	卑弥呼、帯方郡に遣使
四世紀	沈瑩「臨海水土志」で夷洲を紹介。台湾はまだ新石器時代	このころ大和朝廷、日本をほぼ統一
六〇七年	「隋書」に流求として記述、何蛮が流求を探索	
六一〇年	隋の陳稜、澎湖島を経て流求に遠征	日本、遣隋使派遣（六〇七）
八二〇年	唐の施肩吾、澎湖島に移住	日本、平安京遷都（七九四）
一二三五年	宋の「諸蕃志」に澎湖島、流求が記載。南部のビシャヤ人が大陸沿岸を荒らす このころ「元史・外国列伝」に瑠求として記述	日本、鎌倉開府（一一九二） フビライ即位（一二七一）、日本に元冦（一二七四、八一）
一二九二年	元、瑠求（台湾）に第一次遠征	元、ジャワ侵攻（一二九三）
一二九七年	元、瑠求（台湾）に第二次遠征	マルコポーロ「東方見聞録」
一三四九年	汪大淵、澎湖島と台湾を探検	このころ倭冦の活動始まる 元滅び、明建国（一三六八）
一四三〇年	明の鄭和、艦隊率いて台湾に至る	ヨーロッパ、大航海時代へ
一五六三年	明の兪大猷、林道乾を追って澎湖島に至る 林道乾、鹿耳門に入る	このころポルトガル人が台湾をイラー・フォルモサと命名
一五八〇年	曽一本、澎湖島に拠る	朱印船貿易開始（一五八八）
一五九三年	豊臣秀吉、原田孫七郎を〝高山国〟に遣わす	
一五九七年	明、澎湖島に常備軍おく	蘭、東インド会社設立（一六〇二） 徳川幕府開設（一六〇三）

西暦	台湾	世界
一六一五年	村山等安の台湾遠征艦隊、途中で遭難	大阪夏の陣
一六二二年	オランダ艦隊、澎湖島を占拠	
一六二四年	顔思斉、南部に入植（八月） オランダ人、澎湖島を撤退し南部に入植（十月）	鄭成功、平戸に生まれる
一六二五年	顔思斉死し鄭芝龍首領となり、福建の飢民を招致 （このころ、漢・日・蘭共存時代）	
一六二六年	スペイン人、北部に入植（五月）	長崎、踏絵始まる
一六二八年	浜田弥兵衛、台南人質事件でノイツを拘引（四月）	日蘭断交 鄭芝龍、明に投降
一六二九年	スペイン人、滬尾（淡水）にサン・ドミンゴ城着工	
一六三〇年	一鯤身島（台南安平）のゼーランジャ城完成	浜田事件解決し、日蘭復交（一六三二） 徳川幕府、鎖国完成（一六三九）
一六四三年	オランダ艦隊、サン・ドミンゴ城を攻撃。スペイン人、台湾撤退（九月） インドから黄牛輸入 カラスミの生産始まる	清建国（一六四四） 鄭芝龍、清に投降（一六四六）
一六五〇年	赤嵌（台南）のプロビデンジャ城完成	鄭成功、明再興のため日本に乞師派遣（一六四八）
一六五二年	郭懐一の乱（八月）	鄭成功、台湾海峡封鎖 鄭成功、金陵（南京）の戦で敗走（一六五八）
一六六一年	鄭成功軍、南部に上陸（四月） オランダ人、台湾撤退（十二月）	清、第一次遷海令発布
一六六二年	鄭成功急死（五月）、鄭経立つ（十月）	

一六六五年	台南孔子廟建立	
一六七五年	このころより陳永華、台湾開発に乗り出す 英、台江内岸（台南）に商館設置	清、呉三桂の乱（一六七三）
一六八〇年	陳永華死す	鄭経、大陸の沿岸基地すべて失う（一六七九）
一六八一年	鄭経死し、鄭家内紛始まる	
一六八三年	清の施琅、南部に進攻し鄭氏政権滅ぶ（八月）	
一六八四年	施琅、清廷の台湾放棄論を諫止、一府三県制を敷き福建省に隷属せしむ（五月） 〝三禁の制〟敷くも守られず 台湾府（台南）に天后宮（媽祖廟）建立	英、名誉革命（一六八八） 清、ロシアとネルチンスク条約締結（一六八九）
一六九四年	笨港（北港）に天妃宮（媽祖廟）建立。 このころ笨港全盛	このころロシア人、カムチャツカに入植
一六九六年	呉球の乱（七月） このころより漢人による北部の開拓始まる	清、広東貿易をイギリスに許す（一六九九）
一七〇一年	劉却の乱（十二月）	このころ日本、元禄時代
一七〇九年	陳頼章ら台北盆地に入植	近松門左衛門「国性爺合戦」初演（一七一五）
一七二一年	朱一貫の乱（四月）	享保の改革（一七一六）
一七二二年	蕃地入山禁止令公布	
一七二九年	〝三禁の制〟と蕃地入山禁止令を再公布	清、ロシアとキャフタ条約締結（一七二七）
一七三二年	呉福生の乱（三月） 〝三禁の制〟緩和	
一七三八年	艋舺（台北万華）に龍山寺建立、艋舺栄え始める	仏、モンテスキュー「法の精神」（一七四八）
一七六〇年	このころより鹿仔港（鹿港）全盛期に入る 〝三禁の制〟全面解除、渡航自由化	仏、ルソー「民約論」
一七七〇年	黄教の乱（十月）	米、独立宣言（一七七五）
一七八二年	中部で漳泉系の分類械闘起こる	寛政の改革（一七八七）
一七八六年	林爽文の乱（十一月） このころより艋舺全盛期に入る	フランス革命（一七八九）
一八〇八年	中部で漳泉系の分類械闘再度発生	徳川幕府、異国船打払い令出す（一八二五）
一八〇九年	艋舺で漳泉系の分類械闘。破れた泉州系、宜蘭地方に入植	
一八四一年	鶏籠（基隆）砲台、英艦を撃退（九、十月） 台北盆地で福建広東系の分類械闘。敗れた広東系、中壢方面に入植	アヘン戦争（一八四〇～四二） 天保の改革（一八四一）
一八四二年	彰化沿岸で英船アン号撃退（三月）	清、イギリスと南京条約締結（八月）
一八四四年	台北盆地で漳泉系の分類械闘。破れた漳州系、板橋方面に入植	太平天国の乱（一八五〇～六四）
一八五三年	艋舺で漳泉系の分類械闘。破れた漳州系、大料崁と大稲埕に入植	英、清に台湾の開港を要求（一八五一）
一八五四年	ペリー艦隊の一部、北部に来航し石炭探査（六月）	米使ペリー、浦賀に来航（一八五三） アロー号事件（一八五六）
一八五八年	清、英仏と天津条約結び安平、淡水を開港（六月） このころより大稲埕全盛期に向かう	清、ロシアとアイグン条約締結
一八六二年	英、淡水に領事館開設、各国これに続く このころより洋薬（アヘン）の流入激増	同治中興、洋務運動（一八六四～七四）
一八六五年	宜蘭地方で西皮福禄の分類械闘	
一八六七年	ローバー号事件発生（三月）	明治維新（一八六八）
一八六九年	南部の酋長トーキトク、米領事リゼンドルと海難救助条約締結（十月）	スエズ運河開通
一八七〇年	キャンベル、南部で布教始める	
一八七一年	マッケー、北部で布教始める 牡丹社事件発生（十一月）	朝鮮、排外鎖国を宣布
一八七四年	西郷従道、牡丹社を征討（五月） 宜蘭地方で再度西皮福禄の分類械闘発生し、小競り合い十年に及ぶ	
一八七五年	沈葆禎、弁理台湾海防事務就任（三月）、台湾の積極的開発始まる このころより政治・経済の中心が北部	西南の役（一八七七） 清、ロシアとイリ条約締結（一八八一）

一八八二年	に移る 台北城完成（着工は八〇年）	仏、ベトナムを保護国化
一八八四年	劉銘伝、督弁台湾軍務に就任（六月） フランス軍、基隆に上陸（八月）し全台湾を封鎖（十月）	劉永福、ベトナムで善戦 清仏戦争（一八八四～八五）
一八八五年	フランス軍、澎湖島占領（三月） 天津条約締結により、フランス撤退完了（八月）	
一八八六年	台湾府、台湾省に昇格し劉銘伝が初代巡撫に就任（一月）	英、ビルマ併合
一八八七年	基隆―新竹間鉄道着工（六月、完成は九三年十一月） 台湾省の首府、台南から台中へ移動 このころより各種産業改革軌道に乗り、大稲埕がその中心地となる	仏、インドシナ併合
一八八八年	大陸、南洋航路開設 台湾―大陸間海底電線開通 台北に電灯つく	大日本帝国憲法発布（一八八九）
一八九一年	台北が台湾省の首府となる（一月） 劉銘伝離任、邵友濂後任となり諸改革を改廃す（五月）	露、シベリア鉄道着工
一八九四年	唐景崧、巡撫に就任。劉永福、防衛の任に就く（五月）	日清戦争（一八九四～九五）
一八九五年	日本軍、澎湖島に上陸（三・二三）。下関条約により清、台湾・澎湖島を日本に割譲（四・一七）。樺山資紀、初代台湾総督拝命（五・一〇）。台湾民主国樹立（五・二五）近衛師団澳底上陸（五・二九）。総督府、台北で始政式（六・一七）。北白川宮能久親王、台南に歿す（一〇・二八）。総督府、全島平定と発表（一一・一八）。陳秋菊ら台北城包囲（一二・三一）	三国干渉発生（四・二三） 興中会の広州蜂起失敗（十月） 孫文、日本に亡命（十一月）
一八九六年	法律第六三号公布（三・三〇）。乃木希典総督着任（一一・一七）	孫文、ロンドンで監禁される（十月）
一八九七年	台湾住民の国籍選択決定最終期限日（五・八）	独、膠州湾占領（十一月）
一八九八年	乃木更迭、児玉源太郎総督・後藤新平民政長官着任（三・二八）。保甲条例公布（八・三一）。臨時台湾土地調査局発足（九・一）。台湾銀行営業開始（九・二六）。匪徒刑罰令施行（一一・五）	露、旅順・大連占領（三月） 仏、広州湾占領（四月） 英、九竜半島占領（六月） 清、変法自強宣言（六月） 清、戊戌の政変（九月）
一九〇一年	臨時台湾旧慣調査会規則布告（一〇・二五）	
一九〇二年	林少猫討伐終了（五月）	日英同盟締結（一月）
一九〇四年	貨幣制度改革（七月）	日露戦争発生（二月）
一九〇五年	土地調査終了（三・三一）。本年度より中央政府の補助金辞退（四・一）。南北縦貫鉄道開通（五・一五）	日露講和条約調印（九月）
一九〇七年	北埔事件（一一・一五）	辛亥革命（一九一一）
一九一二年	林圮埔事件（三・二三）。土庫事件（六・二七）	中華民国建国（一月）
一九一三年	羅福星事件発覚（十月）	第二革命失敗、孫文台湾に亡命（八月）
一九一四年	板垣退助訪台し同化会組織（一二・二〇）	第一次世界大戦発生（～一九一八）
一九一五年	同化会解散（二・二六）。西来庵事件発生（八・三）	日、対華二十一カ条要求（五月）
一九一九年	田健治郎、初代文官総督就任（一〇・一九）	朝鮮三・一事件（三月） 中国五・四運動（五月）
一九二〇年	在京台湾人学生、新民会結成（三月）	国際連盟成立（一月）
一九二一年	帝国議会に第一回台湾議会設置請願書提出（一・三〇）。台湾文化協会結成（一〇・一七）	中国共産党成立（八月）
一九二三年	皇太子裕仁摂政宮（昭和天皇）台湾ご視察（四・一六）	関東大震災（九月） 孫文、北伐決定（十月）
一九二六年	台湾農民組合結成（六月）	蔣介石、北伐開始（七月）

一九二七年	台湾文化協会分裂（一・三〇）。台湾民衆党結成（七・一〇）	蒋介石、反共クーデターにより国民政府樹立（七月）
一九二八年	台北帝国大学開校（三・一七）	
一九三〇年	台湾民衆党分裂し台湾地方自治連盟結成（一月）。霧社事件（一〇・二七）	
一九三一年	台湾民衆党解散（二・一九）	満州事変発生（九月）
一九三四年	台湾議会設置運動停止（九・二）	
一九三五年	台湾地方自治制実施（四・一）	
一九三六年	総督武官制復活し、小林躋造総督就任（九月）	二・二六事件（二月） 西安事件（十二月）
一九三七年	皇民化運動推進さる（四月）。台湾地方自治連盟解散（八月）	日華事変始まる（七月）
一九四〇年	改姓名運動起こる（二・一一）	第二次世界大戦発生（一九三九）
一九四一年	皇民奉公会成立（四・一九）。高砂義勇兵、比島戦線に出撃（十二月）	独ソ開戦（六月） 大東亜戦争発生（十二月）
一九四二年	陸軍特別志願兵制実施（四・一）	ミッドウェー海戦（六月）
一九四三年	六年制義務教育実施（四・一） 海軍特別志願兵制実施（七・一）	ガダルカナル撤退 カイロ会談（十一月）
一九四四年	台湾人への徴兵制実施（九・二四）	米軍レイテ島上陸（十月）
一九四五年	林献堂ら貴族院議員に勅選（四・四） 台湾省行政長官公署、台北に開設（一〇・五）。国府軍台湾上陸（一〇・一七）。陳儀長官着台（一〇・二四）。安藤総督と陳儀長官、受降式（一〇・二五）。このころから食糧不足、物価高騰始まる。総督府機関と日本資産の接収開始（一一・一）。日本人帰国開始（一二・二五）	鈴木貫太郎内閣成立（四月） 日本ポツダム宣言受諾、終戦（八月） 国際連合成立（十月） 中国内戦始まる（十一月）
一九四七年	二・二八事件発生（二・二八）。国府増援軍上陸開始（三・八）。陳儀免官（四・二二）	中国共産党軍、総反攻宣言（九月）
一九四八年	収購大中戸余糧政策開始（七・三〇）。動員戡乱時期臨時条款施行（五・一〇）	朝鮮、南北に分裂（九月） 国連世界人権宣言発表（十二月）

一九四九年	三七五減租実施（四月）。戒厳令施行（五・二〇）。新台幣発行（六・一五）。	米、中国白書発表（八月） 中華人民共和国成立（十月）
一九五〇年	国府、台北遷都（一二・九） 臨時条款自動延長（五・二〇）。陳儀銃殺（六・一八）	米、台湾海峡不介入を声明（一月）。朝鮮動乱発生、米第七艦隊、台湾海峡に出動（六月）
一九五一年	華米共同防衛相互援助協定調印（二・一〇）。公地放領実施（六・二九）	サンフランシスコ対日講和条約、日米安全保障条約調印（九月）
一九五二年	日華平和条約調印（四・二八）。蒋経国、中国青年反共救国団設立（一〇・三一）	米、台湾中立化解除（二月）
一九五三年	耕者有其田条例施行（一・二六）	朝鮮休戦協定調印（七月）
一九五四年	華米共同防衛条約調印（一二・三）	周恩来・ネール平和五原則声明（六月）。北京、台湾解放宣言（八月）
一九五五年	華僑帰国投資条例施行（一一・一九）	バンドン会議、平和十原則発表（四月）
一九五六年	廖文毅ら東京で台湾共和国臨時政府樹立を声明（二・二八）	日本、国連に加盟（十二月）
一九五八年	金門島砲撃戦（八・二三〜一〇・二四）。蒋介石・ダレス共同声明、武力大陸反攻を否定（一〇・二三）	長崎国旗事件（五月） 北京、奇数日金門島砲撃を発表（一〇・二五）
一九六〇年	『台湾青年』東京で創刊（四・一〇）。雷震事件（九・四）。投資奨励条例施行（九・一〇）	日本、安保闘争激化（六月）
一九六一年	蘇東啓事件（九・一九）	
一九六二年	廖文毅事件（一月）	米、キューバ封鎖（十月）
一九六四年	吉田茂元首相、特使として訪台（二・二三）。彭明敏事件（九・二〇）	周鴻慶事件で日台関係悪化（一月）。北京、第一回原爆実験（十月）。東京オリンピック（十月）
一九六五年	蒋経国、国防部長就任（一・一三）。日本と円借款協定調印（四・二六）。米援	日韓基本条約調印（六月）。インドネシアで九・三〇事件

	打ち切り（七・一）。高雄加工輸出区投資受付開始（七月）	（九月）。中国大陸で文化大革命拡大示す（十一月）
一九六七年	国家安全会議と国家安全局設立（二・一）。九カ年国民義務教育実施綱要公布（八・一五）、次年度より実施	
一九六八年	林水泉事件（八月）	
一九七〇年	台湾独立連盟発足（一・一五）。蒋経国、ニューヨークで台独派に狙撃される（四・二四）	
一九七一年	国連脱退（一〇・二五）	中華人民共和国、国連加盟（一〇・二五）
一九七二年	蒋経国、行政院長に就任（六・一）。日華平和条約破棄（九・二九）。日本の交流協会、台湾の亜東関係協会発足（一二・二）	ニクソン訪中、米中上海共同コミュニケ発表（二月）
一九七三年	十大建設計画発表（十一月）	
一九七五年	蒋介石死去（四・五）、厳家淦総統就任（四・六）。蒋経国は国民党主席に当選（四・二八）。白雅燦事件（十月）	サイゴン陥落、米軍ベトナムから完全撤退（四月）
一九七七年	中壢事件（一一・一九）	
一九七八年	蒋経国が総統に就任（三・二一）、謝東閔が台湾人初の副総統に当選（三・二二）。李登輝、台北市長に就任（六・九）。十二項目建設計画始動（七月）	日中平和友好条約調印（八月）
一九七九年	米国と断交（一・一）。余登発事件（一・二一）。桃園国際空港開港（二・二六）。高雄事件（一二・一〇）	米中国交樹立（一・一）。米、台湾関係法制定（六・一二）
一九八〇年	北回り鉄道開通（二・一）。林義雄家族殺害事件（二・二八）。新竹科学工業園区操業開始（一二・一五）	イラン・イラク戦争（九月）
一九八一年	陳文成事件（七・二）。李登輝、台湾省主席に就任（十二月）	
一九八四年	李登輝、副総統に当選（三・二二）。江南事件（一〇・一五）	中英が香港返還協定に調印（十二月）
一九八五年	蒋経国「蒋家から総統後継者出さない」と言明（一二・二五）	レーガン米大統領、台湾に民主化勧告（八・一七）
一九八六年	民主進歩党結成（九・二八）	
一九八七年	二・二八事件和平日促進会結成、台湾で初の二・二八事件記念集会（二・二八）。鄭南榕、台湾で初の公然たる台湾独立主張（四・一八）。戒厳令解除、国家安全法施行（七・一五）。中国大陸への親族訪問解禁（一一・二）	米、モンゴル承認（一月）
一九八八年	報禁解除（一・一）。蒋経国死去し李登輝が総統継承（一・一三）。五・二〇事件（五・二〇）。李登輝、国民党主席に当選（七・七）	韓国、中国旅行解禁（十月）
一九八九年	党禁解除（一・二〇）。李登輝、シンガポール訪問（三・六）。鄭南榕、台独主張し焼身自殺（四・七）。北京でのアジア開発銀行年次総会に財政部長出席（五・四）。李登輝、実務外交推進宣言（六・三）	中国国務院、台湾弁公室開設（一月） 北京、天安門事件（六月） ベルリンの壁崩壊（十一月）
一九九〇年	国民党中央常務委、李登輝を第八代総統候補に決定（一・三一）。このころより国民党の主流派と反主流派の対立表面化。立法院で初の二・二八事件犠牲者へ黙禱（二・二八）。大規模学生運動発生（三月）。李登輝、総統に再選（三・二一）。国是会議を招集（六・二八）。総統府に国家統一委員会発足（一〇・七）。行政院大陸委員会発足（一〇・一七）	ソ連、ゴルバチョフが初代大統領に就任（六月）
一九九一年	財団法人海峡交流基金会発足（一一・二八）。国家統一綱領発表（一一・二三）。動員戡乱時期終了と動員戡乱時期臨時条款の廃止を宣言（五・一）。国家建設六カ年計画始動（七・一）。行政院新聞局『ニュー	湾岸戦争（一月） ワルシャワ条約機構解体（七月） ソ連邦解体（十二月） 北京、海峡両岸関係協会成

	ヨーク・タイムズ」に中国と台湾の二重承認を歓迎する意見広告掲載(八・八)。民進党、台湾独立を党綱領に入れる(一〇・一三)。「中華台北」の名でAPEC加盟(一一・一二)。南回り鉄道開通、台湾一周鉄道完成(一二・一六)。第二期国民大会代表選挙・初の全面改選(一二・二一)。第一期国民大会代表、立法委員全員退職(一二・三一)	立(十二月) 欧州連合(EU)発足(十二月)
一九九二年	刑法一〇〇条改正(五・一六)。亜東関係協会駐日弁事処が台北駐日経済文化代表処に改名(五・二〇)。国家安全法改正、警備総司令部廃止(八・一)。第二期立法委員選挙・初の全面改選(一二・一九)	韓国、北京と国交樹立し台湾と断交(八月) ベトナムのドイモイ(刷新)加速(九月)
一九九三年	郝柏村、行政院長辞任(二・四)。連戦、行政院長に就任(二・二七)。シンガポールで辜汪会談(四・二七)。国連参加めざす全国各界支援行動委員会発足(六・二五)。新党結成(八・一〇)。連戦、シンガポールとマレーシア訪問へ(一二・三〇)	日本、自民党単独内閣崩壊し細川連立内閣成立(八月)
一九九四年	連戦、中米四カ国訪問(一・二四)。李登輝、フィリピン、インドネシア、タイ訪問へ(二・九)。国民党中央常務委が二月二十八日を国定記念日に決定(三・三〇)。浙江省で千島湖事件(三・三一)。李登輝、中米とアフリカの四カ国訪問へ(五・四)。国民大会、総統直接選挙へ憲法改正(七・二九)。李登輝の広島アジア大会出席問題起こる(九月)。台湾省長、台北市長、高雄市長選挙(一二・三)。アジア太平洋オペレーション・センター計画始動(一二・三〇)	欧州議会発足(六月) 米、台湾との交流拡大を表明(九月) ペニャ米運輸長官台湾訪問(十二月)
一九九五年	台北新公園に二・二八事件慰霊碑落成(二・二八)。江八項目提案に対する李六項目提案発表(四・八)。李登輝訪米へ(六・七)、米コーネル大学で講演(六・九)。連戦、オーストリアとチェコ訪問へ(六・一五)。李登輝、国民党大会で第九代総統公認候補に当選、翌日連戦を副総統候補に指名(八・二一)。李登輝のAPEC大阪会議出席問題起こる(九月)。第三期立法委員選挙(一二・二)	江沢民、台湾に対する八項目提案発表(一月) 米上下両院、李登輝の訪米案採択(五月) 北京の「文攻武嚇」始まる(七月)
一九九六年	第九代正副総統直接選挙公示(二・一四)。正副総統選挙実施、李登輝が最初の民選総統に(三・二三)。正副総統就任式(五・二〇)。連戦、ドミニカ共和国、ウクライナ、スイス訪問へ(八・一二)。国連参加要求の六項目理由書発表(八・二一)。建国党結成(一〇・六)。副総統、行政院長兼任の是非を問う大法官会議開始(一〇・一六)。辜振甫、張京育らアジア・オープン・フォーラム参加のため日本訪問へ(一〇・二五)。省政府凍結案が立法院に提出(一一・四)。マンデラ南ア大統領、一年後の対台断交を発表(一一・二七)。国家発展会議を招集(一二・二三)。大法院、副総統と行政院長の兼任問題への憲法判断示す(一二・三一)	北京の「文攻武嚇」激化し米が台湾近海に二組の空母艦隊派遣(三月) 欧州議会が台湾の国際組織参加支持を決議(七月) 米下院が台湾の国際組織参加支持を決議(七月) 国連事務局、台湾の国連参加支持の十六カ国共同提案の内容発表(七月) APECマニラ会議開催(十一月)
一九九七年	連戦、ニカラグア、バチカン市国、アイルランド訪問へ(一・七)。章孝厳、南アを含むアフリカ七カ国訪問へ(一・一二)。台湾首脳部、鄧後の両岸関係に変化なしとの見通し発表(二・二〇)。ダライ・ラマ法王、台湾を訪問(三・二二) 連戦、行政院長辞任を表明(五・一二)	クリントン米大統領就任式(一月) アジア欧州首脳会議(ASEM)第一回外相会議シンガポールで開催(二月) 北京、鄧小平の死去を発表(二月)

主な参考文献

臺灣史事概說　郭　廷以　正中書局
臺灣開發史　程　大學　臺灣省政府新聞處
台灣地名沿革　洪　敏麟　臺灣省政府新聞處
中國近代史　王　儀　台灣文源書局
中國外交史　傅　啓學　三民書局
台灣人四百年史　史　明　音羽書房
台灣文化志　伊能嘉矩　刀江書院
台　湾　王　育徳　弘文堂
台　湾　戴　國煇　岩波新書
台　湾　伊藤　潔　中公新書
李登輝伝　伊藤　潔　文藝春秋
臺灣鐵道讀本　渡部慶之進　春秋社
台湾民主国の研究　黄　昭堂　東京大学出版会
日本統治下の台湾　許　世楷　東京大学出版会
台湾総督府警察沿革誌　台湾総督府警務局
台湾匪乱小史　台湾総督府法務部
台湾匪史　秋沢次郎　杉田書店
後藤新平　鶴見祐輔　後藤新平伯伝記編纂会
南進台湾史攷　井出季和太　誠美書閣
帝国主義下の台湾　矢内原忠雄　岩波書店
植民政策下の台湾　山川　均　勁草書房
台湾の霧社事件　森田俊介　伸共社
憤怒的台湾　荘　嘉農　智源書局
台湾終戦秘史　富沢　繁　いずみ出版

梅と桜　林　金莖　サンケイ出版
日華風雲の七十年　張　群　サンケイ出版
蔣経国伝　小谷豪治郎　プレジデント社
素顔の中華民国　小谷豪治郎　早稲田出版
台湾今と昔　松村源太郎　時事通信社
中国人の視座から　許　介鱗　そしえて
戦後台湾史記　許　介鱗　文英堂出版社
孫文から李登輝へ　宇野精一編　早稲田出版
中華民国の奇跡　邵　玉銘　早稲田出版
素顔の台湾　岩野　弘　勁文社
台湾・爆発力の秘密　黄　昭堂　祥伝社
台湾をみつめる眼　中川昌郎　現代アジア叢書
台湾に革命が起きる日　鈴木　明　リクルート出版
台湾二千万人の選択　張　茂森　面影橋出版
台湾の戦略　張　茂森　DHC
台湾の前途　小林　進　サイマル出版会
台湾の挑戦　早瀬武俊　日刊工業新聞
台湾の四十年　高希均・李誠　連合出版
台湾経済のすべて　矢島鈞次　日本経済通信社
台湾紀行　司馬遼太郎　朝日新聞社
中国人の偽善台湾人の怨念　黄　文雄　光文社
台湾経験と冷戦後のアジア　井尻秀憲　勁草書房
転換期の台湾　若林正丈　田畑書店
台湾がめざす未来　李　登輝　柏書房
静かなる革命　中華民国行政院新聞局発行
新聞＝中国時報、聯合報、中央日報など
週刊誌＝中華週報

人名索引

あ

明石元二郎……119
安藤貞美……119
安藤総督……150
安藤利吉……145,148

い

池田勇人首相……181,186
石塚総督……136,141
板垣退助……54,85,117
伊藤博文……65,99
井上馨……54
岩倉具視……54

う

ウィルソン……237

え

袁世凱……111

お

王育徳……156
王育霖……157
汪希苓……198
王建煊……239,243,278
王清峰……278,282,287
汪大淵…… 4
汪道涵……242
王敏川……126
翁翌皇……23
大久保利通……54
大隈重信……54,95
太田政弘……141
大平正芳……255
岡村寧次……146
オデル……237

か

何応欽……146
郭雨新……172
郭懐一……25
郝柏村……212,216,219,222,225,232,240,243,245,277,280,282,285,287
葛敬恩……146
桂太郎……79,95,99
樺山資紀……54,65,69
何斌……25,29,35
簡義……79,82
顔思斉……22,24

き

季騏光……24
北白川宮（能久親王）……65,77
キッシンジャー……188
魏廷朝……173
魏道明……157,159
キャンプベッド……237
邱逢甲……66,70
許信良……194,224,235,278
許水徳……236,241,281
清瀬一郎……123
許孚遠…… 6

く

クリントン……258
グルフィス……237

け

ケネディ……179,206
厳家淦……169,212,220

こ

コイエット……29,31
黄義徳……69
高玉樹……172,224,278
高孔廉……299
黄国鎮……79
黄昆輝……318
黄信介……197,214,224

黄大洲……262
江沢民……253,267,268,280
江南……198
河野洋平……255
黄文雄……193
江丙坤……254,279
江鵬堅……206,214
胡嘉猷……77
呉球……41
辜顕栄……71,75,82,119
呉国楨……169
呉三連……172
胡志強……271
呉春発……197
辜振甫……242,279
児玉源太郎（総督）……82,86～87,99
ゴ・チョクトン……246～247,280
後藤新平……86～87,93,99～100,118
呉敦義……262
呉伯雄……299
小林躋造……143
ゴルバチョフ……248

さ

西園寺公望……99
蔡恵如……122～123
西郷隆盛……53
西郷従道……54,95
蔡清琳……108
蔡培火……119,121,123,126,129
蔡璧煌……295
佐久間左馬太……99
左宗棠……55
サッチャー……237

し

重光葵……145
施肩吾…… 5
ジスカールデスタン……237
司馬遼太郎……251
渋沢栄一……54
施明徳……197,260
ジャガリシグリ・ブンケツ……54
謝雪紅……127,155
謝聡敏……173
謝長廷……278,283,285,287
謝東閔……203
朱一貴……42～43
周恩来……177,188
周書楷……188
周桃源……123
周彬文……173
朱高正……261,295
シュミット……237
シュワルツシリング……237
蒋渭水……123,126～127,129
蒋介石……146,154,159,161,164,166～167,179,186,192,212,215
蒋経国……159,168,170,173,175,192,194,198～199,203,206,209,211～212,215,218,220
蒋彦士……222,224
章孝厳……297,301,303,305,307
蒋孝武……198
蕭萬長……246
蕭万長……268
邵有濂……64
徐立徳……254,301
ジョンソン……237
施琅……35,37

す

末次平蔵……20
スカルノ……178
スハルト……247,280

せ

西太后……61
銭其琛……255
銭復……244,247

そ

宋心濂……212,215,241
宋楚瑜……216,219,261,302,317
宋美齢……213
副島種臣……53～54

曽国藩……55
蘇東啓……172
ソラーズ……206
ソンク……20
孫文……111
孫明賢……279
孫立人……169,175

た

タイモ・ワリス……140
高野孟矩……80,85
田川七郎左衛門……23
田川大吉郎……123
田口卯吉……85
タダオ・ノーカン……135
タダオ・モーナ……135
田中角栄……189
田中正造……85
ダレス……179

ち

近松門左衛門……27
張火炉……112
張京育……303
張之洞……65
張俊宏……197
張俊雄……262
趙少康……239,243,262
陳阿英……112
陳永華……29,33,35
陳菊……197
陳儀……146,152,154,157,167
陳啓礼……198
陳秋菊……77,84,90
沈昌煥……215
陳水扁……262
陳星聚……57
陳誠……159,169
陳定南……261
陳哲雄……239
陳文成……198
沈葆楨……54～55,57
陳履安……277,282,287

て

鄭経……34
鄭自才……193
鄭襲……34
鄭芝龍……23～25,27
鄭成功……23,27～28,31～33
鄭南榕……206,209,217
鄭浪平……259
田健二郎……120

と

唐景崧……64,66,69～70,77
鄧小平……303
トーキトク……53～54
徳川家光……13
豊臣秀吉…… 9
トルーマン……174

な

長藤史郎……238
納屋助左衛門……10
南居易……12

に

ニクソン……188～189

ね

ネール……178
練山春樹……148

の

ノイツ……21
乃木希典（総督）……74～75,82～83,85,87

は

パークス……51
バークレイ……75
白雅燦……173
浜田弥兵衛……20
原田喜右衛門…… 9
原田孫七郎…… 9

ひ

ピホ・サッポ……134
ヒルズ……237～238

ふ

ファーガソン……75
福田赳夫……237
伏見宮……75
ブッシュ……259
フビライ…… 3
プミポン……247
ブランディーニ……237
ブリジンスキー……297

へ

ベーカー……259
ペーニャ……259
ペリー……51～52

ほ

房金炎……261
彭百顕……293
彭明敏……173,232,278,283,285,287,293
星亨……95
ボルキア……280

ま

マカウスキ……270
マッカーサー……145
松方正義……95
マハティール……246,280
マンデラ……302

み

水野遵……81,85

む

陸奥宗光……65
村山富市……254,280

め

メレマン……237

も

毛高文……222
毛沢東……166,303
毛昶熙……54
モーナ・テワス……137
モーナ・ペッカオ……135
モーナ・ルーダオ……135

や

山県有朋……53,95,99

ゆ

湯阿根……262
尤清……218,278
兪国華……212,216,218
兪大猶…… 7

よ

姚瑩……49
姚嘉文……197,210,212,214,224
葉菊蘭……217
楊岐珍……65,67
煬帝…… 2
楊宝発……296
吉田茂……175,186
吉村巡査……135
余清芳……113
余陳月瑛……197,206,224
余登発……197,206

ら

雷震……172
頼来……112
ラウレンス……21
羅福星……111
ラモス……247,280

り

リー・クァンユー……247

李煥……212,219,222
李元簇……215,219,247,248
李鴻章……55,57～58,61,65
李瑞環……284
リゼンドル……52,54
李宗仁……159
李鎮源……293
李登輝……193，203，212，214～215，218,220～222,227～228,230,232～233,240～241,244～245,247,249,251，253，264，268～269，271，273，275，277，279～280，283～284，287，289，291，294，296，299～300，303～304,310,317
李鵬……284
劉永福……65,68,74
劉乾……110
劉却……41
劉銘伝……58,60～62
劉和謙……241
梁啓超……111,117
廖文毅……156,172
李阿斉……112
林火旺……89
林義雄……197,278
林金茎……279
林献堂……111,117,121,123,126,148,163
林宏宣……197
林少猫……89
林振国……279
林水泉……173
林爽文……42～43
林則徐……49,55
林濁水……235,295
林朝棟……66
林呈禄……122～123
林道乾…… 7
林豊正……295
林熊徴……125
林洋港……203,218,220,222,243,277,282,285,287
林李成……77,84

る

ルーズベルト……146

れ

レーガン……199,205,206
レッド・ウッド……237
連温卿……126
連戦……240，246，260，265，268，273，277,283,285,287,291,299,301,303,310,317

ろ

ロード……258
ロカール……237
呂秀蓮……197
ロッジ……270

わ

ワリス・ブネ……136

事項索引

あ

アーマド……253
隘勇……108
隘勇線……131,136
浅野セメント……127
アジア開発銀行……304
アジア大会……253
アジア太平洋オペレーション・センター……227,265,290
アジア太平洋経済協力会議……216,254,304
アジア太平洋地域……305
アジアＮＩＥＳ……201
ＡＳＥＡＮ地域フォーラム……255,305
亜東関係協会東京弁事処……236
亜東関係協会……189
アヘン戦争……49,51
阿片令……93
アメリカ……51
阿里山鉄道……105
アルバニア案……187,241
アロー号事件……51
安全・繁栄・進歩・改革……238
安全保障理事会……177
安平古堡……13
安平鎮……32
安保理常任理事国……306

い

イギリス……49,51
異国船打払令……49
夷洲…… 2
一国二制度……268,296
一中一台……284
一府・二笨・三艋舺……47
一府・二鹿・三艋舺……46
以党治国……150,167
イペリット弾……139

う

運命共同体……293
雲林騒乱事件……79
雲林の虐殺……81,88

え

ＡＰＥＣ大阪会議……275,279
ＡＰＥＣ非公式首脳会談……279
円借款……181

お

欧州議会……304
澳底湾……69
大阪商船……125
億載金城……56
屋上屋……167
オランダ人……10,15,17～18
オリンピック評議会……253

か

海外経済協力発展資金……241
海峡交流基金会……229,242,249
海峡両岸関係協会……229,242
海峡両岸問題……296
海峡両岸……298
戒厳令解除要求……207
戒厳令……154,159～162,167,209
外交施政報告……297
外国人投資条例……180
開山王……33
介寿路……264
外省人保守派……232
外省人……148,151,153,156,193,212,214,236,252
開漳聖王廟……44
海瑞号……249
改姓名奨励……143
開台聖王……33
外来政権……170,239,252

カイロ会談……146
カイロ宣言……146
化外の民……54
化外の地……52,56
科学工業園区……201
華僑帰国投資条例……180
隠れ台独派……252,294
加工出口区設置管理条例……182
加工輸出区……181
華南商業銀行……149
カラスミ……18
監察委員……158,164
監察院……164
漢人移住民……24
関税貿易一般協定……216
広東兵……69

き

基隆……52,59
逆重要事項指定案……188
休暇外交……246,247
旧慣調査……93
義勇軍……72,74,77,84
教育改革……253,265,290
共産党軍……159
行政院……164
行政改革……290
行政効率……265
郷土教育……253
京都大学農学部……193
僑務委員会……164
宜蘭線……106
偽倭……7,8
緊急命令……161
金権外交……243
近代税制……97
金馬撤兵論……260
金門島……28,164,177～178

く

空母インディペンデンス……286
鶏籠……18,49,51
軍事三分、政治七分……179,190
軍事調査統計局……170
軍部大臣現役武官制……129,143

け

経済奇跡……183
経済建設四カ年計画……179,186
警察沿革史……72,84
啓発会……119,121
警備総司令部……155,198
凱達格蘭（ケタガラン）大道……264
権威主義……208,219
権威体制……310
建国会……293
建国党……293
元史世宗本紀……3
原子力空母ニミッツ……286
憲政改革……290,317

こ

五・一九緑色行動……207
公医診療所……133
公医制度……94
考試院……164
耕者有其田……163
恒春……33,52,56,89
公地放領……163
江八項目……304
江八項目提案……268
光復……263
光復節……148
皇民奉公会……143
公民連署……277,282
工友総連盟……127
交流協会……189
辜汪会談……242
コーネル大学……269,271
後漢書……2
国語伝習所……94
国際経済合作発展委員会……181
国際的孤立化……193
国姓爺……27
国姓爺合戦……27
国是会議……221～222,224～225,230,

310,317
国籍選択……83
国土の分裂……210
国父遺教……253
国防部総政治部……168
国民改革……214
国民精神総動員運動……143
国民政府……146,157,159,174
国民大会……161
国民大会全面改選……234
国民大会代表……158,164
国民党……170,212,214,217～218,221,224,229,233,238,243～244,260～261,277,280,288,291,295
国民党外来政権……245
国民党主流派……232～234,240,243,278
国民党政権……146,179
国民党反主流派……232～233,239,243,245,252,259,273～274,276
国連加盟運動……309
国連参加……242～243,307
国連参加活動……242
国連参加問題……306
国連第二七五八号決議……306
国連代表権問題……305,307
国連脱退……204
国連復帰……241,305
五権憲法……164
戸籍調査令……91
五大改革……289,294
五大共通認識……289
五大発展……289
児玉・後藤体制……95,98
国家安全会議……170,230
国家安全局……170,230
国家安全法……210
国家建設六カ年計画……225,237,265
国家総動員法……143
国家統一……297
国家統一委員会……228
国家統一綱領……229
国家発展会議……296,310,317
国家発展諮問機構……318
黒旗軍……65,68
黒旗兵……73,74
国共内戦……167
五・二〇農民デモ……214
近衛師団……65,69,72,74,76,94
滬尾……10,18
混成第七旅団……78
建立新国家陣線……293

さ

財政改革……290
西来庵事件……113
三禁の制……38～39,56
三国干渉……66
散財旅行……243
サン・サルバドル城……18
三七五減租……163
三段警備……82,89
三貂角……18
三通……228
サン・ドミンゴ城……18
三年官、二年満……41
三年小反、五年大反……43
三不政策……228
サンフランシスコ対日講和条約……175
三民主義による中国統一……191
三和銀行……96

し

ＣＩＳ諸国……237
静かなる革命……225,265,318
実務外交……215,243,246
実務関係……258
司法院……164
司法改革……265,290
下関講和条約……65
下関条約……83
朱印船……９,19
収購大中戸余糧……162～163
周鴻慶亡命事件……186
自由時代……209,217
十七大王……79,82,84

集集線……105
終戦五十周年……263
「終戦五十周年」式典……276
十大建設……183,189,193,199
自由中国……172,178
十二項目建設計画……199,201
十二虎……80,84
自由・民主・均富・統一……298
自由・民主・平等・均富……297
十四項目建設計画……202～203
十六カ国提案……306
粛奸工作……155
粛貧行動方案……291
主流派……219～220,239
彰化県誌……46
彰化商業銀行……149
蒋経国伝……198
蒋家王朝……169
省県自治法……261
漳州……27
漳州系……43
省政府凍結案……295
省政府名目残置論……294
省長、二大市長選挙……261
承天府……32
省凍結……317
植民政策下の台湾……107
初代民選総統……280
諸蕃志……5
諸羅山……24
シラヤ族……16
自立自強……179
新阿片令……128
辛亥革命……111
新華社……250,252,267,273
新教育令……121
新公園……263
親族訪問……210
親族訪問解禁……228,298
新台幣……152
新台湾人……275
新中原樹立……264～265
新潮流系……234
新党……243,245,252,259～261,273～274,276,278,280～281,288,291,295
清仏戦争……58
新民会……121
人民中国……186
人民日報……273
新四頭立馬車……241
真倭……7～8

す

隋書・琉求国……2
鈴木商店……97
スペイン人……10,18

せ

青果同業組合……124
清郷工作……155
政治工作幹部学校……168
政治実体……231,299,306
征台の役……76
製糖取締規則……125
正副総統直接選挙……277
生命共同体……264,274
西門町……58
ゼーランジャ城……13,16～17,19,26,29～30,32
世界貿易組織……304
セッカム……30
赤嵌……14
浙江省公安庁……250
ゼロサム・ゲーム……297
一九九五閏八月……259
全国各界国連加盟支援行動委員会……241
全国青年団結促進会……173
全国大衆党……140
泉州……27
泉州系……43
先住民……236
全省処理委員会……154
千島湖……249
千島湖事件……250～251
専売局製塩所……97

選票比飛弾強……287

そ

壮敬自強、処変不驚……189
相互連動……303
壮丁団……92
総統直接選挙……259,274,306
総督武官制……119～120,130
総督府……73,79～80,83,87～89,91～92,97,106～108,112,115,118,124～125,132,145,151
総督府警務局……134
賊船停止令……9,22
祖国分裂……297
組織犯罪防止条例……290

た

打鼓……9
打狗……9
ターヤン……16
タイアン……16
第一次世界大戦……113
タイウァン……16
大料坩……72
台江水道……31
台江……14,19
大政翼賛会……143
大台湾経営……264～265
台中加工輸出区……182
大中華思想……260
台中……61
大東亜戦争……141,144
台東線……106
大稲埕……47,57,62,153
対等の政治実体……296
台東……61
台独条項……234～235
台独の同調者……232
第七艦隊……174～175
台南……46,61
台南府……61
第二師団……74,75
対日貿易赤字……181,256
大日本塩業株式会社……97
大日本製糖……97
第二霧社事件……140～141
大坌坑（集落）文化……1
大平山鉄道……106
大法官会議……292
台北……56
台北医学校……118
台北城……57～58,60,62,78
台北市……58
台北遷都……160
台北・高雄両市長……261
台北駐日経済文化代表処……236,279
台北駐米経済文化代表処……258
台北府……56～57
大陸委員会……228
大陸投資規制……299
大陸反攻……160,162,164,170,174,179
大陸反攻無暴論……178
台湾海峡の中立化……174
台湾海峡不介入……174
台湾街庄制……129
台湾確定債務問題……144
台湾から来た総統……215
台湾関係法……190,258
台湾化……193,245,252
台湾議会期成同盟会……124
台湾議会設置運動……122
台湾教育令……120
台湾共産党……127
台湾共和国……235
台湾共和国憲法草案……217
台湾共和国憲法……293
台湾共和国樹立……235,238
台湾共和国臨時政府……156
台湾銀行……96,102,107,144,149,152
台湾経験……274
台湾警備総司令部……146,149
台湾県志……39
台湾鉱業規則……83
台湾光復五十周年……263,275
台湾再解放同盟……156

台湾事業公債法……95
台湾市制……129
台湾主権基金会……146
台湾省行政長官公署……149
台湾省行政長官公署組織大綱……146
台湾省……60,294
台湾省主席……261
台湾省政府……317
台湾人解放運動……122
台湾人権促進会……232
台湾人皇民化運動……143
台湾人寿保険公司……149
台湾人民自救宣言……173
台湾新民報……122
台湾製塩株式会社……97
台湾青果株式会社……125
台湾政治受難者聯宜総会……210
台湾製糖株式会社……97
台湾製糖業公司……149
台湾青年社……156
台湾青年……122,156,171
台湾製脳株式会社……97
台湾整備「二十年計画」……95
台湾総督府……71,85,144,149
台湾総督……65
台湾第一商業銀行……149
台湾代表権……309
台湾地方自治連盟……129
台湾通志……68
台湾電力公司……149
台湾同化会……117
台湾独立……156,209～210,214,217,
235,260,284,293
台湾独立聯盟……157
台湾独立論……309
台湾土地銀行……149
台湾における中華民国……242,273
台湾農民組合……126
台湾の天安門事件……222
台湾の同胞に告ぐるの書……228
台湾万税……97
台湾府誌……46
台湾文化協会……123
台湾府……37～40,45～46,50～53,56,
58,60～61
台湾・澎湖・金門・馬祖……231
台湾民衆党……127,139
台湾民主化促進委員会……206
台湾民主決議案……207
台湾民主国……68～69
台湾民主独立党……156
台湾民報……122
台員……16
大湾……16～17,24,37,187,242
高雄…… 9
高雄加工輸出区……182
高雄事件……195,214
打狗……56
高砂…… 9
高砂義勇兵……141,144
高砂族……130
高山国…… 9
拓殖務省……78
嘸吧哖 ……115
淡水線……105

ち

竹聯幇……198
中央改造委員会……168
中央研究院……293
中央党部調査局……170
中華人民共和国……258,297
中華台北……216
中華民国……187,242,259,273,297
中華民国行政機構……317
中華民国憲法……152,158,164
中華民国政府……160,164,175,188
中華民国総統……215
中華民国体制……164,166,209,215,
231,305
中華民国台湾省……146
中華民国と国連……241
中共……187
中国……187
中国塩業公司……149
中国共産党……127,166

中国銀行券制度……152
中国国民党……166～167
中国国民党総裁弁公庁……159
中国青年党……166
中国青年反共救国団……168
中国造船公司……149
中国代表権問題……187
中国統一……210,229,260
中国白書……174
中国は一つ……244
中国民主社会党……166
中国民主党……172
中産階級意識……217
中正紀念堂広場……221,223
中壢事件 ……194～195,201,207
長官公署……151
懲治反乱条例……230,232
潮州線……106
朝鮮休戦協定……175
朝鮮動乱……174
朝天宮……48
直轄市自治法……261

て

天津条約……51～52
伝染病予防規則……94
天地会……42
天妃宮……48

と

同意権法案……291
島夷誌略…… 4
統一戦線工作……210,300
統一促進派……285
動員戡乱時期……160,205,217,230～232
動員戡乱時期人民団体組織法……216～217
動員戡乱時期入国検査条例……209
動員戡乱時期臨時条款……158,220,230
党営企業……167
党外公職人員公共政策研究会……205
党外雑誌作家編集者聯誼会……205
党外年末選挙中央後援会……206
党禁……162,205,209,217
東西ドイツ……307
投資奨励条例……180～181
統独問題……210
統独論争……260,309
毒ガス……139
特種党部……167
特別志願兵制……144
特務機関……215
土匪……79,81～82,88～89,93,101,249
土匪帰順政策……82
土匪招降策……88,91

な

長崎代官……20
長浜郷…… 1
長浜文化…… 1
南京条約……51
南向政策……246
楠梓加工輸出区……182
南北縦貫鉄道……96,101,104,110
南北朝鮮……307

に

ニクソン・ショック……188
二十一県市……165
「二重承認」政策……233
日米安保……175
日露開戦……98
日露戦争……95,99,144
日華平和条約締結……179
日華平和条約……175
日清戦争……64～65,76
日中共同声明……189,255
日中新聞記者交換……187
日中貿易促進決議……186
日中友好……187
二・二八事件……153,157,162
二・二八事件賠償条例……243
二・二八事件和平日促進会……208

二・二八処理委員会……154
二・二八和平公園……263
日本勧業銀行……96
日本乞師……34
日本語普及……143
日本樟脳株式会社……97
日本郵船……125

の

農民啓蒙活動……126

は

廃省論……294
ハイテクアイランド台湾……301
白色テロ……171,197
覇権主義……285
馬祖島……164,177～178
バタビア城日誌……15～16
八二三砲戦……178
八部二会……164
八仙洞…… 1
破氷の旅……247
バルチック艦隊……99,102
艋舺……46,56～57,62
万華……46,58
反主流派……219,220,239,244,278
蕃地交易所……137
蕃地駐在所……136
蕃地療養所……133
蕃童教育所……132
蕃童公学校……132
バンドン会議……178
万暦実録…… 8

ひ

東インド会社……10,17
匪徒刑罰令……109
一つの台湾、一つの中国……260,309
一つの中国……260,296
一つの中国、一つの台湾……233,238,
242,296
廟小菩薩大……165
廟小菩薩多……165
平戸商館……22
美麗島……196
美麗島系……234
美麗島事件……196

ふ

武官総督制……143
福州……27
布袋嘴……74
二つの中国……233,242,284,296
復興基地建設……179
ブラック・リスト……232
フランス……51,58
プロビデンジャ城……14,16～17,30,32
文化協会……126
文官総督……120
文攻武嚇……274～275,281,285,287
分類械闘……44～45,77
分裂・分治……261

へ

米華共同防衛条約……175
米華共同防衛相互援助協定……175
米華防衛協定……175
平渓線……106
並行代表権……307
米国在台協会……189
米国通過……248
米台工商連合会議……259
米第七艦隊……178
米中共同コミュニケ……188,259
米連邦捜査局……198
平和五原則……177
平和十原則……178
笨港……24,47

ほ

報禁……162,205,209,211
澎湖島…… 2 , 4 , 7 ,12,30,35～37,
59,65
枋寮……74
北米事務協調委員会……189～190
北埔……108

北洋艦隊……61
保甲条例……92
保甲制度……115
ポスト鄧……303
ポスト冷戦……271
牡丹社……53
牡丹社事件……53,55
北港……48
波羅檀洞…… 3
ポルトガル人……10
香港形式……296
香港返還……303
本省人……148,150,153,155,157,193,212,214,236,252
本省人総統……212,214
本土化……193

ま

媽公澳……11
媽祖廟……48
万年議員……205,214,219,220～221,224,230～231,234,310
万年国会……209

み

ミサイル実射演習……274
三井物産……97
三菱商事……97
三菱製紙所……110
南アフリカ共和国……302
身分問題……291
苗栗事件……113
明史外国伝・鶏篭条…… 8
民衆服務処……166,171
民主改革……259
民主・自由・均富……299
民主進歩党……197,207
民主体制……284
民進党……208,210,212,214,217,221,223～224,230,232～234,238～241,245,260～261,278,280,288,291,293,295

む

無血革命……231
霧社……134
霧社公学校……134
霧社事件……141
霧社小学校……134
無党派……171,196,205～206
村山内閣……279

め

明治製糖……97
滅清復明……28

も

蒙蔵委員会……164

ゆ

友好商社……186
友好貿易……186

よ

蓉州文稿……24
洋務運動……60
吉田書簡……187
「四頭立馬車」体制……212,216

ら

落地生根……276,277

り

立法委員……158,164
立法院……161,164
立法院全面改選……238
理蕃事業……130,142
理蕃政策……61
理蕃政策大綱……141
理蕃同知……46
琉求…… 2
琉球帰属問題……54
龍山寺……40
両岸関係……234
緑林の徒……90

李六項目提案……269,271
林圯埔……109
臨海水土志…… 2
林義雄家族殺害事件……202
臨時条款……160,162
臨時土地調査局……91
臨時法院……109
林本源製糖会社……125

る

瑠求…… 3

れ

連合艦隊……76
連合復中興総裁……108
連立内閣……280

ろ

老賊……220～222,231
ローバー号……52,56
六三法……118
六三法撤廃……121
鹿仔港……46
鹿耳門…… 7
六・四天安門事件……221
鹿港……46

わ

倭寇…… 7 ,22
和平演変……300

喜安幸夫（きやす　ゆきお）
昭和19年、中華民国天津市生まれ。同39年、淳心学院高校卒業。同44年国士舘大学卒業後、中華民国・国立台湾大学に留学、同47年帰国。㈶国際学友会勤務、月刊『アジアの鼓動』編集委員等を経て、現在『中華週報』編集長、「日本文芸家クラブ」会員。
著書に『台湾島抗日秘史』（原書房）、『台湾統治秘史』（原書房）、『アジアの反逆』（全貌社）、『台湾史再発見』（秀麗社）。

台湾の歴史

定價:300 元

中華民國八十八年十二月初版一刷
本出版社經行政院新聞局核准登記
登記證字號:局版臺業字 1292 號

著　　　者：喜安幸夫
發　行　所：鴻儒堂出版社
發　行　人：黃成業
地　　　址：台北市中正區 100 開封街一段 19 號 2 樓
電　　　話：二三一一三八一〇・二三一一三八二三
電話傳真機：二三六一二三三四
郵政劃撥：〇一五五三〇〇之一號
E — mail：hjt903@ms25.hinet.net

法律顧問:蕭雄淋律師

本書凡有缺頁、倒裝者，請向本社調換
本書經日本原書房授權發行
Taiwan no Rekishi-Kodai kara Ri Touki Taisei made

Originally published in Japan by Hara-Shobo
Reprint by arrangement with Hara-Shobo through
Japan UNI Agency/Bardon-Chinese Media Agency